良法善治

李丽辉　著

上海社会科学院出版社

图书在版编目(CIP)数据

良法善治/李丽辉著.—上海:上海社会科学院出版社,2018

ISBN 978-7-5520-2479-1

Ⅰ.①良… Ⅱ.①李… Ⅲ.①社会主义法制-建设-研究-中国 Ⅳ.①D920.0

中国版本图书馆CIP数据核字(2018)第232938号

良法善治

著　　者:李丽辉
责任编辑:王　勤
封面设计:黄婧昉
出版发行:上海社会科学院出版社
上海顺昌路622号　邮编200025
电话总机021-63315900　销售热线021-53063735
http://www.sassp.org.cn　E-mail:sassp@sass.org.cn
照　　排:南京理工出版信息技术有限公司
印　　刷:上海龙腾印务有限公司
开　　本:710×1010毫米　1/16开
印　　张:14.5
字　　数:222千字
版　　次:2018年10月第1版　2018年10月第1次印刷

ISBN 978-7-5520-2479-1/D·509　　定价:69.80元

目　录

第一章
逻辑诠释

§1 滥觞之异:中国与西方

在给学生讲授形式逻辑课程时,常常需要花费很多时间解释现代科学并非人类思考、洞察宇宙、自然的唯一有效途径,它具有与生俱来的局限性;也常常需要花费不少的时间解释中国古代科学至少在宋元之前,一直雄踞世界各国前列。然而,这番解释之后面临学生提问的尴尬却是:近代以来的中国科学为何甚至包括部分的社会科学,顶礼膜拜的都是西学的格物致知?甚嚣尘上的实验方法难道不是迄今为止人类认识、探索未知事物、世界的唯一或者最为有效路径?

西方科学传统的方法论具有用形式逻辑体系组织知识、借助受控实验发现规律两个特点。西方科学传统的方法论具备的第一个特点是用形式逻辑体系组织知识。在近现代科学发展中,天体力学是最有成就、最具科学方法特点又最富连续性的领域之一。在它发展的几个阶段,都是从形式逻辑体系中获得解释、汲取灵感,构造出完整的理论体系。形式逻辑体系具有以人工语言构成的概念框架、模型化处理方式和专门的形式体系研究三个相互联系的要点。用人工语言形成的科学概念是从事科学思维的工具,科学家运用它们理解复杂现象、认识现象之间的关系,并用可以交流的形式把它们表述出来。所以,这种以人工的物理语言构成的概念框架是科学家用以整理知识的方式。

模型化处理方式是谈论客观对象最经济、最系统的方式。通过这样一些模型化处理方式,研究抽象实体以及基于它们之上的抽象运算有了工具,现象世界中某些性质和关系有了模型。总体而言，模型化处理方式使得人们有可能在人工语言和研究对象之间建立结构上的映衬，在其中进行推理和做出预言。专门的形式体系研究是西方传统与中国的真正迥异之处或者西方科学的特别之处，即便在原则、内容、概念框架等方面也有着些许的差异。形式体系的研究在西方的方法论传统中一贯受到重视，此外本身也形成一门称之为逻辑科学的学问。这样就为科学研究提供了现场的、有效的概念框架和推理工具。形式体系研究中最为重要的成果当推亚里士多德的形式逻辑和欧几里得的几何学。它们确保任何有推理能力的人只要正确使用这种语言和规则，就能够有效推出各种为他人所承认的结论。

西方科学传统的方法论具备的第二个特点是借助受控实验发现规律。实验在科学中的地位是文艺复兴以来所确立的。对于科学在过去300年间所取得的伟大成就而言，实验的确功不可没。但作为近现代科学基础的实验与文艺复兴之前那种不清晰、不自觉的实验差异之处在于受控实验，也即在可检验性和可行性方面都有着严格要求。其中的可检验性原则要求理论不仅应该解释已知的实验结果，还应当预言今后可能得出的实验事实。这为近代西方科学立下了一条相当严格的标准。换句话说，一个理论如果要得到人们的信任，就必须既有思辨的开端，又有经验的立足。总之，受控实验与假说、科学归纳、演绎推理等逻辑原理、规则是密切相连的。西方近现代科学在尽可能完备理解全部感觉经验之间关系的同时，通过最少数的原始概念和原始关系的使用来达到这个目的。而形式逻辑体系和受控实验方法为这个目的的实现提供了有效工具。这也正是近现代中国人学习西方科学最为重要的内容之一。

但是从另一个角度来看，近现代科学主流源自西方，并从西方传播到世界各地，所以对于东方，尤其是对于中国的科学思维传统不甚了解，即便如爱因斯坦这样的大科学家。他曾经在1953年写给友人的一封信中说道："西方科学的发展是以两个伟大的成就为基础，那就是：希腊哲学家发明形式逻辑体系（在欧几里得几何学中），以及通过系统的实验发现有可能找出因果关系。在我看来，中国的贤哲没有走上这两步。"[①]此话的前半部分抓住了西

① [美]爱因斯坦：《爱因斯坦文集》（第一卷），许良英等译，商务印书馆1976年版，第574页。

方近现代科学的两个要点，后半句话却太过简单。真实的情况当如李约瑟所言："当希腊人和印度人很早就仔细地考虑形式逻辑的时候，中国人一直倾向于发展辩证逻辑。与此相应，在希腊人和印度人发展机械原子论的时候，中国人则发展了有机宇宙的哲学。"①这里涉及的两种思维传统，大概相当于今日称为系统观和还原论的两种基本思维方式的具体历史形态。这两种思维方式的侧重点和着手处是不一样的。还原论在西方科学传统中占据主要地位，系统观则在中国传统思维中占据主流。后者的特点在于本体论方面大一统的宇宙观、价值论方面的伦理中心说、方法论方面重视直觉体验和援物类比的趋势。

本体论方面大一统的宇宙观使得中国人在西方哲学倾向于从质料中发现实在之时，却倾向于从关系中发现实在；也使得中国人在西方哲人创立机械论哲学之时，却在中国发展起了有机论自然哲学。这种有机论的主张认为宇宙是个包括社会和生物的变化在内的演化过程，强调部分与全体、内在与外在、源与流、结构与功能以及天与人之间的各种微妙关系，认为人与万物处于生灭循环的过程之中。所以，任何具体事物都不具有独立实体的意义，任何个别事物又因秉受天道而息息相通。在这样的理念背景之下，西方传统假定在人之外存在着永恒、统一、抽象的自然秩序，只有运用观察、实验、假说等方法，人类才能解释和表述自然法规。中国传统的思维路径则截然不同，偏重于从相互关联的角度理解整体。这也是中国传统文明成果中形式体系发展水平较低而系统领悟能力很高的原因所在。

价值论方面的伦理中心说是中国哲学传统的独特之处，对道德的追求达到了无与伦比的程度。西方文化从传统上来看强调科学、宗教和法律，中国文化却更强调道德和艺术。这样的行为规范背景决定了西方文化传统注重自主精神、个人主义、自由和竞争，其伦理思想在本质上具有发散性；中国文化传统则重视牢固的价值感、稳定性与和谐，其伦理思想在本质上具有收敛性。正如金岳霖所言："中国哲学家都是不同程度的苏格拉底。其所以如此，因为道德、政治、反思的思想、知识都统一于一个哲学家之身；知识和德

① ［英］李约瑟：《中国科学技术史》（第三卷），《中国科学技术史》翻译小组译，科学出版社1978年版，第337页。

性在他身上统一不可分，他的哲学需要他生活于其中；他自己以身载道。遵守他的哲学信念而生活，这是他的哲学组成部分。他要做的事就是修养自己，连续地、一贯地保持无私无我的纯粹经验，使他能够与宇宙合一。”①

方法论方面重视直觉体验和援物类比的趋势是中国哲学传统的第三个特点。科学认识的结果一定是某种概念的形成，而对于获得概念的方式，一般有通过直觉得到和通过假设得到两种途径。西方的科学传统倾向于从假设的概念出发，将知识纳入理论体系之中；中国的有机论传统则喜好从直觉出发，通过类比而直接领悟。最明显的例子当属中医的理论和实践。中医对病因病理的认识，是在直接观察和辨证推理的结合、渗透中形成的。它将全部病因归纳为由直接观察所认识到的情况，总结出季节与发病的关系。诊断中的望、闻、问、切四诊也是通过感官直接认识疾病。中医的辨证推理主要是援物比类。这种方法将各种各样的自然现象、生理病理现象综合归类、联结成为有机的整体。正如《内经》所云：“不知比类，足以自乱。”

对中国古代科技思想了解较深的李约瑟等人没有一味地鼓吹西方、贬低中国，相反地，他在《中国科学技术史》一书中对道家和道教有着极高的评价。他把道家提到中国思想价值之首，蕴含着丰富的科学思想，同时“道家又能将他们的理论付诸实行，所以东亚的化学、矿物学、植物学、动物学和药物学，都渊源于道家”②。老子曾经称赞谷神：“谷神不死，是谓玄牝。玄牝之门，是谓天地根。绵绵若存，用之不勤。”③这句话很好地表达了科学的真谛，即力量来自服从自然，最终控制自然。它与培根的名言实际上有着异曲同工之妙：“我们不能命令自然，只有服从自然。”④所以，李约瑟认为，现代自然科学的进步给人类带来的各种精神和道德的问题，可以从中国文化所包含的伟大精神和道德中获得解答，中国古代哲人的天才思想可以把西方世界从它陷入的机械唯物论和唯科学主义的深渊中挽救出来。⑤

在当今世界之中，一方面是以西方还原论为主的科学思维传统暴露出

---

① 冯友兰：《中国哲学简史》，北京大学出版社 1985 年版，第 14—15 页。

② 潘吉星主编：《李约瑟文集》，辽宁科学技术出版社 1985 年版，第 194 页。

③ 《老子》第六章。

④ [英]培根：《新工具》，陈伟功编译，商务印书馆 1984 年版，第 8 页。

⑤ 潘吉星主编：《李约瑟文集》，辽宁科学技术出版社 1985 年版，第 309—354 页。

自身的局限，另一方面是中国科学教育的水平不高、科学普及也不够。中国的有机论与西方科学方法所代表的两种不同传统本来是各自独立发展着，但却在近现代风云际会了，东西方之间的互补已然成为大势所趋。在这样的背景之下，中国科学技术的发展只能是扬长避短才能够避免固步自封或者寄人篱下的窘境。中国女药学家屠呦呦获得2015年的诺贝尔医学奖就是一个很好的佐证。

科学家屠呦呦从中医古籍里得到启发，通过对提取方法的改进，首次发现了中药青蒿的提取物有高效抑制疟原虫的成分。这一发现在抗疟疾新药青蒿素的开发过程中起到关键性的作用。她自己也认为："在青蒿素发现的过程中，古代文献在研究的最关键时刻给予我灵感。我相信，努力开发传统医药必将给世界带来更多的治疗药物。"诺贝尔生理学或医学奖评选委员会主席齐拉特说："中国女科学家屠呦呦从中药中分离出青蒿素应用于疟疾治疗，这表明中国传统的中草药也能给科学家们带来新的启发。"①她认为经过现代技术的提纯和与现代医学相结合，中草药在疾病治疗方面取得了相当了不起的成就。

当然，中医的魅力不是只体现在中草药上。针灸、推拿、中药调理、辩证诊断等内容都是传统医学中的瑰宝，并且在了解其价值、感受其益处的国家受到重视、地位不低。可是，现在的问题在于：一方面传统文化出现了断代，许多年轻人并不了解像中医这样的传统文化；另一方面，良莠不齐的市场、社会之中，中医等传统文化被人拉虎皮做大旗，败坏了名声。应对之策，无非做好传统文化的传承，另外规范、提高中医的执业水准。好在诸多高校之中、研究机构性质的国学院开始出现，《中华人民共和国中医药法》也已经出台。只是知易行难，尤其是在西学、西医已然成为社会主流的情况下，对传统文化的倡导似乎有复古之嫌。也许，在中国已经不容世界忽视的今天，重新审视传统文化是历史的必然，为其找到新的定位也是大势所趋。

---

① http://news.163.com/15/1009/19/B5GOPK0000014AED.html，2015年11月1日访问。

§2 三段论之用:呼格案

当2014年即将落下帷幕之时,在民间盘旋良久的呼格吉勒图案也终于有了定论。1996年,年方18岁的呼格吉勒图之所以被处以枪决,是因为身上背负了强奸罪和故意杀人罪的命案。然而,2005年犯罪嫌疑人赵志红落网,主动交代其1996年在呼和浩特市一公厕内犯下的杀人案;2006年呼格吉勒图案进入复核阶段;2014年呼格吉勒图案进入再审程序,内蒙古自治区高级人民法院最终以判决宣告原审被告人呼格吉勒图无罪。

再审判决书由内蒙古自治区高级人民法院的工作人员送达呼格吉勒图父母家里,他们对呼格吉勒图的父母进行了真诚的道歉。这给当时收看电视节目的观众留下的印象似乎是:法院是这起冤案的始作俑者。不然怎会需要亲自上门送达判决书并致道歉?撇开其他的因素不说,单就法院的做出判决过程而言,实际上就是一个适用逻辑学中三段论推理的一个过程。三段论推理因为共有三个命题而得名,它是指由一个共同词项(概念)把两个作为前提的直言命题联结起来,得出一个新的直言命题作为结论的推理。简单而言,前面分别被称为大前提、小前提的两个命题是最后做出结论的这个命题的已知条件;三段论推理也就是根据已知条件来得到未知结论的一个过程。在推理的过程中,要获得正确的结论,除了需要遵循基本的推理规则之外,两个前提必须是真命题(也即符合客观事实)。倘若这两者均无问题,那么得到的结论一定是正确的,称为具有“必然性”,是个真命题;否则,得到的结论不一定正确,称为具有“或然性”,是个假命题(也即与客观事实不一定吻合)。这与三段论演绎推理的性质有关。在演绎性质的推理中,只要推理前提是真命题、推理过程遵循了相关的推理规则,那么推理结果就是一个具备了必然性的结论。

之所以将法院做出判决的过程称为一个适用逻辑学中三段论推理的过程,是因为法院判案所依据的国家相关法律条文就是三段论推理中的大前提,对某个案件具体情况的掌握就是三段论推理中的小前提,根据此两前提得到的结论就是具体个案中当事人依法应该得到裁判的罪名以及相应承担的法律责任。在呼格吉勒图案中,根据大小前提得到结论的三段论推理规则未必没有被遵循,但是从呼格吉勒图案事发至今的种种已经公开披露于官方、媒体的信息来看,小前提已然出了问题。问题在于,小前提所提供的案件情况是否真实?或者换句话说,小前提是否是个真命题?如果这个答案是否定的,由两个前提推导出来的结论就不一定是正确的。从公检法三方的案件分工顺序而言,法院因为最后收尾,出面道歉情有可原。但是出了问题的小前提,也即案件的具体情况却是公检两方所共同提供的。所以民间有人将错案责任统统归咎于法院的做法有失公平、有欠妥当。

从警方对现场勘验之后提取的"证据"到询问笔录中当事人的几次翻供,疑点不是现今才被发现。这些疑点与生俱来的或然性被忽略了,它们伴随着案件的进展日益变得强大。当它们堂而皇之进入三段论推理的队伍时,这种先天性的基因最终破坏了三段论推理的严肃与正确。生物遗传的结果无非是能否在后代物种中成为显性基因凸显出来,但当这种凸显一旦发生在人类社会中需要彰显公正的司法领域之时,其破坏性尤为恶劣。它蹂躏着当事人作为人所享有的自由和尊严,影响着民众对法律的观察、认同与支持,最终动摇着法律的权威和政府的公信力。这是错案无可否认的影响与作用。认识到人类理性的有限之后,瑕疵的处理其实才是关键所在。对于错误,"有则改之无则加勉",与其设法掩盖不如坦然直面。

好在国家追责程序紧随呼格吉勒图案件终审判决之后便启动了;处于追责名单为首的公安专案组组长涉嫌犯罪,已被批捕。在权力、制服光环笼罩下的人终究需要为自己致命的自负承担责任了,问责制开始迈向真正的启动。身心受到摧残的人们似乎从这一启动中看到了曙光,但若要这样的光芒继续照耀在每一个人的头顶,责任追究制度还需要持续化、常态化,而非因案件、因个体有所差异。只有这样，权力、制服才不会蜕变为保护伞、遮羞布，而是法律公平、正义在人间的化身和象征；国家也才不需要为更多的错误买单、赔偿。这些用来为个体之自以为是买单的钱，本来可以用在更有意义的事情上面。

在冯象先生的《木腿正义》中曾经有过16世纪的一桩冒名顶替案。法国人南部乡村的马丹娶了白特兰为妻，儿子出生后却离家出走了。直到8年后，新马丹还家。在被马丹的叔叔彼埃尔起诉之前，新马丹八面玲珑、左右逢源；在法庭上的自辩沉着冷静。当法院正准备追究彼埃尔诬陷之罪时，一个木腿人的闯入终究让真相大白于天下：新马丹不过是绰号“大肚皮”的农民阿尔诺，木腿人才是真正的马丹。村民们“恶人假事长不了”的评论中蕴含了西方传统上所谓的“跟踪而至的正义裁判”或“蹒跚的复仇神”，也即真善合一的信念。这实际上也契合中国人对实体正义的追求。正义固然拄着木腿，却像罗马诗人所说：“蟊贼再快，逃不脱跛足的惩罚。”[①]法律的职责在于确保正义的落实。迟到的正义虽然跛足，却仍然是正义。

① 冯象：《木腿正义》，北京大学出版社2007年版，第40页。

§3　逻辑思维之用:聂树斌案

3.1　引子

当2016年即将落下帷幕之时,聂树斌案也终于尘埃落定。1995年,年方21岁的聂树斌之所以被处以枪决,是因为身上背负了强奸妇女、故意杀人的罪名。直至2005年通缉犯王书金落网,主动供述其在1994年石家庄西郊犯下的奸杀案,聂树斌案开始峰回路转;2013年河北省高院裁定王书金并非聂树斌一案的真凶;2014年最高人民法院指令山东省高级人民法院对聂树斌案进行异地复审;2015年山东省高级人民法院召开聂树斌案听证会、延长复审期限;2016年最高人民法院第二巡回法庭最终撤销原审判决、改判聂树斌无罪。

聂树斌家人流下了悲喜交加的眼泪,民间的“人肉搜索”“道德审判”渐次拉开帷幕,舆论也给出了聂案是中国司法标志性案件的评价。[①]姑且不论这些因素,单独观察法院的审判工作:自从王书金案浮出水面之后,2005—2013年若干次开庭审理了王书金强奸妇女、故意杀人案,2013年审理了聂树斌案被害人康菊花隐私名誉侵权案。虽然是不同法院进行的审理,但是由于它们与聂案息息相关,人们无形之中便将这些案件的经办主体都界定为“法院”;加之聂案一审是法院错判、终审是法院改判、其代理律师查阅该

① 徐隽:“正义永恒”,《人民日报》2016年12月3日。

案完整卷宗以及当事人申诉的艰难等，这一切已经足以使得人们把关注的焦点放在法院而非其他部门或者环节上。无意的谬误被称为误判，有意的谬误被称为诡辩。本文不打算对聂树斌案件中所有法律人的心理现象及其行为追根溯源，故此下文中主要针对有关判决中的三段论问题展开论述。

3.2 逻辑法则与法律适用

就法院做出判决的整个过程而言，实际上就是一个适用逻辑学中三段论推理的一个过程。三段论推理因为共有三个命题而得名。作为直言命题推理中的间接推理，它是指由一个共同词项（概念）把两个作为前提的直言命题联结起来，得出一个新的直言命题作为结论的推理。简单而言，前面分别被称为大前提、小前提的两个命题是最后做出结论这个命题的已知条件；三段论推理也就是根据已知条件来推理得到未知结论的一个过程。

三段论的大前提通常表述一般性原理，小前提通常表述特殊情况，进而推出一个关于特殊情况的结论。三段论推理具有必然性的特点，即只要前提真、推理形式正确，则得到的结论便为真。之所以能够得到正确的结论，是因为三段论演绎推理的公理。三段论的公理在于：凡对一类事物的全部有所肯定，则对该类事物中的每一个分子也有所肯定；凡对一类事物的全部有所否定，则对该类事物中的每一个分子也有所否定。故此，在演绎性质的推理中，只要推理前提是真命题、推理过程遵循了相关的推理规则，那么推理结果就是一个具备了必然性的结论。那么，三段论有无出错的可能呢？有，那便是在已知前提不真实，或者没有遵循推理规则的情况下。所以，如前所述，在三段论推理的过程中，要获得正确的结论，除了需要遵循基本的推理规则之外，两个前提必须是真命题（也即符合客观事实）。倘若这两者均无问题，那么得到的结论一定是正确的，称为具有“必然性”，是个真命题；但凡其中一个存在问题，该推理得到的结论则不一定正确，称为具有“或然性”，是个假命题（也即与客观事实不一定吻合）。作为传统逻辑的主要部分，三段论是其体系中最为严密、最为完善的部分。应该说，对两个前提条件为真的要求和几条推理规则的遵循保证了三段论推理的这种严谨性。正因如此，这一推理成为人们在理论研究和法律实务中运用较多的一种形式。

“法律人应该进行逻辑上正确的论证，这不仅是一个普遍准则，就像在所有进行理性求证的领域中所要求的那样。它毋宁是一个在诉讼法中具有十分特殊之作用的要求，因为在法治国家中司法判决绝不该是没有根据的。”也许人们应该仔细区分逻辑法则和法律规则，但在适用法律时违反逻辑规则本身就是对法律不正确的适用。二者之间是息息相关的。假若某个判决在求证中包含了逻辑错误，那么对于大部分情况下的法律而言，就要面对这样的困境，那就是既违背了逻辑又违背了法律。即便是在适用自由心证的西方法律语境中，“心证的自由在逻辑法则那里遭遇到了它的界限”。不正确自由心证的后果是同时违反了实体规范和程序规范。①由此，逻辑错误产生了双重后果，要受到来自实体法律和程序法律的责难。那么，在没有适用自由心证的法律语境中，情况是否会简单一些？

3.3　三段论与主观臆断

昆曲《十五贯》中，县官过于执在认定熊友兰与苏戌娟通奸并且合谋杀害了苏戌娟之父尤葫芦的时候，运用了“推理”。他根据苏戌娟“艳如桃李”，推断她“焉能无人勾引”；根据她“年正青春”，推断她“岂能冷若冰霜”；以此为基础，进而推断“熊、苏二人必然勾搭成奸”。另外，他还根据“尤葫芦丢失的钱是十五贯”，而熊友兰身上正好查出十五贯钱，推断出“熊友兰身上的钱就是尤葫芦丢失的钱”。不能说过于执的推论没有根据，但却较多主观方面的臆断，并非事物客观方面的必然联系，这便导致得出的结论差之毫厘而谬以千里。类似的情形曾经出现在滕兴善案件和杜培武案件中。1987 年，湖南的滕兴善被列为当地“杀人碎尸”的犯罪嫌疑人，这不能不说与其屠夫的职业脱不了干系。警方根据肢解尸体的手法比较专业，将调查范围锁定在了医生和屠夫两类人身上。若非后来被害人复活、返家，滕兴善将永远被钉在耻辱柱上。1999 年云南的杜培武案件中，显然有人做了如下推断：

杜培武知道两个被害人之间有不正当的两性关系→杜培武怀恨在心→杜培武要杀害并且伺机杀害了两个被害人。

---

① ［德］乌尔里希·克卢格：《法律逻辑》，雷磊译，法律出版社 2016 年版，第 211—213 页。

在有些人的眼中，既然找不到涉嫌的医生，滕兴善屠夫的职业便使得他和别人相比，更加具备了作案的先天条件；而杜培武案件中，倘若死亡在警车内的两个被害人是偷情者，对偷情者有仇恨的人不是男士的妻子就是女士的丈夫——而杜培武是女士丈夫的这一条件，似乎在此种推论中已然具备了作案的主观动机。聂树斌被锁定为犯罪嫌疑人出自异曲同工、先入为主的臆断。根据群众反映，离案发现场约 2 公里的石家庄市电化厂平房宿舍区有一个公共厕所，一名骑蓝色山地车的男青年常在附近闲转，看到有人就进厕所；在电化厂平房宿舍周围有一名男青年经常出现，有流氓、盗窃行为。于是，1994 年 9 月 23 日，当骑着蓝色山地车的聂树斌路过时，侦查人员将其抓获。[①]所以，聂树斌的被抓获仅因其疑似群众反映的男青年。虽然不具备像上述两个案件中犯罪嫌疑人被锁定的作案条件、作案动机，也无人证实聂树斌就是群众反映的男青年，但他还是因为男性、骑着蓝色山地车这些特征而被抓捕、锁定为犯罪嫌疑人。这一思路用三段论展现出来就是：

∵ 犯罪嫌疑人是男性、骑着蓝色山地车
  聂树斌是男性、骑着蓝色山地车
∴ 聂树斌是犯罪嫌疑人

在三段论推理中必须遵循的逻辑规则有一条是：中项在前提中至少周延一次。这样前提中大项和小项的外延才可能分别与中项外延的不同部分发生联系，从而通过中项建立关系、得到确定的结论。上述推理的中项是“男性、骑着蓝色山地车”，在两个前提中充当的都是两个直言命题的谓项，并且都不曾周延过。如此一来，结论中大项“犯罪嫌疑人”和小项“聂树斌”之间的确定关系是建立不起来的。也就是说，该三段论推理是无效的。既然无效，推导出来的结论也是有问题的。这样进行逻辑推理的漏洞还在于，有人具备了作案的先天条件、主观动机或者疑似特征，的确可以因此成为最大的嫌疑人，但是否此人就是整个案件的完成者，那还需要其他诸多环节、条件和现实情况的证实。聂树斌的被抓因其“疑似”，然而“疑似”代表的仅仅是一种或然性；“疑似”所指向的事件是否能够成立，还需要诸多其他的现

---

① 关于案件的所有情况来自中国裁判文书网公布的《聂树斌故意杀人、强奸妇女再审刑事判决书》[EB/OL].（2017 年 1 月 20 日）http://wenshu.court.gov.cn/content/content?DocID=05b7e52f-5fa0-435c-8562-683f2e368fa4。

实情况来加以证真或者证伪。深入探究事件的真相，用来加以证真或者证伪的可以是口供、询问笔录或是证人证言等证据，而不是仅有男性、骑着蓝色山地车这些特征就足够的。显然，这种推论的出现是因为李昌钰称之为“管见”的态度。“刑事侦查工作，最怕的是存着既定的想法，认定一个方向，一头就栽进去，完全不顾别的浮现出来的证据，只是主观地朝着既定的方向发展，不考虑别的可能性。这种办案的态度称为‘管见’，英文是‘像隧道般的眼光’(Tunnel Vision)。……如果一个人的眼光、注意力像隧道一样，只有直通通的一条，那看出去的地方也只有一小块，旁边的东西全都看不到。”①这种先入为主的判断倘若能够及时刹车、改弦更张，案件即便有山重水复的时候，最终仍然可以奔向柳暗花明。也许在结案率等社会因素的裹挟之下，案件后来的走向已然身不由己。

于是，在没有适用自由心证的法律语境中，逻辑思维的要求其实反而更为严格。逻辑错误不仅要受到来自实体法律和程序法律的责难，还会增加受害个体和家庭痛苦、国家司法成本。由于前述对犯罪嫌疑人的锁定有了主观臆断的成分，这样就已经增加了三段论推理的或然性。本来，必然性是三段论之类的演绎推理引以为豪的特点，尤其是在与特点是或然性的归纳推理进行比较之时。虽然归纳推理是科学发展的必经阶段，近代科学登上理性高峰所依靠更多的却是演绎推理。即便是在归纳推理之中，得到具有或然性的结论仍然需要真实的前提条件。更遑论在关乎人命的案件推理中，更需慎重对待、确保前提真实。在聂树斌案件中，法院做出判决的过程就是一个适用逻辑学中三段论推理的过程。法院所依据的国家相关法律条文就是三段论推理中的大前提，对各个案件具体情况的掌握就是三段论推理中的小前提，根据此两已知前提推理得到的结论就是具体的个案中当事人依法应该得到裁定的罪名以及相应承担的法律责任。也就是：

∵ 国家法律在主观、主体、客观、客体方面界定的是某某罪
　聂树斌是符合国家法律在主观、主体、客观、客体方面界定的

∴ 聂树斌构成某某罪

在聂树斌案件的判决中，根据大小前提得到结论的三段论推理规则是

① 李昌钰、夏珍:《神探李昌钰破案实录》，广西师范大学出版社 2005 年版，第 197—198 页。

否得到遵循姑且不论,单就案发至今种种已经披露于媒体、网站的信息来看,小前提已然出了问题。问题在于,小前提中所出现的、关于该案件的情况是否真实?或者换句话说,小前提是否是个真命题?如果这个答案是否定的,法院由两个已知前提推导出来的结论就不一定正确,也无法正确。从公检法三方对案件的分工顺序而言,法院因为最后收尾判决,成为关注的焦点情有可原。但是出了问题的小前提,也即案件的具体情况却并非完全由法院所提供。能够帮助事件还原真相的是证据,那么在聂树斌案件当中证据的情况又是怎样呢?

3.4 小前提与证据

根据我国新《刑事诉讼法》第48条的规定,证据的种类包括:(1)物证;(2)书证;(3)证人证言;(4)被害人陈述;(5)犯罪嫌疑人、被告人供述和辩解;(6)鉴定意见;(7)勘验、检查、辨认、侦查实验等笔录;(8)视听资料、电子数据。被害人陈述和视听资料、电子数据在聂案中并不存在,因此可以首先排除。另外,由于案发时尸体高度腐败,失去了很多检验条件,检验的法医无法对被害人的死亡原因做出明确鉴定结论,只能做出倾向性分析意见;也没有提取被害人的胃内容物,或者根据尸体蛆虫情况推断死亡时间。所以就鉴定意见而言,由于对被害人死亡原因和死亡时间缺乏确定性结论,其证明力度并不充分。余下的证据有物证,书证,证人证言,犯罪嫌疑人、被告人供述和辩解以及勘验、检查、辨认、侦查实验等笔录,它们对聂案的证明力度又是如何?

其一是物证。勘验笔录中记载了被害人颈部缠绕着一件短袖花上衣,这件衣服成为案件的重要物证。但是在聂树斌的供述中,偷取花上衣的地点前后不一、随着收废品人梁某的证言改变而变化,并且梁某对是否有过、丢过该件花上衣并不能确定。更为关键的是,根据辨认笔录的内容来看,原审卷宗中用于辨认的花上衣照片,与现场照片显示的尸体颈部的衣物存在明显差别。所以,对于用于辨认的花上衣与尸体颈部的衣物是否同一存在疑问。这一物证的不确定性导致了对作案工具判断的不确定性,影响了物证的证明力度。

其二是书证。聂树斌工作车间有份考勤表，上面所记载的出勤情况本来是认定聂有无作案时间的重要的原始证据。虽有证据证明该考勤表确实存在并且已经被公安机关调取，但现在该表下落不明。这一证据的缺失直接指向对聂树斌有无作案时间的判断是否正确。

其三是证人证言。从案发到破案 50 天内(1994 年 8 月 11 日发现被害人尸体到 9 月底聂树斌认罪)，有多名证人、原办案人员证实进行过询问并做过笔录；相关报道也有记载。据《青纱帐迷案》一文记述，石家庄市公安局郊区分局 1994 年 8 月 11 日即成立专案组，迅速展开侦破工作，办案人员“奔波于工厂、农村、居民区和田间地头认真调查访问，先后调查访问群众上千人次，经过一个多月的艰苦细致工作，终于获得了有价值的线索”①。可是，原审卷宗内这 50 天所有证人证言的缺失不仅是初始证言的缺失，更是确定被害人遇害时间、嫌疑人有无作案时间的重要依据和侦破案件重要线索的缺失。进而，这些证言的全部缺失直接影响了对被害人死亡时间、聂树斌作案时间等基本事实的认定，严重影响了依然在卷的证人证言之真实性和证明力。

其四是犯罪嫌疑人、被告人供述和辩解。原审卷宗显示，自 1994 年 9 月 28 日出现第一份供述至 1995 年 4 月 27 日被执行死刑，聂树斌共有 13 份供述，其中有讯问笔录 11 份(侦查阶段 8 份，审查起诉、一审、二审阶段各 1 份)，自书《检查》1 份，一审当庭供述笔录 1 份。然而，由于聂树斌对作案时间、偷花上衣的时间等关键事实的供述前后矛盾、反复不定，有悖常理；另外，聂树斌供述的作案地点、藏衣地点等事实都是先供后证，导致供证一致的真实性、可靠性存在疑问，不排除指供、诱供的可能。也就是说，聂树斌有罪供述的真实性、合法性是存在问题、有瑕疵的。

其五是勘验、检查、辨认、侦查实验等笔录。由于勘验、辨认等笔录在上面的分析中已有提及，现在主要关注讯问笔录的问题。从聂树斌 1994 年 9 月 23 日被抓获到 28 日卷宗内出现第一份有罪供述笔录的 5 天时间之内，无论是聂树斌在卷的供述还是原办案人员都证明不但有过讯问笔录，而且聂既有有罪供述也有无罪辩解。可是这 5 天的讯问笔录是全部缺失的。该情

① 焦辉广:“青纱帐迷案”,《石家庄日报》1994 年 10 月 26 日。

况既与当时的法律和公安机关的规定不符，又与原办案机关当时办案的情况不符。这一缺失所影响的绝不仅仅是讯问笔录的完整性、真实性，更是当事人聂树斌的生死存亡。

从上面对在卷证据的分析中可以看到，重要物证花上衣的不确定性导致了对作案工具判断的不确定性；重要书证考勤表的缺失直接指向对聂树斌有无作案时间的判断是否正确；案发到破案50天内所有证人证言的缺失直接影响了对被害人死亡时间、聂树斌作案时间等基本事实的认定；聂树斌有罪供述的真实性、合法性存在问题；聂从1994年9月23日被抓获之后5天时间内的讯问笔录缺失，影响了讯问笔录的完整性、真实性。作案工具不确定，作案时间不一定正确，被害人死亡时间、死亡原因、聂树斌作案时间等基本事实的认定受到严重影响，有罪供述的真实性、合法性存在问题，讯问笔录的完整性、真实性存在问题——当这些重要证据处于缺失状态或者带有不确定色彩之时，聂树斌案件的基本事实并不清楚、基本证据并不确凿，那么，

∵ 国家法律在主观、主体、客观、客体方面界定的是某某罪

聂树斌是符合国家法律在主观、主体、客观、客体方面界定的

∴ 聂树斌构成某某罪

在这一推理中的小前提就不再是一个真命题。上面的分析中曾经提到，主体方面的情况只是“疑似”，主观、客观、客体方面的情况则有证据作为证明。但重要证据处于缺失状态或者带有不确定色彩使得这种证明的真实性是可受到质疑的，同时严重影响了证明的力度。在证明这一逻辑思维过程中，作为论据必须遵循的规则有：论据必须真实，论据的真实性必须已经被证实，论据的真实性应该独立于命题。三条论据规则无一不在强调真实性，由此可见客观、真实对于证据而言之重要。这些关于论据的规则若被违反，就会产生“虚假理由”“预期理由”“循环论证”等逻辑错误，从而产生结论中致命的错误。在上述三段论推理中，倘若小前提的客观、真实已经受到严重质疑，却执意要推导出一个结论，那么面对的只能是实体法“某某罪”适用的错误。定罪之误必然导致量刑错误，而自侦查而始的这些错误原本就是环环相扣的。

也许聂树斌案中还裹挟了其他参与博弈的力量，人们不得而知也无法掌控。但是，在人类理性的范围内降低或者减少错误的发生，这是可以控制

的。人们最为基本的可以做到的是，在思维的过程中遵循基本的逻辑规则、规律和原理。仅是通过遵循这些逻辑思维的基本规则、规律和原理，就可以带领人们达至理性认知的彼岸、获得正确的认识、提高分析和解决实际问题的能力。弗兰西斯·培根认为“逻辑与修辞使人善辩”①。对于法律的理论研究和实务工作而言，掌握逻辑规则、规律和原理至少能够做到人的思维不混乱。

3.5　结语

从 1994 年警方对案发现场进行勘验到 2005 年王书金案件浮出水面，聂树斌案件中的疑点定然不是现今才被察觉、发现。这些疑点的或然性被忽略了，它们伴随着案件的进展日益被放大。当它们堂而皇之进入三段论推理的队伍时，这种先天性的基因最终破坏了三段论推理的严肃性与正确性。生物遗传的结果无非是能否在后代物种中成为显性基因凸显出来，但当这种凸显一旦发生在人类社会中需要彰显公正的司法领域之时，其破坏性尤为恶劣。它蹂躏着当事人作为人所享有的自由和尊严，影响着民众对法律的观察、认同与支持，最终损害的是法律权威和政府公信力。这是错案无可否认的影响与作用。认识到人类理性的有限之后，从根源上防微杜渐其实才是关键所在。

好在国家开始纠错，2014 年最高人民法院指令山东省高级人民法院对聂树斌案进行异地复审，2016 年最高人民法院第二巡回法庭最终撤销原审判决，改判聂树斌无罪。身心受到摧残的人们看到了阳光，但若要这样的光芒持续照耀在每一个人的头顶，那么，相关制度还需要持续化、常态化，而非因案件、因人而异。只有这样，权力、官帽才不会蜕变为保护伞、遮羞布，而只有这样法律公平、正义才能得以伸张；国家也才不需要为更多的错误买单、赔偿。这些用来为个体的自以为是或别有用心买单的钱，可以用在更有意义的事情上面。

---

① ［英］弗兰西斯·培根：《培根论说文集》，水天同译，商务印书馆 1958 年版，第 180 页。

§4 辩证逻辑:谁依赖谁

孩子断奶之后,逐渐添加辅食,调制奶粉就成为进食之前不可或缺的一道程序。调兑温水,放入一定比例的奶粉,自己从开始时的手忙脚乱到后来的游刃有余,整个过程的完成如同行云流水。可是,小朋友一声赛过一声的着急啼哭却并没有随着对自己奶瓶、调制过程的熟悉而有所减弱,反而在看见这样的过程之后更加急促和嘹亮;直至最终抱住奶瓶、大口吮吸,啼哭声才戛然而止。原来以为自家小孩性急,故如此着急啼哭。与其他父母交流之后才发现,小孩吃奶大多如此,和性急与否并无确切关系。心中于是释然,啼哭的声音无非就是对进食的期盼、对父母的催促。在他们连行走、语言都尚不能够之时,啼哭也许是最好也是唯一能够表情达意的方式了。在她大口吞咽之时细细端详,孩子的眼神里满是知足与幸福。这种知足与幸福来自孩子对父母的依赖——衣食住行无不如此,尤其是当他们年幼的时候。可是,在调制奶粉过程的忙乱过去、一切复归平静之后,父母们感受到的却是:这种被孩子渴望的感觉消失之后的失落与空洞。这种感受对父母而言是多么的舒服和重要,这一莫大的幸福绝非旁人可以体会或享受得到。浸淫此种幸福之中的父母,对忙乱过程的重复、劳累是不会在意的。于是,貌似婴儿依靠父母获得了温饱的满足,实则父母依赖婴儿获得了精神的快感。那么,究竟是婴儿依赖父母还是父母依赖婴儿?

龙应台在父母年老之后,带着母亲"去美容院洗头,带她到菜市场买菜,带她到田野上看鹭鸶鸟,带她到药房去买老人营养品……"做的都是家长带着年幼的孩子去做的事情。她带着父亲去参加老人的同学会，扶着他靠念诗来迈开双腿走路，听着他在得知女儿离开病房之时像小孩一样放声痛哭，帮助他在生活不能够自理之时擦洗身上……这一切，无不是年迈体衰的父母对于女儿的依赖。虽然也有一度的忽视和不耐烦，但是最终，龙应台开始反思："老"的意思难道就是失去任何人的注视吗？她开始反思在儿子成长过程中的表现，开始回忆父母在身体康健时的快乐，开始理解父母对山河故人的眷恋，开始珍惜亲人在身边的时刻，开始留恋同胞手足之间会不会在母亲走了以后，"像风中转蓬一样，各自滚向渺茫，相忘于人生的荒漠"。她也开始相信"沙上有印、风中有音、光中有影，死亡至深处不无魂魄之漂泊……"也开始思考洪荒宇宙之中死亡这一"最深邃的裂缝、最神秘的破碎、最难解的灭绝"，最终明白："所谓父母子女一场，只不过意味着，你和他的缘分就是今生今世不断地在目送他的背影渐行渐远。你站在小路的这一端，看着他逐渐消失在小路转弯的地方，而且，他用背影默默告诉你：不必追。"[①]相比她《野火集》时的犀利逼人，《人生三书》其实用人间柔情编织出了深刻哲理。于是，貌似父母依靠女儿获得了人生的照顾，实则女儿依赖父母获得了精神的提升。那么，究竟是老人依赖子女还是子女依赖老人？

在动物世界中，养育的过程似乎没有那么麻烦。哺乳类的动物在离开母体、落地之后，有的在地上挣扎、蹒跚一两个小时之后，便可以独自站立起来，跟随成年动物四处觅食；有的需要时间稍微长些，但也就是在较人类养育婴儿更为短暂的时间之后，便开始跟随成年动物到处奔跑了。人们所看到舐犊情深的画面基本是在后一类动物身上，在那段短暂的时间之内，雌性动物照顾幼崽、显露母性。前一类动物舐犊情深的画面不是没有，而是如同白驹过隙般转瞬即逝，只有伴随左右，亲眼看到的概率才会更高些。这些动物能够在短时间之内站立、行走、奔跑，并非出自某种神奇力量，而是有着现实当中生存的焦虑和必要。一旦不能够在短时间之内这样做，它们很可能就会性命堪忧、为人鱼肉。弱肉强食的生存法则即适者才能够生存下去。于是，在短时间之内站立、行走、奔跑成为这些动物生存下去的首要前提。

---

① 龙应台：《目送》，广西师范大学出版社 2014 年版，第 60 页、第 271 页、第 47 页、第 215 页、第 41 页、第 8 页。

由于时间短暂，它们对父母的依赖似乎并不明显，甚至无需依赖。相比之下，人类社会中子女对父母的依赖便有所不同，在时间、程度上都较长、较深。父母对子女的依赖呢？在动物世界中也许有它们的方式，但恐怕很少有子女会像人类这样端茶倒水、侍奉床前。以其出生之时对父母的依赖甚少来推断，年老之时对子女的依赖也不会多。在相互依赖的问题上，抛开唯人类是尊的心理因素不谈，客观而言，动物和人类之间的差别不可同日而语。那么，人类除了在抚养、赡养之事上有所依赖，在其他事情上的依赖又是怎样呢？

在教育的过程中，学生依赖老师传道、授业、解惑，通过这一过程获得知识、塑造人格。莘莘学子从基本学习习惯的培养，到中间课程知识的获取，再到最终学习品质的形成，无一不是依赖教师得以训练和成形。当然，有时这些习惯、知识和品质的完成需要自我磨炼和家庭熏陶，但若没有教师的引领和家长发挥类似教师的作用，这些习惯、知识和品质亦难以塑造和完成。“程门立雪”这样故事的广为流传，不仅表现出学生的尊师重道，更凸显出教师的重要作用。而张良学习《太公兵书》成为西汉的开国功臣，更是得益于对圯上老人这一师者的尊重和依赖。孔子倘若学识不够渊博、学养不够精深，门下也不会出现三千弟子七十二贤。但是师者在传道授业解惑的过程中，并非只是单方面的输出，还有很重要的输入，那便是学生的成长和成长起来的学生。杨昌济当年立志“愿得天下英才而育之”，希冀依靠天下之英才将其志向弘扬得更为久远、把国家建设得更为昌盛。毛泽东等一干学生的成长与壮大无疑在实现着杨昌济的宏愿，也让后者的名字永载史册。若是学生具备囊萤映雪、凿壁偷光的毅力，尤能体现师者对学生的依赖，因为成长起来的学生必然会散发出比老师更加夺目的光芒。假使没有孔门的三千弟子七十二贤，孔子的述而不作早就已经让自己退出江湖，而不是桃李满天下、学说永流传。于是，貌似学生依靠老师获得了学识的长进，实则教师依赖学生获得了思想的传承。那么，究竟是学生依赖老师还是老师依赖学生？

在国家的形成过程中，民众依赖领袖的才能，走出困境、建立家园、寻求幸福。《圣经》中所记载的犹太民族领袖摩西，在接受了耶和华的神谕之后，带领饱受奴役的以色列人离开埃及，前往富饶的应许之地。从逃出埃及直至抵达应许之地这一历经艰难的过程中，倘若没有摩西的带领和坚持，以色列人无以出埃及、过红海、进荒漠，最终到达迦南之地安身立命。如果说摩西带领以色列人出埃及、过红海、进荒漠之真实性尚有争议，那么，大禹治水安定天下的事则是无可厚非。《史记》《尚书》《孟子》《庄子》《吕氏春秋》等古籍均有不同程度的记载：大禹治水十三年，三过家门而不入。假设没有大禹的艰苦卓绝、公而忘私，今天的九州恐怕还浸泡在汪洋之中。生活于17—18世纪的彼得大帝，在外交上发动战争、派出使团到西欧学习，夺取了波罗的海出海口，让俄国从内陆走向海洋；在内政上改革国家的文化、教育以及社会生活各个方面，增强了俄国的实力，促进了资产阶级的诞生和发展。“可以说，近代俄国的政治、经济、文化教育、科学技术，乃至生活方式等各方面的发展史无不源于彼得时代。彼得开辟了俄国近代化道路的先河”①。但是，犹如水能载舟也能覆舟，领袖亦需依赖民众的支持。中国封建时代的农民起义，美国的独立战争，希特勒的最后下场，无不用凿凿铁证昭示人们，违背了民意的倒行逆施，最终结果只能是以卵击石。于是，貌似民众依赖领袖获得了幸福的生活，实则领袖依赖民众获得了历史的青睐。那么，究竟是民众依赖领袖还是领袖依赖民众？

在社会的发展进程中，人们依赖法律保障个体权利的实现，获得公平、正义的生活。呼格吉勒图案件从1996年的执行枪决到2014年的拨乱反正，在近20年的过程中，经历了山重水复疑无路、柳暗花明又一村。正义固然拄着木腿，但毕竟还是来了，冤屈终究得以昭雪。如果说，呼格吉勒图案件是个体权利、国家司法受到戕害，那么纽伦堡审判所要面对的，是不同种族、人类和国家所受到的戕害。在历时11个月的审判中，面对纳粹战犯的百般狡辩和缺乏实体法律规定实施惩罚的尴尬，法官们的呐喊义薄云天：德国法西斯党的种族屠杀、践踏公民权利的“法律”与“法令”，是与人类最基本的道德和人性完全相悖的恶法；任何一个有良知的人，都不会执行这样的恶法，也不能拿来为自己的犯罪行为进行辩护。法庭从自然法中找寻到了确立战争罪、反人类罪的依据，并将这些新的罪名永久地设立在人类历史上。战争中被无辜屠杀的人们终于可以瞑目，后世的人们至少可以生活在法律的庇护

① 张秀枫主编：《改变人类命运的100位名人》，国际文化出版公司1992年版，第245页。

之下。而在20世纪60年代的美国,经由米兰达案件之后确立的沉默权规则不仅是让米兰达警告家喻户晓,更是进而完善了对公民沉默权的法律保护。米兰达案件给予人们更深层次的启示在于:整体不公,导致个案正义的泯灭;而程序不公,则是全部司法制度重要性的普遍丧失。人们对法律的依赖,切实保障、完善个体权利得以实现,乃至最终引发的对法律制度更深的拷问,又转而体现了法律对人们的依赖。

法律对人们依赖的原因,在于人是执行和完善制度的主体。法律虽然平等视人,甚至精致无比,但却难以预料和适应客观情况的多样性、复杂性,填平中间沟壑的正是执行法律制度之人。香港的马会制度兼具公益和私利,取经者络绎不绝。除了所建立制度的完善,公私分明、不偏不倚的工作态度和一丝不苟的执行能力是保证这一制度得以有力绵延的重要因素。中国清末变革修律,仿照西学引进和建立的法律不可谓不全、不可谓不多。由于民众对这些制度的陌生与不解,变革之事停留在了仁人志士之中、修律之事停留在了政府官员之间。缺乏接纳的人群和环境,这些法律最后的宿命大多束之高阁、落满尘埃,更遑论得到增补完备了。英国的《大宪章》诞生于13世纪,几十个贵族在与国王约翰谈判之前,已经准备好了身上的佩剑和埋伏在树林中的铁骑兵,一俟必要之时鱼死网破。然而,这一写在羊皮纸上的权利纲领竟然获得了国王的接受。英国人的自由契约《大宪章》由此产生,也诞生了人类历史上第一部宪法雏形。《大宪章》不仅确立了基本的宪政制度,更是建立了“法律高于国王”法律规则。这些获得人们认同的宪政制度、法律规则在以法律的形式得以固定之后,流泽后世、绵延百年。于是,貌似人们依赖法律获得了幸福的保障,实则法律依赖民众获得了历史的尊重。那么,究竟是人们依赖法律还是法律依赖人们?

客观而言,在不同的阶段和时期,人类各项事物之间的依赖是有所侧重、有所差异的;但就总体而论,这些依赖无分彼此、相互成就、等量齐观。于是才会出现这样的情况:貌似在低位的事物依赖在高位的事物,实则在高位的事物依赖在低位的事物。那么,人类与外部自然环境之间的关系也是如出一辙吗?

自然环境依赖人类来进行变通、改造,所以才有今日的天堑变通途、高峡出平湖,也才有人们生活领域各个方面的舒适、快捷与便利。位于湖南省的张家界美景古已有之，但其名声大振是在入选世界自然遗产、首批地质公园之后。当通过电影《阿凡达》的拍摄将其美轮美奂的景色介绍给世界之后，中外游人愈发多得车如流水马如龙。“江山如此多娇，引无数英雄竞折腰”，自然美景的发现、挖掘令人们更加热爱祖国、生活和世界。以色列在第二次世界大战之后复国，可是新的问题也接踵而至：土地贫瘠，资源匮乏，一半以上的国土为沙漠覆盖，如何才能更好地生存下去？充满创新精神的以色列人通过高科技让沙漠变良田、开鲜花，通过教育上的高投入成就了世界第二科技强国的地位。还有世界各国对物产、资源的开发和挖掘，大自然中的能量才能够变为人类社会需要的水、电等各种能量，人们才有了日行千里的交通工具，才能够“上九天揽月、下五洋捉鳖”。反过来，人类难道不也在这样的过程中深深依赖着自然环境么？从物质生活到精神生活，人类无不从自然中获取了能量和灵感，甚至在自然环境恶劣的地方也极尽模拟之能事。仿佛有了好的自然环境，人类事物就得到画龙点睛一般，有了灵气和底气。可是现实展现在人类眼前的景象却不容乐观：矿产过度开采，尾气过度排放，污染过度肆虐，垃圾肆意倾倒……人类的确依赖了自然环境，但“人对自然、对生物过度地暴虐、亵渎之后，他究竟还有什么依靠呢？”[①]于是，貌似自然环境依赖人类获得了崭新的未来，实则人类依赖自然环境获得了生存的根基。

人类社会各项事物之间的依赖、人类与自然环境之间的依赖是异曲而同工的。天地万物在彼此依赖之中，周而复始、生生不息。不由得翻开《道德经》：“天长地久。天地所以能长且久者，以其不自生，故能长生。”[②]“甚爱必大费，多藏必厚亡。故知足不辱，知止不殆，可以长久。”[③]于是遭友人断喝：你这是什么逻辑！确实，这远非教科书中的形式逻辑，却是现实生活中的辩证逻辑。

① 龙应台：《目送》，广西师范大学出版社 2014 年版，第 166 页。

② 《道德经·七章》。

③ 《道德经·四十四章》。

§5　理性与感性:逻辑与灵感

在形式逻辑的知识体系中,无论是最为基础层面的概念,还是形成简单推理的词项逻辑、模态逻辑,直到稍为复杂的命题逻辑,以及更为全面的逻辑基本规律、论证,只要遵循了各自领域中特有的推理规则,那么推理出来的结果必然是毫无疑问的。一旦推理结果有误,一定可以反求诸己——是推理过程中没有遵守相关规则而导致的。这就是形式逻辑给人以笃定印象的根本原因,笃定情况最为典型的当属三段论推理。

然而,在形式逻辑的知识体系中,还有一类推理是和三段论乃至演绎逻辑不太一样的——归纳推理。归纳推理是以一些关于个别事物或现象的命题为前提,得出关于该类事物或现象的普遍性命题作为结论的推理。由于最后所断定的知识范围超出了前提所断定的范围,导致了归纳推理出来的结论具有或然性。所以,与前面以三段论为典型的演绎推理相比,归纳推理所体现的思维方向、知识范围、前提与结论之间的联系程度是截然不同的。但是,随着逻辑学科的进步和人类知识的完善,这种或然性的缺陷却是可以弥补的。

归纳推理分为完全归纳推理和不完全归纳推理两大类。在第一类完全归纳推理中,某一类事物具有某种属性的推理是根据该类事物中每一对象都具有某种属性而做出的。由于必须对结论所断定类别中的所有个体进行考察,所以前提与结论之间是具有必然性的。从这个意义上来看,完全归纳推理具有演绎推理的特征,无需探讨如何降低或然性、增加必然性的问题。

另一类归纳推理不完全归纳推理则是根据一类事物中的部分对象具有某种属性,推出该类对象都具有某种属性的推理。由于某一类事物包含的对象或者个体可能很多甚至无限多,人们往往不可能在穷尽对所有对象的考察之后,才得出普遍性的结论,所以不完全归纳推理的结论具有或然性。然而这种或然性并非不可降低,研究不完全归纳推理的重点也就在于降低推理结果的或然性、增加其必然性。就目前而言,提高不完全归纳推理中的第一类简单枚举归纳推理结论可靠性的办法有如下几种:(1)尽可能增加被考察对象的数量,(2)尽可能增加被考察对象的分布范围,(3)随时注意观察有无相反事例。而不完全归纳推理中称之为科学归纳推理的另一类推理,其结论的可靠性则取决于是否能够正确解释事物现象与属性之间的因果联系,与前提数量的多少反而关系不大。故此,如果在推理过程中对上述这些方面都能够有所注意的话,即便是通过不完全归纳推理出来的结果,也可以做到降低其或然性、增加其必然性。

不要小觑归纳方法的运用,以穆勒五法、假说为代表的归纳方法为近代西方科学的勃兴、地位的奠定发挥了相当重要的作用。时至今日,自然科学研究和实验室操作中仍然在使用这些看似古老但却历久弥新的方法。如同数学家波利亚所说:"我们用确凿的推论使自己的数学知识巩固起来,但是用合乎情理的推论加强自己的判断。数学的证明是确凿的推论,物理学家的归纳理由,法学家的间接罪证,历史学家的文字依据和经济学家的统计理由都属于合乎情理的推论。"①也就是说,或然性推理之目的在于探索事物的规律性,它是对经验事实进行概括的恰当形式,也是科学认识中不可缺少的一个环节。无论是以组织现成的知识为目的,从作为真理而被采用的前提中得出必然结论的演绎方法,还是以确认科学认识基础的客观性为目的,由此得出合乎情理、或然推论的归纳方法,都是科学认知中的必然环节,在从事实上升到理论的过程中两者不可或缺。

亚里士多德为世人总结的这套形式逻辑体系,的确在一定程度上很好地规范了人们对于真理的探索和认识。它能够确保任何其他有推理能力的个人在同样的前提和规则下,最终得出相同的结论。那么,是不是人类的知

① 刘大椿:《科学哲学》,中国人民大学出版社 2011 年版,第 51 页。

识只能依赖于这样的逻辑体系？在它尚未发展成熟之际，难道人类其他的知识就不能长进或者就实难获得了？

历史事实告诉人们，现实情况并非如此。在这些无需借助于形式逻辑这样的形式体系获得的知识之中，灵感是个尤为突出的代表。意大利科学家费米在1934年发现：如果使中子束事先通过石蜡来降低速度，则当中子束射中靶子之时，就能够有效地使靶子的原子核变得不稳定。他后来追忆道："当时我们正在不辞辛劳地研究中子诱发放射性的问题，迟迟得不出什么有意义的结果。一天，我来到实验室，忽然产生一个念头：我应该考查一下，在入射中子前面放置一块铅会有什么效应。我一反往常，不惜付出艰苦的劳动，在机床前加工出一块铅，我分明感到某种不满意，因此我找种种'借口'拖延时间，不把这块铅放上去。最后，我终于准备勉强把它放到那里去。可是，我喃喃自语：'不，我不想把这块铅放在这里，我想放一块石蜡。'事情就是这样，没有前兆，事先也不曾有意识地进行过推理。我马上随手取了一块石蜡，把它放到原先准备放铅块的地方。"①伟大的发现就这样轻易地做出了。这种缥缈的灵感就是直觉，它是对事物的迅速识别和猜想。这种顿悟常常让人们在探索、思考的过程中茅塞顿开、产生联想、打开思路，令人"山重水复疑无路，柳暗花明又一村"。

当然，如此重大的科学发现倘若只是依赖于灵光乍现就可以做出，那就不恰当地忽视了前面艰苦的思考和工作。顿悟这种戏剧性场面的出现，往往是在有意识的努力和下意识的共同作用之下才能产生的。德国化学家凯库勒曾经长期研究结构化学，试图揭示有机物中碳原子之间是如何结合的，但却久而不得其解。在有一次梦中，看见"蛇"咬住自己的尾巴，瞬间达到创新高潮，终于发现了苯环结构，之后成功革新了有机化学。凯库勒这样描述道："事情进行得不顺时，我的心想着别的事了！我把座椅转向炉边，进入半睡眠状态。原子在我眼前飞动：长长的队伍，变化多姿，靠近了。连接起来了，一个个扭动着回转着，像蛇一样。看，那是什么？一条'蛇'咬住了自己的尾巴，在我眼前轻蔑地旋转。我如从电掣中惊醒。那晚我为这个假说的

① 周昌宗：《创造心理学》，中国青年出版社1983年版，第204页。

结果工作了整夜。”①

所以，客观而言，逻辑知识或者灵感都是人类达至认知彼岸的方式，无非是方法不一。当然，在这两种认知工具之中，各有所长。倘若能够扬长避短、互为倚靠，那么认知效果肯定能够达到更为理想的一种状态。正如荀子所言：“假舆马者，非利足也，而致千里；假舟楫者，非能水也，而绝江河。君子生非异也，善假于物也。”②即便是如上述所提及的归纳方法和演绎方法，二者之间亦是互为补充的；归纳中贯穿着演绎的成分，演绎依赖归纳的结果做前提。恰如恩格斯所言：“归纳和演绎，正如分析和综合一样，是必然相互联系着的。不应当牺牲一个而把另一个捧到天上去，应当把每一个都用到该用的地方，而要做到这一点，就只有注意它们的相互联系、它们的相互补充。”③

其实，不论是科学还是灵感，抑或宗教等，都是人类探索、认识未知世界的方式。在宇宙洪荒之初，衣不蔽体、食不果腹的人类虽然尚处混沌之中，但已然开始试图借助图腾崇拜等宗教的力量保护自己。时至今日，人们将其界定为宗教的原始状态。试想：没有当初的原始又何来后面的成长乃至今日的成熟？中世纪之时，所有学科成为神学的婢女，都不得不俯首听命于神学。即使贵为世界第一个现代意义上的大学——意大利的博洛尼亚大学建校之初仅有的三个专业之一的法学，也不得不俯首称臣。在长达 1 000 余年的欧洲封建社会中，神学主义的政治法律观一直占据着统治地位。恩格斯曾经评价道：“中世纪的世界观本质上是神学的世界观……教会信条自然成了任何思想的出发点和基础。法学、自然科学、哲学，这一切都由其内容是否符合教会的教义来决定。”④除了在精神层面受到束缚之外，普通民众的生活也受到诸如宗教裁判所这类机构的限制甚至迫害。当乌云散尽、回归常态之后，人们发现中世纪也并非一无是处，抛开神学的发展达至顶峰不说，西方的文明或者文化通过僧侣阶层延续下来，从而得以薪火相传。不论

---

① [英]贝弗里奇：《科学研究的艺术》，北京出版社 1979 年版，第 60 页。

② 《荀子・劝学篇》。

③ [德]恩格斯：《自然辩证法》，人民出版社 1971 年版，第 206 页。

④ [德]马克思、恩格斯：《马克思恩格斯全集》(第 21 卷)，中央编译局编译，人民出版社 1965 年版，第 545 页。

这段乌云笼罩的时间是历史发展之必然还是偶然，人类的智识经由遮蔽之后反而得以增强，这是不争的事实。

所以，在科学统领一切的今天，人们更应当承认的是其他认识人类世界方式的客观与必然——理性对待它们，而非厚此薄彼。科学与人文的对立，实际只是现代人制造的一个幻象。

§6 科技不能承受之轻：人文关怀

近日，看到国务院参事、清华大学经济管理学院院长钱颖一在“参事讲堂”中发表的主旨演讲“人工智能将使中国教育优势荡然无存”。他认为，中国教育的两个特点隐含了中国教育的优势：一是投入大，二是均值高。“投入大”是由中国人重视教育的文化传统所决定的。不仅个人、家庭、政府、社会有投入，也包括学生、教师时间的投入和金钱、资源的投入。“均值高”是因为教师对知识点的传授、学生对知识点的掌握不仅量多，而且面广。①在这样的基础或者长处之上，对教育的推动或者传播已经铺垫了较好的前提。所以置身海外的华人，一旦安顿下来具备了一定的物质条件，绝大部分人首先做的是送孩子去接受好的教育。这是中华传统文化中颇为闪光、值得称道之处。

但是，现行教育制度的偏差，也是中国教育的最大问题，在于把教育等同于并局限在知识上。这是对教育从认知领域到实践领域都存在的一种系统性偏差。在这一偏差下，知识几乎成了教育的全部内容——教师传授知识是本职工作，学生学习知识是分内之事。②知识是否重要？其重要程度毋庸置疑，培根的名言“知识就是力量”成为多少人铭记在心、发奋图强的座右铭。如果没有知识的积累，人们是无法做到站在巨人的肩膀上眺望远方。一旦在某种文明中出现知识的断代，损失难以弥补自不待言，更会对社会转

①② http://dy.163.com/v2/article/detail/CONIB9480519C6B9.html，2017 年 7 月 2 日访问。

型、定位造成冲击，难以平复。然而，在很多知识可以上网查到的今天，只有知识的人类又怎能抵御住来自人工智能的冲击？据报道，有两台机器人参加了高考数学考试。其得分分别是134分和105分(满分150分)。而这仅仅是开始，人工智能机器人的目标是到2020年能够参加全部高考。也就是说，在知识的记忆和识别方面，人工智能完全有可能远远地超越人类。倘若在未来的某一天确实出现这样局面的话，以知识作为全部内容的教育类型将不具备任何优势。这也让人不由得反思教师的作用。“传道、授业、解惑”的天职不会过时，过时的是始终以知识作为“传道、授业、解惑”的内容。所传之道、所授之业、所解之惑除了知识，还要有思维的训练。如何训练？恐怕方法性事物的教授还更重要，毕竟“授人以鱼”不如“授人以渔”。思维的训练、方法的学习才能够让创造力的土壤永不干涸，才能够源源不断地为社会提供人才和发展动力。

那么，对于具备创造能力的思维而言，除了具备一定的知识，钱颖一先生认为还需要两个十分重要的来源。首先是好奇心和想象力，其次是价值取向。现行教育制度为何在一定程度上扼杀了人类的好奇心和想象力，是因为创造力并非与受教育时间的增加呈正比增长。儿童时期的好奇心和想象力特别强，但是随着受教育的增加，知识积累多了，好奇心和想象力反而可能会减少。减少的原因在于，当好奇心、想象力在学习的过程中挑战这些知识的框架和设定时，经常受到打击和否定，于是好奇心和想象力在客观上受到了压制。创造性思维的第二个重要来源是价值取向。社会发展所需要的具有创造思维的人才，除了有好奇心和想象力，还需要有价值取向。人们现在面临的是一个比较急功近利的社会，盛行功利主义的价值取向。现实当中的情况是，具有短期功利主义动机的人很多，具有长期功利主义动机的人也有，但是具有内在价值的非功利主义动机的人甚少。所以，创造性思维乃至创新型人才的缺乏，除了好奇心和想象力的缺乏之外，还有价值取向上急功近利、功利主义的因素和成分。后者对创造性思维极为有害。

批评以知识为主导的教育制度，对创新型人才与创造型思维的千呼万唤，这已经不是现存教育所面临的新问题了。不过它的急切性却日益急剧，尤其是面对着现今人工智能的日趋高端与完善。2016年3月，谷歌AlphaGo在围棋人机对战的第一盘战胜韩国棋手李世石。虽然赛前大部分人看好李世石连胜5局，而由于出现了几个失误，他在第一局便输给了AlphaGo。于是，有人认为在围棋这种相当感性的项目中，人工智能都能够通过计算机庞大的计算能力和高水平的程序来解释、通过自我学习来提升；那么，一旦人工智能对非精确描述事物的学习能力也超过人类，人类就可以被取代。但事实果真如此吗？人类是否真的能够被替代？

上文曾经阐述过，创造性思维除了需要具备一定的知识，还有两个重要的来源：好奇心和想象力、价值取向。在这三个因素之中，知识上的超越是人工智能容易并且已然做到的，可是，好奇心和想象力、价值取向却是人类这种血肉之躯所独有而人工智能此类机器难以具备的。即便它们可以在外形上无限接近、酷似人类，但是内在的躯体、情感却只能人为复制，无法自主产生。在人类科技发达至此的今日，也许这种科技产品完全可以产生好奇心和想象力，也可以经过人为洗脑接纳价值取向的灌输，可是，这些在感性方面超越了人工智能的科技产品却并不能够归类到人工智能的行列之中。故此，好奇心和想象力、价值取向仍然是人类有别于并且超越于人工智能之处。

于是，苹果公司CEO库克（Tim Cook）2017年6月在麻省理工学院（MIT）毕业典礼上发表主题为“科技终须服务人性”的演讲便不足为奇了。在以顶尖的工程学和计算机科学享誉世界的麻省理工学院里，库克却警告毕业生们，要小心科技的非人性化方面，并敦促他们将自己的价值观注入科技发展中。之所以需要这样做，是因为人们已经见识了科学与技术是如何改变世界的。这些科技上的巨大成就使得越来越多的人过上了健康、高效而充实的生活。在人类解决诸如癌症、气候变化等这些棘手问题之时，科技都对人类产生了助益；渗透人们生活方方面面的科技在大多数情况下也都能被加以善用。然而，诸如安全和隐私威胁、虚假新闻等科技的负面影响也在快速传播，进而带来更深影响。所以，单纯地依靠技术并不能够解决所有的问题，甚至有些情况下技术本身也会成为一种问题。于是，人类目前的困窘之处便在于从未拥有过如此强大的力量，却没有任何能确保这种力量不被滥用的措施。库克认为技术本身是没有目的的，尽管科技能够成就伟大，但它本身并不想成就伟大。这一特点需要所有人的奋斗和呵护。于是，出现了他演讲中最为经典的话语：“我不担心人工智能能够让计算机像人类一样思考，我更担心人类像计算机一样思考——没有价值观，没有怜悯心，全然不顾后果——而这些也正是我需要你们去捍卫的东西。”这一点睛之笔使得国内各大网站在报道这篇演讲时更多使用的标题是“不担心 AI 能思考 担心人没价值观”。①这和本文对于科学技术与人类特性之间的讨论、探寻是不谋而合的。

类似的言论出现于 2017 年 12 月，在中国乌镇举行的第四届互联网大会上。库克再次强调价值观的问题：“我并不担心机器会像人一样思考，但我担心人像机器一样思考。我们需要充分利用这一历史机遇，赋予技术应有的价值，保持开放，有信任和创造力，让所有人都受到保护，我们希望这些努力为全世界的人类带来福利。”②人类在经年累月中所形成的道德价值观，正是让社会富有秩序、生命的约束所在。缺乏这种约束的科技表面上看是无视人性、道德，实则威胁到的是人类秩序和生存。也许正是在这个意义上，物理学家斯蒂芬·霍金主张人类必须建立有效机制尽早识别威胁，防止 AI 对人类产生进一步的威胁。中国阿里巴巴董事局主席马云则对人类充满信心。在他看来，这几年全球都在弥漫着对于新技术的担忧：担心机器取代人类，机器控制人类，担心人类会毁灭在自己最伟大的发明中。同样，在过去出现蒸汽机、电力的时候，人们也担心被取代。但事实是新技术没有代替人，而是让人去做了更有价值的事情，人类的工作不断进化。既然技术进步不可阻挡，人类的很多工作一定会被机器人取代，那么人类就应该，也将会从事更有创造、更有体验的工作，服务业一定会成为未来就业的主要来源。这样的看法源于下面的认识：因为人类对自己大脑的认识不到 10%，所以 10%创造出来的机器不可能超越人类。③

姑且把大咖们的气定神闲搁置一旁，科技对于世界的改变有目共睹。大到人类解决癌症、气候变化等问题，小到微信、支付宝正在改变着国人乃至世界的支付方式等生活的方方面面，人们已经身不由己地被裹挟、参与历史潮流之中。结合大数据、云计算、3D 图形学技术等研发出的智能人脸识别系统在安保、金融支付等诸多领域中发挥作用，VR 技术在游戏领域、商业领

---

① http://www.nmg.xinhuanet.com/2017-06/13/c_1121134353.htm，2017 年 7 月 5 日访问。

② http://wemedia.ifeng.com/39496256/wemedia.shtml，2017 年 12 月 7 日访问。

③ http://edu.sina.com.cn/l/2017-12-04/doc-ifypikwt6031905.shtml，2017 年 12 月 7 日访问。

域的普及和应用……越来越多的科技吸引着人类,也考验着人性。本来应该把握在人类手中的科技,有时反而变成了人类的主人。手机推陈出新、便捷生活,可是在有些人那里却沦为游戏、视频、八卦的手段;游戏训练思维、反应,可是有些人却深陷其中难以自拔;IPAD 让生活更加美好、多姿多彩,可是为了 IPAD 而卖肾的人却沦为拜金主义者、物质的奴隶……所以,单纯地依靠技术的确并不能够解决所有问题,甚至有些情况下技术本身也会成为一种问题。培根在《新大西岛》中所描绘本色列岛的社会场景,已经展示了在高度发达科技的帮助下,人类"敢叫日月换新天"的豪情壮志、伟大成果。这个近代思想家"看到了科学和哲学的任务是解决实际问题,是用科学和哲学方法来增加人类的力量"。①以使科学和生活的实际需要相配合为己任的不只是培根一人,还有康帕内拉等人,这是那个时代不同国家里出现的同一倾向,也是现代科学在 17 世纪所走的道路。不过,培根描绘所罗门之宫内部的种种巧夺天工的科技,本意却不是展示英国工业革命的成果、人类科学技术之伟大,反而是对科学技术高度利用之后、人类对于自然的控制扩展到极度之后的反思和警醒。

在《新大西岛》这部未竟之作中,对所罗门之宫的描绘是重中之重。所罗门宫的目的在于"探讨事物的本原和它们运行的秘密,并扩大人类的知识领域。以使一切理想的实现成为可能"。②它的基础是科学研究,主要工作是实验,基本的研究方法是归纳法。在所罗门之宫进行气象研究和试验的建筑物和设施里,人们研究降雪、降雹、降雨、霹雳、闪电等现象。宫内还设有疗养院,可以调节室温,非常适合于治疗各种疾病和保持健康。此外宫内还设有许多清洁而宽敞的浴池,水中放入各种药物,能够治疗疾病,祛除人体疲劳,增强体力和机能,使人精力充沛、肌肉发达。

在所罗门之宫的果园和花园里,人们特别关心的不是风景优美,而是土壤性质和肥沃程度。他们非常注意进行改良土壤的试验,以使它适合于种植各种树木和花草。果园里种植葡萄和各种浆果,用果实酿制各种酒类。人们也在那里进行各种嫁接和改良品种的试验。在所罗门之宫的动物园

---

① 培根:《新大西岛》,商务印书馆 2012 年版,第 65 页。
② 培根:《新大西岛》,商务印书馆 2012 年版,第 32 页。

里，养育着各种鸟兽。一方面因其珍奇而作观赏之用；另一方面也可用于解剖和试验，把得到的知识应用到人体上去。所罗门宫的研究人员可以用各种技术使鸟兽长得异常高大、特别矮小或停止生长，也可以使它们有特别强的繁殖力或者失去繁殖能力，还可以使不同种类的鸟兽实行杂交，从而使得它们的颜色、形状、习性等发生变化。所罗门之宫里还养育着鱼类和昆虫，并在它们身上进行着同样的实验。

在所罗门之宫里，有着各种各样的药草制剂、药材和药品，有新旧不同的和各种长期泡制的药品。为了配制这些药品，他们不仅用微火、各种过滤器和物质做最完善的过滤和分析，而且用最准确的配剂方法，使药品配成之后如同天然产品一样。在所罗门之宫里，还有制造纸张、布匹、丝绸、纱绢、羽毛制品、染料等的制造技术。这些物品不仅为大众使用，而且可以作为新发明的样品使用。

在所罗门之宫里，各种各样的熔炉保持着各种不同的热度，吹风的大小、热度都不相同。更为主要的是他们所仿造的太阳热和天体热，经过各种均差、轨道、进路和回路，从而产生意料不到的效果。除此之外，他们还利用各种不同的热作为进行各种操作所需要的动力。在所罗门之宫里，光学馆做各种颜色的光线和辐射的试验，能使无色透明的东西变得有颜色；能增加光的强度，使它照射得很远；能使光线具有各种颜色，使视觉在形状、大小、动作和颜色上发生各种各样的错觉和假象，并做各种影像的试验；能用某种方法使各种物体自己发光；能够看到天上和远处的东西，能够造成虚假的远近距离；能设法帮助视觉，以便用镜子清晰地、完整地看到极微小的物体；能人工造出彩虹、日月晕和光圈；能使物体的光柱发生各种反射、折射和复光。

在所罗门之宫里，音乐馆可以做各种声音和发声的试验。各种各样的乐器能使轻微的声音变得宏大低沉，使宏大的声音变得悠扬高亢；能在保存原调之下发出各种震言和颤言；能表现和模仿各种语言的发音和歌唱、各种鸟啼兽叫；放在耳朵上的助听器可以大大帮助听觉；各种各样的人造回声，把声音多次地反送过来，把声音变得更大、更尖锐或更低沉。在所罗门之宫里，制造香味的香料室可以使所有的东西都能发出一种原来没有的混合香味、美味。香料室还附设有糕点室，制造各种干湿的糖果、可口的酒类、奶类、肉汤、青菜等。

在所罗门之宫里，机器馆里备有各式各样的机器装置，能做出各种各样的机器和工具。在这里可以仿制或试制出一些机械、武器军械、各种火药、船只、游泳带、救生圈、钟表，甚至可以制造出机器人、机器鸟、机器兽、机器鱼、机器蛇等。在所罗门之宫里，数学馆能够制造精致的几何学和天文学的仪器；幻术室则能演出各种魔术、幻影和假象，并揭露其秘密。

于是，鉴于存在于所罗门之宫里林林总总的科学所创造的事物，传统研究似乎更为侧重这部作品乌托邦的意义，认为其体现了培根对未来理想社会的憧憬，是他以文学形式对“复兴科学”之伟大理想所作的形象化描绘。但随着新的学术文章、翻译作品不断引进、介绍，有人发现《新大西岛》实则是部意味深长的作品，它想要表达的既有伟大的希望也有深沉的隐藏。《新大西岛》充当了培根《伟大的复兴》的巅峰之作，他的计划在于建立一种现代科学，足以担当作为新型政治社会基石的重任。不少评论家认为《新大西岛》证实了现代科学和现代政治将如何掌控神灵、自然，以避免亚特兰蒂斯式的毁灭。然而也有学者认为亚特兰蒂斯式的选择恰恰象征着这一充满希望的未来之可能，但也意味着现代科学可以轻易把现代社会沉入海洋，只留下一个警醒的故事。结合培根的其他作品和主题安排，人们看到的是他认识到现代科学将会不可逆转地改变政治社会，并通过《新大西岛》展现出来：缺乏自由原则强有力的承诺和哲学质疑，社会将会变得怎样。于是，经由这些在时间维度上不再新鲜、在空间维度上历久弥新的解读，人们意识到培根在《新大西岛》中所示范的科学规则与其说是一张现代社会的蓝图，不如说展示了科学社会缺乏自由的危险。

综上可以看到，无论是古人还是今人对于科技的负面影响都是有所认识并有所警惕的。培根被马克思誉为“英国唯物主义和整个近代实验科学的真正始祖”，库克则是当今世界一流科技公司 CEO，这些引领科学技术或者置身其漩涡中心的人物对于科技正负面影响的认识应该说是切中肯綮的。那么，在科技带给了人类美好生活，其负面作用也如同达摩克利斯之剑悬在了人类头上之时，对于科技所带来负面影响的解决之道又是什么呢？库克认为，解决的方法是科技同人文融合起来。因为人性就是黑暗中的烛光，能够为在黑暗中探索的科学照亮走过的路，揭露前方隐藏的危险。虽然科技本身并不想成就伟大，但是科技和人文的联姻能够震撼心灵地歌唱。这就如同iphone能够让盲人参加马拉松、Apple watch能够监测心脏问题从而预防心脏病、Ipad能够帮助自闭症儿童更加紧密地联系世界。百度地图在国内得到广泛使用，原因在于它极大地便利了人们的生活：衣食住行都出现了明显标注，导航让人们在陌生之地也能够进退自如。它不仅让人克服了传统问路方式的种种不便，还让人们的足迹能够行至更远之处。同时百度地图亦在根据人们的使用、需求不断地升级、改进。换句话说，唯有注入了价值观、包含了人文关怀的科技才能够使得所有人共同进步。

为何是人文精神而非其他因素？如果人们反向思维一下——没有人文精神的社会，科学、技术会呈现出什么模样？那么，这个问题的答案就显而易见了。几年前，清华大学一学生为了检验狗熊是否像有人说的那样是“笨狗熊”，几番到动物园把装在饮料瓶里的硫酸给狗熊喝进行实验，直到东窗事发。学校教过法律课程，家庭氛围也并不暴力，显然是人文精神的缺乏让这个学生有了上面那些貌似幼稚实则残忍的举动。又如DNA数据库的建立。在没有此项数据库出现之前，出现走失、被拐孩子的家庭可能会生活在懊恼、痛苦之中，长久受到这些情感的折磨，难以走出伤痛的阴影。在数据库的建立之后，相关机构、志愿人员的工作有了更为确定的方向、确凿的信息，使得找到孩子的时间缩短，从而帮助更多的孩子回到了家人怀抱。在中国科学技术大学，科技与人文结伴而行的故事给人留下智慧、暖心的深刻印象，也在科技中成功实现了人文关怀。学校会监测每个学生的一卡通在食堂的消费情况；如果有学生每个月的消费低于200元，就会收到自动打在一卡通上的生活补助。对于那些贷款交学费、家庭条件不好的贫困生，这一方式显然能够让他们更有尊严地接受资助。这种名为“隐形资助”的方法是中国科技大学2004年在全国高校中首创的。尽管会有一卡通数据库自动生成的数据与真实情况不符的时候，不过通过改进数据统计方法、利用网络对新生心理和家庭状况先行进行详细调查、综合各院系平时掌握的学生生活情况，中国科学技术大学建立了每学期更新的贫困生数据库。通过细致的情况统计和优化的大数据分析，学校筛除了不能反映真实情况的“坏数据”，从而实现了为真正的贫困学生提供资助。到目前为止，中国科学技术大学已经“隐性资助”贫困生4万人次，累计资助金额达 600 万元。①

与人文结合的科技让人间有了更多的温暖和美好，它的形象也不再是冰冷的机器。行文至此，好似更为透彻地明白了在研究生求学阶段一位老师曾经说过的话："无用之用，方为大用"。这些在实用主义者、功利主义者眼中貌似无用的事物，实则在关键时刻或者潜移默化中发挥着巨大的作用。不错，今人的技术、物质远超古人，至少在人们宣扬自己思想或者主张之时已经不用再像孔子当年那样需要经历车马的颠簸、困顿。在人类物质生活面貌极大改善的同时，精神层面是否还生活在古人的状态之中？所以才有西人今日之研究均为柏拉图思想之注脚的说法？无论如何，科技与人文的结合受到越来越多人的认同。从各地教育部门公布的 2016 年高校毕业生就业质量报告来看，哲学、历史等过去冷门的专业，就业率开始走高。辽宁 2016 年本科毕业生就业率排名前五位的学科是历史学（92%）、农学（91.9%）、哲学（90.6%）、教育学（90.5%）、工学（90.5%）；北京的数据显示：2016 年北京地区高校本科专业哲学就业率最高，为 99.02%；广东省高校毕业生就业质量报告也显示，当年该省毕业生薪酬最高的学科是哲学，月薪达到了 4 507 元。②究其原因，互联网在各个领域广泛运用，也影响了对有人文背景的专业人才的需求量。即便仅是在产品开发环节，由于有些产品设计涉及人性的分析，一个产品组需要的人才就包括了心理学、历史学、哲学、计算机等多个领域。但更为重要的是，科技发展到了今天，很多问题已经涉及对人的本质属性、人的生活方式、科技与人的关系乃至文明边界等问题的思考。于是，那些曾经被认为是"无用"的思考，已经成为人们日常生活的基本组成部分。这是令人欣喜的现象。互联网产业如果能够推动的不只是科技发展，还有人文关怀的话，那么才会真正有益于人类精神和社会的发展。

也许有人会进而追问，是怎样的人文精神或者价值观？第二次世界大战结束之时的纽伦堡审判、远东国际审判确立了战争罪、反人类罪。这些罪之所以受到千夫所指，是因为人类无分肤色、种族、性别等因素，能够达成对

---

① http://news.xinhuanet.com/2017-07/13/c_1121309858.htm，2017 年 7 月 5 日访问。

② http://finance.qq.com/a/20170706/006368.htm，2017 年 7 月 6 日访问。

于真善美的一致认同。既然如此,那么此处倡导的人文精神或者价值观必然也是受到绝大部分世人所认同。况且,在西人社会的问题已经无法完全在自身内部找到答案和良方的情况下,对东方尤其是中华文明中智慧的探寻、学习已经成为世界绕不开的部分了。

§7 逻辑不能释怀之重:原始创新

在根据近代奇幻小说《魔戒》而改编的电影当中,新西兰的库克山(Cook Mountain)曾经三次出现,场面颇为壮观。于是,库克山国家公园成为新西兰南岛的必游之地。其中,以胡克谷步道(Hooker Valley track)最为有名、最受欢迎。这条步道长约9公里,全程来回需要三四个小时。尽管官方介绍说沿途高山、青峰、草地,以及库克山百合等无数美丽的花朵灿烂相迎,使人如同在山水画中穿梭,但亲身经历过的人才知道走完整个步道的辛苦。

步道伊始,首先映入眼帘的是牛奶河。之所以得此名称,是因为沉积在河流之中的白色泥沙颇多,从而使得河水呈现出如牛奶般的颜色。看着乳白色的河流依山而行,时而湍急,时而平缓,心中不由得在想:只要是浑然天成的、来自大自然的杰作,是什么颜色又有何妨?颜色不同只是给景色平添的风韵各异罢了。不知道,天上的银河(Milk Way)是否也应这般模样?由于库克山国家公园位于南阿尔卑斯山中段核心地带,公园内三分之一的地区终年积雪,因此虽是当地的夏天,行进在步道上的人们仍然不时感受到夹杂在风中的来自雪山的凉意。途中下起了雨,穿上雨衣之后似乎阻挡了一些寒意,不过风势却有增无减。

步道沿途是欣赏雪山景色、冰河、冰湖、冰川地貌的绝佳路线。大概正是景色的独特,游人才络绎不绝。但伴随着欣赏这些景色的,是与狂风的不停搏斗。当山谷中的风势不是那么大时,人们还有闲暇观赏一下周围雪山逶迤、冰河奔腾、草甸连绵和野花绚烂的风景,惬意得让人以为“呼啸山庄”、英伦平原可能也不过如此吧。当大风飞扬之时，汹涌之势让人在旷野之中难以立足，只有猫腰蹲下或者抓紧草丛才是安全之道。对于身形尚小的孩子，甚至蹲下也不足以让他们安全，唯有牢牢抓住冗长而结实的野草、躲避在岩石后面才能够不至于被大风吹走。有人试图挺直身躯、逆风前行，孰料险些被风掀翻、摔落到沟壑之中。大风过后，人们互相取笑头发的各种奇异造型、先前的各种保命动作。于是，越是向前行进，越是可以发现：有了经验的人们在起风时不再企图顶风而行，而是就地蹲下躲避，待风势变小再行动。领略风势的巅峰时刻还不在广袤旷野之中，而是在跨越吊桥之时。由于吊桥距离水面颇远、又夹杂在山谷之间，吊桥上的风势便不仅是狂野而且是凌厉了。如果说，旷野中的狂风更多考验智慧的话，吊桥上的狂风则更多考验的是勇气。狂风让吊桥左右摇摆，无所依靠的人们只能紧紧抓住缆绳。然而缆绳并没有带来安全感，反而令人感受到狂风的无情、绳索的软弱、高空的恐怖、河水的冷漠，似乎因为绳索而让人饱受大风摆布、因为吊桥而让人风雨飘摇于天地之间。在经历了雨水、狂风、吊桥的洗礼，已经筋疲力尽之时，人们终于到达了以终年积雪的南阿尔卑斯山为背景的冰河湖。

仿佛因为有了之前的经验，归途似乎轻松多了。加上天公作美、雨水停歇，沐浴在阳光中的人们似乎脸上的笑容也增加了不少，不再像刚才在大风中那么不苟言笑。雪山旖旎、旷野风景、牛奶河流，这一切笼罩在阳光下分外明媚，让不少人驻足不前、拍摄不已。这些明媚和愉快仿佛弥补了之前的种种辛苦。整个步道或者依山傍水，或者穿越旷野，把沿途的景色巧妙串联了起来。虽谈不上美不胜收，却也是别有情致。一路下来，库克山国家公园的主要景色尽收眼底。除了景物，徒步其中还考验了人们在自然中生存的意志和智慧。未曾经历雨水、狂风、吊桥洗礼的人们，无从见到隐藏在终点的壮观的冰河湖。在这样的环境中，精美细致的人为之物确实难以胜过大自然的鬼斧神工。人为之物能够做的，是如何助益天然之物以自然而又绝佳的面貌呈现在人们眼前。这样，天然之物未曾被破坏、优势凸显，人为之物亦得以保留、不喧宾夺主，二者相得益彰之后才能够流传久远。

在新西兰南岛的第二大城市达尼丁（Dunedin），有条名为鲍德温街（Baldwin Street）的陡坡亦是沿山而筑，却建得让人望而却步。鲍德温街曾经获得吉尼斯世界纪录，被认证为世界上最陡的街道。整个街道并不算长，约 1 150 英尺，然而最陡处的坡度约 1∶2.86。也就是说每走 2.86 米，高度就提升 1 米。街道开端的海拔约为 30 米，而街道终端的海拔为 100 米。这意味着爬到街顶等于登山。据说当时做城市规划时，远在伦敦的规划者并没有考虑实际地形，等到了动手建设才发现此坡过于陡峭。所以这条街只建了一半，并没有直通山顶。为了居住在街道两边的居民出行方便，这条街道最终仍然保留了下来。爬到街道中部，由于坡度加大，两边房屋的地基越发陡峭、住宅越发倾斜，弓着腰上坡已经有些举步维艰了。这时，有几辆汽车在陡坡上。往下的车风驰电掣，往上的车不仅速度如老牛拉车一般，而且倾斜的角度看得人胆战心惊。此时向上看鲍德温街区，各色房屋地势险要、鳞次栉比、错落有致，往下看坐落在盆地里的一群群房屋则别有情趣，笼罩在阳光下仿佛童话故事中的美丽王国。从 1988 年起，每年夏天都会在这条大街上举行挑战赛。运动员们需要从街角跑到最高处又跑回来，以考验体能和平衡感。另外的慈善活动，会从最高处滚落巧克力糖，每一颗巧克力糖皆由一个人赞助；得胜者可获得奖品，筹得的资金则捐给慈善机构。陡峭与美丽、惊心动魄与温馨可人并存，这大概是鲍德温街扬名至今、令人回味的重要原因吧。

在充满艺术气息的霍基蒂卡海滩（Hokitika Beach）上，各种就地取材创造的作品遍布岸边。有用树枝构建、张牙舞爪的女妖，有用白色大型石块搭建的房屋，有用海中物件构思、神采奕奕的动物，还有各种各样奇妙莫名的作品。这些或者写实或者抽象的作品在蓝天白云、黑色沙滩的映衬下，显得分外夺目，好似在浑然天成之中注入了点睛之笔，又好似出现在天地一体之中的新生命。其中在网络上广为流传的，是用树枝搭建、矗立在海边的“HOKITIKA”字样。取材、构造与环境和谐，成为该地理位置的成功标志。人们广为传播、踊跃合影足以说明该作品的代表性。当去到被称为“自然界最后一个秘密”的薄饼岩，注视着海水在类似瓮城的岩石构造中怒吼、奔腾、拍岸不休时，心中的念头再次浮现：在大自然面前，有什么东西可以千年不朽、万年不枯？断然不会是功名利禄，也不会是亭台楼阁，而应该是精神方面的事物。

修建在胡克谷的步道、吊桥，让人们更好地领略了雪山景色、冰川地貌；保留在达尼丁的鲍德温街道，让人们在感受陡峭的同时，平添了几分情致、乐趣;霍基蒂卡海滩的艺术作品,则让人直面天地的恒久、人类的渺小。它们无一不是与环境融为一体、相得益彰。受到烘托的景色得到人们的欣赏,它们自身也在此种烘托中为人们提供了生活的哲理。先天的景致并未因为它们的出现受到干扰、大煞风景,反而为人们欣赏自然景观增添了便利与情趣。随着景致对其依赖性的增加,它们将会变得不可替代。从此种意义上而言,这种建设可以算是一种成功的建设:既未破坏,又添乐趣。也许在一个国家的建设过程中不一定非要拆除重建,还可以是顺势而为?以既有的天然基础或者传统资源作为基础,扬长避短地适当增补,其实反而是对天然景观或者传统资源的褒扬、继承,而非一定要从零开始、白手起家。

反观国内的景区,丝毫不缺自然美景、传统文化。五台山既是中国佛教名山,又是世界佛教圣地。在方圆200多公里的范围内,五座高峰连绵环抱。诸多久负盛名的寺院就错落有致地坐落在这些山脉、群峰之间。不仅慕名的香客、游人络绎不绝,朝拜的僧人、信徒更是不绝于眼。游人也许会探寻顺治帝、杨五郎出家之处,信徒则更加执着于宗教的朝拜。无论是出于哪一种目的、情形而进山,人们都会发现佛教圣地与自然景观的合二为一。寺院坐落在山脉、群峰的不同位置,朝拜、观光的人们都会依山而行或者拾级而上,沿途便行走于山林美境之中而尽享眼福;远近高低各不同的自然景观中又矗立着大大小小的寺院——站在菩萨顶时可以在欣赏皇家规格建筑的同时一览众山小,到达显通寺时又不免赞叹佛教的源远流长、庄严华美。自然环境与宗教信仰就在这样顺势而为的设置中水乳交融、相得益彰,就依山势而建的寺院或者宗教而言,留存得也会更为久远。

同样与宗教水乳交融、相得益彰环境的,还有北岳恒山的悬空寺。这座始建于北魏后期的寺院位于恒山翠屏峰绝壁之上,被人们誉为恒山"第一胜景"。它在2010年被美国《时代》周刊评选为"世界十大最奇险建筑之一"。早在唐朝便有诗仙李白观后醉书"壮观",在明代更有阅山水无数的徐霞客赞叹其为"天下巨观"。站在山脚,仰望这有着1 500年历史的高空摩崖古建筑时,禁不住由衷赞叹古人的精湛技艺,不愧是华夏古老文明、东方文化之杰出代表。当置身其中之时,画风陡然为之一变。在占地150多平方米、悬在空中的楼台和殿阁中逐一游弋、体验,甚至在有些险峻之处手脚并用之后,人们除了对其奇、险、巧、俏有了手脚发抖的切身感受,更对整座寺院上载危岩、下临深谷的“三教合一”之宗教文化有了大汗淋漓的印象。上山之前，仰望那上不在巅、下不在麓、雕琢于绝壁之上的寺院，只感觉其既像玲珑剔透的浮雕、又似凌空欲飞的琼阁，心中顿生雄壮之感；上山之后，适应行走、攀爬过程的紧张分散了一些精力，直至站在整座寺院最高处，人们才有闲暇回顾刚才的紧凑节奏、焦急动作、险峻场地。等候游客散去时的短暂驻足更是创造了时空让人得以环顾品味、远眺俯瞰。开凿、雕刻于石壁一侧的宗教塑像、介绍已然历历在目，另一侧木质栏杆外的山下景观却更加令人头晕目眩、胆战心惊。可是，据说当年还曾经有过出家人在此修行、生活，他们行走于这些楼台、殿阁之时想必会比寻常人更身轻如燕、如履平地吧。下得山来，再次回头仰望，自然景观、宗教印迹无不如走马灯般深深印记在脑海之中。实际上，享有盛誉的龙门石窟、云冈石窟等风景名胜莫不如此：因势利导开发当地资源，大张旗鼓弘扬价值。只不过，彼时彼地所倡导的价值有可能早已时移世易、物是人非。

故此，这些资源倘若能够因势利导地善用起来，又何必增加一些粗制滥造的人工景点？以国内景点所拥有的特色自然景致、深厚文化底蕴，又何必大费周章去模仿埃及金字塔去修建一些貌似高大上实则毫无意义的赝品景点？除了景点的建设，城市建设亦复如此。原有格局的适当保留，留下的是城市神韵、精神。老区改造、新区建设可以另辟蹊径，新与旧有时并不冲突，完全可以和谐共存。如若全部拆除，将来不知到何处凭吊先辈？当然，现在更多的是用现代科技手法重建旧城。只是，外在模仿不复难哉，内在意蕴岂可仿制？与其兴师动众地重建，不如未雨绸缪地规划。的确，纯粹的坐吃山空只会让有限资源消耗殆尽，人们完全有必要在传统之上有所创新和突破，尤其是在那些传统资源、自然景观匮乏的地方。假若少一些拙劣模仿、多一些原始创新，也许反而更加有益于城市乃至国家的长足发展。尤其是原始积累阶段完成之后，国家、社会更加需要的是此类创新或者发展。

如此逻辑，不知通否？

第二章

理论探讨

§1　魔幻历史:西方的统一抑或分裂

不论是在绿树成荫的老校区还是高楼林立的新校区,给本科同学讲授《外国法制史》课程之时,会把重点放在古代的希腊、罗马部分。也会反复告知学生原因——这是西方法学甚至文明的滥觞所在,借用一位哲人的话:整个西方后世文明都是对古代文明所做的注脚。仿佛没有了古代希腊、罗马,就没有了近代、现代与当代的西方。

想一想,能够滋养出苏格拉底、柏拉图、亚里士多德、西塞罗、奥勒留等光彩人物的古代文明,的确应该有其厚重之处。这种文明的理性之美和典雅之光带给西方的深刻影响是后世西人无法摆脱的,即便有着时间、空间的距离和陌生。"他们的雕塑无与伦比,他们的建筑精美绝伦,他们的文章作品空前绝后。"虽然这些雕塑早已破碎,建筑物早已毁损,绘画也不再会为人们所见,文学作品大都散落不见,但就是这样的残迹对世人而言从来都是激励和挑战。他们"既没有去仿效他们之前的文明,也没有去仿效他们同时代的文明。他们给这个世界带来了一些全新的东西。他们是最早的西方人"①。西方的精神,现代的精神,是他们的创建,他们是属于现代社会的。这是比较典型的厚古薄今之说。在这样的主张面前,轴心时代的人们创造了后世文明的原点和模型,整个西方的文明一气呵成、一以贯之。所以,他们自己也承认:就他们大部分的思想和精神活动而言,他们是罗马人的孙

① [美]依迪丝·汉密尔顿:《希腊精神》,葛海滨译,辽宁教育出版社2003年版,第2—4页。

辈，是希腊人的重孙。

但却并非所有的欧洲人都推崇古代希腊罗马文明，视其为欧洲人的楷模，并把学习古希腊罗马经典视为教育的基础。这种厚今薄古的主张在近世有着显著的展现，尤其是在马基雅维利、勒华、培根等人身上。学富五车的马基雅维利古典学养丰厚。然而，人们在《君主论》的献辞中可以读到，马基雅维利要向现代君王推荐他自己"依靠对现代大事的长期经验和对古代大事的不断钻研而获得的"伟大人物事迹之知识①。言外之意，他要传授的并非是古希腊罗马文明的教诲，而是他自己研究古代、现代大事的心得。这在一定程度上意味着古希腊罗马经典之无用，对当今现实政治并无实质意义的指导作用。马基雅维利的另外一部著作《李维史论》则被施特劳斯评价为表面上是听命于古代作家教诲，实则阐述全新秩序，与传统决裂。所以，在他的重要著述中存在着一个基本的特征：看重欧洲人自己的政治经验、鄙夷古希腊罗马人的教诲。

如果说，让自己的祖国摆脱罗马天主教支配变得独立自主是马基雅维利与古典决裂的动力，那么法兰西公学院教授勒华的动力则来自他对历史的观察。勒华在他的传世之作《论变迁，或世间万物之千变万化》中，认为在过去的一百年间，西欧人发现了许多连古人也不知道的东西：新的海洋、国家、种族、习俗、法律、矿物、蔬菜、动物、天体，等等，所以，古希腊罗马圣贤的知识也是有限的。甚至，他观察到历史上任何伟大时代的到来都以一场伟大的战争为开端，文明的繁荣必须以战争为前奏。于是，依据此种观察，勒华尝试用非基督教的观念来描述历史和划分文明时期，催生了所谓"现代"观念。但是同时，勒华也是法国文艺复兴时期人文主义的代表人物，精通古希腊文和拉丁文，享有"法语柏拉图"的美誉。为了表示与古典决裂的决心，他和马基雅维利一样，都是用自己的母语进行写作。

再一个与古典决裂的代表性人物是英国的培根。他的大作《伟大的复兴》从书名来看，似乎要"复兴"的对象是古代希腊罗马文明。但是实际上，其真正的志向在于用"新工具"和"新科学"取代古希腊罗马的经典。几年之后，培根用拉丁文写就了《论古人的智慧》。这部书表面上依从古希腊作家

① [意]马基雅维利：《君主论》，潘汉典译，商务印书馆 1985 年版，第 1 页。

的教导，实际上表达的是与古希腊文明彻底决裂的决心和计划。追随培根改变思想“方法”的笛卡尔主张区分两类知识：凭靠数学理性认知获得的科学知识和源于熟识的偶然知识。这种主张明确排除古典作家在教化方面的权威地位，切断了欧洲人的教养与古代希腊罗马文明的关系。因此，在他眼里，人文主义式教育只会把欧洲人培育成一个古代人，基于数学理性的新式教育才会把欧洲人培育成现代人。做过培根秘书的霍布斯曾经翻译过修昔底德和亚里士多德的著作，但其代表作《利维坦》“却凭靠着笛卡尔的数学理性公开挑战柏拉图和亚里士多德的权威，披着基督教的外衣废黜基督教的政制法权，提出了著名的‘自然状态’学说，彻底置换了欧洲政制的法理基础”①。

西欧各日耳曼王国和城市共和国作为新政治单位的形成，促使欧洲各国人试图凭借新的政治经验建立新的政治原则。这是文艺复兴时期一些人文主义者拒斥古希腊罗马文明经验的原因所在。所以，文艺复兴时期的人文主义者在延续古代希腊罗马文明传统的同时，也在力图摆脱这一传统，以便打造新的欧洲文明。打造的结果，是笛卡尔、霍布斯这些新派哲人为欧洲的现代文明奠定了基础，而他们又是以背离古代希腊罗马文明为己任的。由此，古代希腊罗马文明与现代欧洲文明之间的断裂是清晰可见的。但为何时至今日仍然有不同的人在不同场合强调两者之间的内在关联？关键之处在于：即便凭借商业和技术可以获取财富、跻身大国，但文明年齿的短板毕竟不利于国民之教化。为此，他们反复提醒道：“我们的文字、工艺和思想中许多最好的东西脱胎于希腊人和罗马人的创造。这没有什么可耻的；相反，无视和淡忘这点才是可耻的。”②

反观诸己。在打造今日文明之时，传统即使曾经出现过这样、那样的断裂，国人却比欧洲人有着更为有力的理由去继承、发扬这些文明：中华文化中许多最好的东西脱胎于中国古人的创造。这些创造福泽今天的国人和世人。对于我们而言，无视和淡忘才是真正的可耻。

---

① ［美］吉尔伯特·海厄特：《古典传统希腊—罗马对西方文学的影响》，王晨译，北京联合出版公司2015年版，第10页。

② ［美］吉尔伯特·海厄特：《古典传统希腊—罗马对西方文学的影响》，王晨译，北京联合出版公司2015年版，第4页。

§2　法治精神:制度塑造诚信

何为法治?新自然法学派的代表人物富勒认为,对既定权势的尊敬和忠于法律不能混为一谈,真正的法律制度有8项原则:法律的一般性,法律的公布,适用于将来而非溯及既往的法律,法律的明确性,避免法律中的矛盾,法律不应要求不可能实现的事情,法律的稳定性,官方行动和法律的一致性。新分析实证主义法学派的代表人物拉兹将法治的基本原则也概括为8个:所有法律应该是适用未来的、公开的、明确的,法律应该相对稳定,特别法应由公开的、稳定的、明确的、一般的规则所指引,司法独立应有保证,自由正义等原则的遵守对正确适用法律和法律的指引行为的能力显然是必不可少的,法院应对其他原则的实施有审查权,法院应该是很容易为人接近的,不应容许预防犯罪的机构利用自由裁量权而歪曲法律。

社会法学派的思想对于法治启示不少,但没有像新自然法学派、新分析实证主义法学派那样有专门的阐述。而所有的这些法治思想无不可以在古希腊的亚里士多德那里找到源头。亚里士多德对法治的含义进行了高度概括:"法治应包含两重含义:已经成立的法律获得普遍的服从,而大家所服从的法律又应该是制定得良好的法律。"[①]这一关于法治的经典解释既昭示了法治的基本标志,又为后世建立了法治的基本逻辑结构。也就是说,自古代希腊而始,中经古罗马、中世纪、文艺复兴和宗教改革、17世纪直至今天,西

① [古希腊]亚里士多德:《政治学》,吴寿彭译,商务印书馆1965年版,第199页。

方法治的理念、意识甚或思想一脉相承、有始有终。虽然在古代希腊先哲的基础上日益精细、有所分化，但基本理念得到秉持并延续了下来。此种秉持和延续不只限于知识界的思想、学术，更加浸淫在民众的日常生活中，成为其不可或缺的部分。

一次在新西兰自驾旅游，抵达一个小镇时，已经过了中午吃饭时间，大部分餐馆都已歇业。门口"closed"字样的牌子让一行人在饥肠辘辘之余，心情更加沮丧。正在此时，一家餐馆依然亮着的灯光吸引了人们的眼球和胃肠。推门而入的欣喜证实了餐馆还在营业。一行人点餐之后落座，服务员迅速把桌面上凌乱的餐具收拾干净，把整洁的纸巾放置妥当，并礼貌告知点餐事项，没有因为这个时段客人少或者看到是异乡人进来就餐就有所怠慢。回想刚才点餐的服务员，亦是笑容满面地推荐、等待，未曾有不耐烦情绪的表露。一行人并非土豪，只是过客，就餐也无需额外再行支付小费，在此种情况下的礼貌和笑容就不再是表面文章、敷衍了事的举动，而是习惯使然。这种习惯可以说是因为服务人员训练有素，也可以说是因为当地社会民风使然。一路经历的诸多事例观察下来，让人得出的结论似乎更倾向于后者。

我们与新西兰社会、人群有所接触首先是旅店入住环节。新西兰的旅店主要有 Motel、Apartment 和 B&B 等几种模式。这几种模式的主要差异在于是否提供早餐，以及床位数量、房间大小，至于房间内部所提供的厨具、餐具、电视、洗浴等情况却是大同小异。最早入住的 B&B 是属于家庭中有额外空间，遂拿出来充当旅店之用，最大特点是能够为游客提供早餐。一行人在导游带领下，抵达了一座被鲜花包围、没有栅栏的两层楼小别墅前。原以为房主会在门口或者房内，可是绕行花园一圈之后，仅仅看到一只警惕的猫咪上下打量人们。楼上楼下、花园前后都是静悄悄的，只听得到来自湖水方向大风的呼呼声。正在纳闷是否网上预订不够准确，或许应该另寻下榻之处的时候，有人发现一楼的门没有锁，并且在玻璃门上张贴着一张纸条，表达了房主的欢迎之意，另外解释了还有他事、不曾在家的原因。一时间恍然大悟，却也惊异他们如此遵守约定。进了屋子，安置好行李，发现房门钥匙已经放在了餐桌上。这是一片宽阔的湖景地区，所有房屋皆是私人住宅，房屋之间以花园相连或者隔开。偶尔会见到跑步锻炼的人和欣赏风景的入住游客，大部分时间都是静谧的风景、呼呼的风声环绕四周。在这种环境还能够安心地不锁房门、放置钥匙，那也只有当地风气一贯如此才能够解释得通了。房主直到夜晚才返回。由于天色已晚，一行人直至次日早餐时才正式与之见面。房主高兴的是，中国客人的入住让他们的游客手册上又增添了一个新的城市。

这种近距离的交流是后面入住 Motel、Apartment 的过程中所没有的。因为 Motel、Apartment 不再是由家庭而是由店主来统一进行管理，同时面对的旅客便也不再只有一行人而是若干行人。在这种情形下，店主是不可能和每一个入住旅客细致聊天的。在 Motel 中，房间配置相对简单，旅店前台随时都有服务人员办理入住。这是因为 Motel 主要针对喜欢开着房车去野外游玩的新西兰人或者背包客而设计。少数 Motel 还为孩子们设置了游乐场，为露营者安排了草坪。而在 Apartment 入住的手续就相对简单，一两个管理人员只在上班时间见得到；若是在他们下班之后才抵达的旅客，自行到前台取房门钥匙入住即可。虽然已经有了在 B&B 自行开门入住的经历，但在 Apartment 前台自己取钥匙的时候，仍然忍不住四处寻找管理人员。因为这种自取钥匙的事情发生在一个资本主义国家，让人有点不可思议。管理人员除了在打扫卫生、离店结账时会有所接触之外，其他时间基本看不见。就算是在离店结账之时，他们也不会让旅客稍等片刻去检查房间，而是收取了钥匙、房费之后就和房客挥手拜拜。是西方国家物质太过丰盛？还是诚信之风已然形成？这些事情不禁让人思考此类问题，试图去寻找它们的答案。

在 Motel、Apartment 入住也不是都没有早餐，只是要到餐厅去再行交费才能进餐。但无论是在 B&B 还是在 Motel、Apartment 房间之内，它们的厨具、餐具一应俱全，琳琅满目，让人跃跃欲试。虽然使用过后都要自己清理，一行人还是忍不住奔向超市，准备感受一下自己动手、丰衣足食的滋味。于是，超市之行成为感受新西兰社会诚信之风的另一个环节。在商品的丰盛方面，国内不同类型的超市已经与他们的超市不相上下了。只不过商品的种类上略有差异，那是因为文化背景、饮食习惯所致。尽管放眼望去都是英文的字样、商标，擦肩而过的东方面孔、萦绕耳畔的熟悉华语却让人没有太多的陌生感。在超市内华人太多的时候，一行人为了锻炼语言使用英文对话时反而被别人误解为已经移民到新西兰的人。结账时的常规通道有收银员对商品进行扫码、收费；自助通道则完全由顾客自行处理这些问题。在国内即便走常规通道，还是有人试图悄悄违规：要么破坏掉商品的包装导致扫码无法受到监测，要么破坏掉商品的价码暗中偷梁换柱。不守诚信之举层出不穷，不断挑战着超市的管理，从而提升着其监控水准。一行人好奇的是，走自助通道的人群能够恪守诚信之道么？还是会对收费进行更为“有效”的规避？几番观察之后，一行人发现走自助通道结账的人群不算少，也大都能够把购物篮中的商品一一按要求扫码付款。真有不愿扫码的人，恐怕更加不愿意的是被那个板着面孔、站在门口监控的警察盯上。但无论是走哪种通道进行结账，是否破坏商品包装、是否以及怎样扫码最终还是取决于自己有否诚信之心，而非有否警察盯守和机器监控。制度可以约束人的行为，但真正的约束来自人们内心。

超市中的车厘子销路最佳，一旦去晚了就宣告售罄，让人只能望洋兴叹。此时正值新西兰车厘子上市，个大味美新鲜是远销境外之后所不能比拟的，加之价钱比增加了关税之后的国内便宜，于是人们蜂拥而至。超市的车厘子毕竟数量有限，未能大快朵颐的一行人意犹未尽，直奔有名的水果小镇克伦威尔(Cromwell)。由于新西兰盛产高山水果，所以果品种类繁多。当色彩斑斓、五花八门的水果出现在眼前时，人们仿佛置身的不是水果店而是工艺品店。在全国范围内比较起来，云南的水果品种、口感等方面都不输他地且略胜一筹，故此一行人对新西兰人反而是在其水果的销售方式上感受更深。他们有一种售卖水果的方式是顾客在路边自助购买。售卖场地设置在果园外面、挨近路边，便于顾客驶入、停车。水果要么已经装箱，要么散装放置，顾客只要根据标价自行选择。选好之后将现金投入旁边安放的封闭式铁桶内，购物过程便告结束。买和卖皆是依靠自觉自愿，当然场地周围也安装了监控设备。但是转念一想，就算明码标价，投入现金的多少岂是机器能够监控得了的？所以最终的坚守还是得靠来自内心的自我监控。

另外一种售卖方式是顾客直接到果园种植之处购买，不仅饱了口福，还可兼顾眼福。当一行人驾车驶入果园之时，前面已经有车辆停靠了。大家的车辆鳞次栉比、排队驶近销售点之后，工作人员根据顾客所需数量现场交付水果、收取现金。整个过程摇下车窗即可完成，成交之后便可驱车离开，所以看不见拥堵、吵架的情形，当然也就没有时间打开包装仔细检查。于是有人担心没有现场打开包装验货，盒装的车厘子里面尤其在下层部分是否会有些次品。但是后来打开盒子品尝之时，大家发现内部从上至下，车厘子的品质始终如一，没有次品躲藏在底部或者下层的情况。一行人为这种诚信行为点赞不已，纷纷表示即使远在国内也愿意扫码购买这个果园的车厘子。

至此，一行人在小镇就餐、旅店入住、超市结账、购买水果等环节一一体验了新西兰社会的诚信之风。若是把此风气之形成归结为人的道德高尚，中国社会并不缺少这样的人或事。古代社会的儿童启蒙读物《弟子规》中便出现了"首孝悌，次谨信"的训诫，"信"仅位列"孝悌"之后，说明古人对此种品质的重视。在"信"的部分，更是强调"诈与妄，奚可焉"，说明"诈"与"妄"不是在西方社会才受人鄙夷的品质。在儒家鼻祖孔子那里，缺乏诚信是令人不齿的一件事："人而无信，不知其可也"；孟子也认为"诚者，天之道也；思诚者，人之道也。"墨家的墨子也推崇诚信，认为"诚信者，天下之结也"；法家的韩非子则认为"小信诚则大信立"。诸子百家学说主张不一，但对诚信品质却不约而同的赞同、推荐。这一伦理作为安身立命的道德观念延续下来，受到历代人士、社会的认同。时至今日，国人对诚信品质的认同仍然比比皆是。此种品质在中央电视台的精神品牌节目《感动中国》中反复出现，受到礼赞，同时亦是这个节目受到众多关注、获得长久生命力的重要原因。在这个节目中出现的人物身份、岗位、职业、事迹、性别等确有不同，然而在他们身上所共同散发出来的精神力量震撼着心灵，感动着社会，受到了嘉奖。他们站在了道德的至高点上，有的是因为义务，有的是因为承诺，有的是因为友谊，有的是因为责任感，有的是因为使命感，有的只是因为心灵高贵。他们为了实现诚信身患残疾、牺牲家庭、无私奉献。由此可见，中国社会并不缺少诚信传统和高尚道德。试想，如此至高至贵的精神境界又岂是人人能够达到？"人皆可以为尧舜"具备了先天的可能性，后天的现实性却需要个体孜孜以求。感受诚信观念熏陶、洗礼的国人尚且不是人人都能到此高度，更何况文化、观念、习俗迥然有异的西人？因此，把社会诚信之风形成归因于其道德高尚有违客观现实，也有人为拔高西人伦理之嫌。可是，为何诚信之风在两个国家社会中的整体表现会有差别呢？

反观新西兰社会，应该说占主流地位西方文化的渐次形成是 18 世纪后期英国移民大批涌入定居之后的事情。《怀唐伊条约》被认为是新西兰的建国文件，它的签订使新西兰成为英国的一个殖民地，那时已经是1840年。如果以该条约的签订作为起点，那么新西兰的建国历史并不长。在不足200年的时间内，诚信观念能够在社会生活中形成风气也绝对不是传统悠久抑或道德高尚使然。不排除西人社会中有道德高尚之流，但社会生活中普遍风气的形成，也不是单凭道德说教、树立楷模就能够实现并且长久流传下去的。在西人社会造就这种风气的种种因素之中，法律等制度的作用应该说不可低估，正是良好的制度塑造了现实的人群和社会。

开篇部分提到亚里士多德对法治所进行的概括，一个要素是法律制定得良好，另一个要素是该法律获得普遍的服从。如果说法律制定得是否良好主要依靠专业人士标准来进行评判的话，那么是否获得普遍服从的标准就只能来自受到法律管理的民众。法律要获得普遍的服从必须具备不同流派法学家在上面所归纳出来的那些特征。其实这些特征所针对的，正是法律所管理、实施的对象。倘若人们在运用法律的过程中，发现其违反人性、客观规律，阻碍了生活甚至扰乱了社会，这时候立法技术再精良的法律也难以冒天下之大不韪而畅行其道、长治久安。最终结局难免也是离开历史的舞台。相反，本身就制定得良好的法律，又获得普遍服从的话，就能够在历史的舞台崭露头角、站稳脚跟。其根本原因就在于人们、社会的认同和接纳。这种认同和接纳来自法律能够把握人性与社会，遵循事物客观规律的特质。《法国民法典》较之《德国民法典》在专业技术方面略输文采，却在民众认同方面稍胜一筹。这是前者能够流传更久、更广的重要原因。制定良好法律与获得普遍服从的两个要素倘若互相补充、相得益彰，就能够形成引导社会的制度和良好风气的推手。通过良好法律来控制社会所起到的效果，是道德说教、树立楷模等方式所无法比拟的。用了解人性特点、尊重社会规律的法律制度来控制人类的外部行为，其所能够发挥的刚性力量能够约束的不是只有人外部的行为，还有内心的操守和道德。毕竟，外部的惩罚和约束可以让更多的人有所畏惧、滞足不前。故此，不是这类法律能够让人变得道德情操高尚起来，而是它们能够让恶有所忌惮、有所收敛，并且能够引导人们、社会朝向有利于善的方向发展。

所以，新西兰社会中的诚信之风绝非人人皆有，因为法律制度对于恶人恶事并非万能，恶人恶事不会因为有了法治环境就不现身。人们想知道的是：在小镇就餐、旅店入住、超市结账、购买水果等环节所体现出来的诚信之风难道仅仅是法治使然？上面提及，要想法律制定良好又获得普遍服从，必须把握人性与社会、遵循事物客观规律。人性之善恶、复杂在古今中外异曲同工，无非表现形式不一。事物客观规律却会因为社会的差异而有所区别。要想法律获得普遍服从，不得不考虑到西人的宗教情结。后者贯穿西人社会的发展始终，尽管间或出现分野、冲突甚至战争，但西人对其笃信之心难以忽略和小觑。西方法律发展亦不可避免受到宗教因素的影响，才形成今日这般模样。故此西人在法律之中对其宗教的借鉴、依托之举皆是自然而然、毋庸置喙之事，无需像没有宗教传统的国人这般费神，因为宗教已经与其生活水乳交融、无分彼此。如同韦伯在《新教伦理与资本主义精神》中所分析的那样，宗教精神使得资本主义这件事情首先发生在了西方社会。新西兰社会中人们对法律的遵守或多或少地沾染着宗教色彩，或许法治精神一词并不准确，应该称之为宗教所赋予的精神更为妥当。

中国正在进行的国家建设也需要法治。它不仅能够让今日社会告别旧式社会的糟粕、影响，还能够让国家建设迈入良性发展轨道。但和其他国家情况有异的是，中国的法治建设更需要建立民众的法治精神、意识和理念。近代伊始便从国外引进的制度不可谓不多不全，整个法治体系的构建框架亦是以之作为蓝本。但是有的制度却被披着法治外衣的人玩弄于股掌之中，成为他们拉着虎皮做的大旗。有的部门或者机构甚至人员，说的是一套行的却是另外一套；两张皮的现象已经分裂、损害了许多合理、有效的事物。那么法治精神如何培养？新西兰社会之所以能够借助法律制度的力量，是因为制度与其宗教、传统等密切相连。中国社会倘若也要建立行之有效的制度来约束民众、规范社会，那么这些制度必须借助传统力量，而非简单拷贝其他国家的制度。新设制度的植入是否有效尚需检验，或者需要时间逐步培育，传统力量发挥作用却更为自然、有效。这里指的传统当然不是糟粕，而是传统事物之中的那些精华。对传统资源、力量的挖掘也并非去做遗老遗少或者封建复古之事，而是与法治建设的现实结合进行。虽然中国的传统文化中没有宗教因素，却也有着别人不能比拟的丰厚资源，为何要舍近求远、舍本逐末？与其缘木求鱼，不如退而结网。

也许中国的法治在本质上确与西方不同，就如同中医在中国和西方得到的对待迥然有异。人们在电影《刮痧》中看到，尽管都是治疗疾病的办法，但是中国人妇孺皆知的刮痧一事却在美国人那里遭遇到了激烈的反对，甚至转变成为“虐待”。其间的根本原因，在于美国人的生活、文化乃至传统中从来就没有出现过“刮痧”一词。不知者不为错，可也看到一方水土养一方人。中国的水土之上产生的中医、刮痧乃至法治，一定会有与西方社会不一样的特质。这种“特质”没有丝毫贬义，是放之四海皆准的常理，也是理性人、理性社会都会赞成的常理。虽然随着世界范围内交流的扩大、深入，中医日渐受到他国人更为广泛的接受、欢迎，但要得到似国人这般全面、深入的理解和认同尚需时日。故此，中国的法治特质可以借鉴但却无需追随西人，反而保留自身特性是社会长久之道。当然，若是不用刮痧而用其他方法来进行治疗，效果未尝不佳。只不过，在中国社会对这些传统土方已然耳熟能详的情况下改弦更张，除了另起炉灶的成本更高之外，势必造成与传统的隔阂。隔之久则绝之深。当年轻人只会欣然庆祝西方的节日之时，传统已经在人们心中悄然离场了。反之，若是在国家建设中注重借鉴传统力量，制度建设、环境保护等省时省力自不待言，优良的传统文化等亦在一定程度上得到保护、滋养。长此以往，保护、滋养的将会是国人屹立于世界民族之林的灵魂之所在。

人们常常比较道德、法律的区别，殊不知两者其实你中有我、我中有你。它们在历史的长河中又经历了多少的相互转化？虽说尚未达到难分彼此的程度，但截然分开、泾渭分明也是断不可取的。就法律而言，制度的确具有伦理无法超越的优势。这大概是柏拉图晚年由哲学之治转而追寻法律之治的原因。客观、平等、一视同仁是法治越来越多受到各界人士欢迎的特征，它们令法治避开了身份、地位等世袭因素干扰，更加体现了“人生而平等”的思想、理念。纵然不免有着这样那样的缺点，但法治的优点远远超过了人治的优点。于是，法治精神与一视同仁之间便能够画起等号：当不同人等得到同等对待之时，也就是法治真正实现之时。

某日一行人站在斑马线旁，候车通过，不想车子反而停下让行人先走。原来适逢创建文明城市活动，不礼让行人的车辆都会被罚款或者扣分。于是在随后的几个月里，人们有时安然享受车辆的礼让，有时却也无奈车辆的藐视。如果车子礼让的情况日益增多，成为常态，而非仅在创建文明城市的活动中出现，那么能不能说，人们就已然超越了法治社会？

§3 正义原则:绝对公平与相对公平

参加童子军活动的孩子们竞选职务,有个小孩一口气报了两个职位,又偏偏两个都竞选上了。于是,没有竞选上的孩子不高兴地说“这不公平”;家长们安慰道“没有绝对的公平”。他们所言的“公平”到底是何种公平?精神上的还是物质上的呢?

一般而言,可以分配的社会价值分为两类:一类是实现人生价值的政治法律前提,也即人的各种基本权利;另一种是实现人生价值的经济物质条件,也即各种财富和收入。关于前一类价值的公平分配,现代的三种主要观点都持相同意见。换句话说,尽管理由可能不同,但是无论自由主义、平等主义还是功利主义,都主张这一类价值的分配应当遵循平等原则,即每个人都应平等地拥有相同的基本人权。而关于后一类价值,不同学派对于实现人生价值的经济物质条件却持有不同的观点。

自由主义的财富公平分配原则实则是一种“基于要素禀赋的准则”。自由主义的基本出发点是每个人都享有生命、私有财产和追求自己幸福等神圣不可侵犯的基本权利。所以,只要不侵害他人的这些基本权利,个人凭借自己拥有的各种要素、禀赋所挣得的一切都是合理的。由此,物质利益的公平分配原则就是公平竞争或机会均等的原则,其核心内容就是基本人权的平等。换言之,物质利益的公平分配原则被还原成了基本权利的公平分配原则,只要实现了基本权利的公平分配,也就实现了物质利益的公平分配。这种“基于要素禀赋的准则”有两种主要的形式。倘若根据新古典经济学家们的看法，所有资源都对财富的创造作出了贡献，那么这种公平原则就表现为“按各种生产要素对财富创造作出的贡献进行分配的原则”。倘若根据洛克等人的看法，只有劳动才能创造财富，那么这种公平原则就表现为“按劳分配的原则”。显然，这种财富的公平分配原则只主张游戏规则的平等，但既不主张竞争起点的平等，也不主张竞争结果的平等，当然也就更不主张人为地去改变竞争结果的不平等。

平等主义的财富公平分配原则表现为“尽可能平均分配的原则”。平等主义的基本出发点是人人不仅生而自由，而且生而平等。他们或者从道德的角度出发，对社会贫富悬殊的现象深恶痛绝，亦无法理解“朱门酒肉臭，路有冻死骨”之类性质的事情；或者从政治的视角出发，认为贫富悬殊必然会引起民愤，最终造成社会动乱，所以不可容忍；或者从经济学的原则出发，认为贫富悬殊从微观上会降低效率，从宏观上会导致社会总需求的下降从而影响经济发展。因此，不仅基本权利的公平分配应当遵循平等的原则，物质利益的公平分配也应当遵循平等原则。这种“尽可能平均分配的原则”同样有两种主要形式。第一种形式是首先保证在社会上不存在贫困阶层，然后根据生产要素禀赋准则进行分配，谁有资本和能力谁就多得。第二种形式是罗尔斯的平等主义，主张公平的财富分配原则是让不平等的分配最有利于穷人。因为在罗尔斯眼中，除了个人努力造成的经济不平等可以得到道德上的辩护之外，无论是社会出身还是自然禀赋造成的经济不平等都不能得到道德上的辩护；所以就需要通过消除由于社会出身和自然禀赋造成的不平等之办法来对经济分配的不平等进行限制。

可是无论是个人的基本权利抑或人与人的平等，在功利主义者看来都不是基本的东西。他们认为衡量行为和制度正确与否的唯一基本原则应当是“最大多数人的最大幸福”或“社会福利最大化”。所以，公平或正义在功利主义的理论中并不具有基本的重要性。借用功利主义者的话来说，他们并不关心社会价值的分配，如果要讨论公平，那么只不过是因为，无论是政治法律上的平等还是经济上的公平都能够促进或有利于“社会福利最大化”。在这个意义上而言，功利主义者的立场更接近经济学家的立场。功利主义关于财富应当如何分配的看法往往会考虑到经济学中的“边际效用递减律”，倾向于比较平等的分配：假设一个由两人组成的社会，如果甲和乙的边际效用函数相同，那么功利主义会主张在甲和乙两人之间均等地分配财富，因为这能导致社会福利的最大化。但是如果两人的边际效用函数不同，那么功利主义会主张边际效用水平高一些的人应当多得一些，因为这也将导致社会福利的最大化。

罗尔斯尤其反对功利主义。他认为功利主义的正义观存在着这样的几个弊端：(1)它没有揭示自由和权利的要求与社会福利增长欲望之间的原则区别，它没有肯定正义的优先原则，否认正义使一些人享受较大利益而剥夺另一些人的自由具有了正当性，政治交易和社会利益不能成为妨碍基本权利的理由；(2)它假定一个人类社团的调节原则只是个人选择原则的扩大，这是不足取的，它没有把人们一致赞同的原则视为正义的基础，其原则内容无法成为调节全体人们的宏观标准；(3)它是一种目的论理论，用最大量地增加善来解释正当的理论，而真正的正义原则是事先设定的，不能从结果来看正义与否；(4)它认为任何欲望的满足本身都具有价值，而没有区别这些欲望的性质，不问这些满足的来源和性质以及它们会对幸福产生什么影响，如怎样看待人们在相互歧视或者损害别人的自由以提高自己的尊严中得到快乐的行为。①

上文所述既直接批评了功利主义，也间接批评了西方社会存在的诸如分配不平等、种族歧视、贫困问题等不公正现象。罗尔斯之所以把功利主义的正义观当作批判对象，是因为他认为在现代道德哲学的许多理论中，某种形式的功利主义始终占据上风。道德哲学是社会理想生活模式的基础之一，不改变一个社会占主导地位的道德哲学便不可能改变这个社会的各种体制。事实上，由休谟、边沁、亚当·斯密和穆勒等人所传播的功利主义观念在西方社会历来是占统治地位的，这些观念原则奠定了西方政治制度、社会制度和经济制度的基础。然而这些体制并没有克服社会内部存在的深刻矛盾。罗尔斯相信要改良西方社会体制，关键在于改变占主导地位的功利主义正义观。

基于这种改良论，他提出了自己的正义理论：所有社会价值——自由与机会、收入与财富、自尊的基础——都要平等地分配，除非对其中的一种价

① [美]罗尔斯：《正义论》，何怀宏等译，中国社会科学出版社 1988 年版，第 27—33 页。

值或所有价值的一种不平等分配合乎每一个人之利益。[①]这个一般的正义观又可分解为两个层次,也是罗尔斯最著名的两个正义原则:

第一个原则:每个人对与其他人所拥有的最广泛的基本自由体系相容的类似自由体系都应有一种平等的权利。

第二个原则:社会的和经济的不平等应该这样安排,使它们①被合理地期望适合于每一个人的利益;并且②依系于地位和职务向所有人开放。[②]

第一个原则是平等自由的原则,第二个原则是机会的公正平等原则和差别原则的结合。其中,第一个原则优先于第二个原则,而第二个原则中的机会公正平等原则又优先于差别原则。从内容上来看,罗尔斯正义论所涉及的不仅有实现人生价值的政治法律前提,还有实现人生价值的经济物质条件。具体而言,这两个原则的要义是平等地分配各种基本权利和义务,同时尽量平等地分配社会合作所产生的利益和负担,坚持各种职务和地位平等地向所有人开放,只允许那种能够给最少受惠者带来补偿利益的不平等分配,任何人或者团体除非以一种有利于最少受惠者的方式谋利,否则就不能获得一种比他人更好的生活。[③]在这个意义上,罗尔斯的正义论具有了平等主义倾向。

当然,关于公平的观念、主张并非自近代而始。早在古希腊时代,智者卡里克利斯就提出了差别对待的公平思想,认为优者比劣者多得一些是公正的,强者比弱者多得一些也是公正的。亚里士多德系统阐述了法律与公平的关系。他认为,遵守法律就是公平,违法则是不公平。公平可以分为分配的公平和矫正的公平,后者与法律的关系尤为密切。法律的作用就是恢复原状,命令由于违反契约或因不当行为而获利的一方向遭受损失一方做出数量相等的赔偿。另一方面,公平既包括了遵守法律,也包括了利益机会分配的均等。也就是说,公平要求法律平等地对待争议各方,在权利义务、职权责任方面不偏不倚。法官在争议中不得由于当事人富有或者贫穷、有德或者无德,就采取偏向一方的态度。在古希腊晚期,伊壁鸠鲁的社会契约思想认为,独立的公平和正义是不存在的,只要有一个防范彼此伤害的相互

---

① [美]罗尔斯:《正义论》,何怀宏等译,中国社会科学出版社 1988 年版,第 62 页。
② [美]罗尔斯:《正义论》,何怀宏等译,中国社会科学出版社 1988 年版,第 60—61 页。
③ [美]罗尔斯:《正义论》,何怀宏等译,中国社会科学出版社 1988 年版,第 7 页。

约定,公平和正义就产生了。这种重视约定的思想是卢梭社会契约论的思想源头,也是罗尔斯正义论的思想基础。在古罗马时期,西塞罗强调每一个人都具有成为人类一分子的尊严,人人都应当享有平等的法的权利。这种自然平等的观念在西方法律平等思想发展史上具有划时代的历史意义。

到了中世纪,导源于基督教教义的两个前提——创世说和原罪说——的公平理论亦蕴涵着两种思想:一种思想是在上帝的律法面前人人平等,另一种是原罪说的平等思想。后一种思想认为每一个人都是平等的。这对后世影响很大,"它导致了近代西方法律体系的产生。第一个近代西方法律体系就是古代的教会法体系"①。

近代,资产阶级法学家中最早研究法与公平关系的代表人物是荷兰的格劳秀斯。他认为,自然法给人们的理性和行为提供了正当的、正义的准则,这些准则是符合人性要求的,因而才成为公正的、人们普遍遵行的法则。他的思想在英国得到了进一步发展。霍布斯以自然法理论作为基础,论述了关于法与公平的思想。他认为,在自然法支配之下,人人都是平等的,遵守自然法就是实现公平、公道。十八世纪资产阶级革命逐步取得胜利,资产阶级的思想家们开始从新的角度对公平问题展开论述,代表人物有伏尔泰、孟德斯鸠、卢梭等。斯宾诺莎强调法律的平等,认为"执行法律的人必须不顾到一些个人,而是把所有的人都看作平等,对每个人的权利都一样地加以护卫,不嫉羡富者,也不蔑视穷者"②。卢梭主张平等并不是绝对的、事实上的平等,而是尽可能缩小贫富差距,实现法律面前的平等。在平等的实现途径上,他强调平等背后的法律强制力量,否则平等就无法实现。洛克则进一步阐述了法律面前人人平等的思想:"每一个个人和其他最微贱的人都平等地受制于那些他自己作为立法机关的一部分所订立的法律。法律一经制定,任何人不能凭他自己的权威逃避法律的制裁;……公民社会中的任何人都是不能免受法律的制裁的。"③启蒙思想家们当时所倡导的平等,是从整个人类的要求来立意、阐述的,对于今天仍然有着重要的参考价值。对于法之平等的论述西方从古至今都没有中断过,现今的西方法学家们也同样在关

① [美]伯尔曼:《法律与革命》,贺卫方等译,中国大百科出版社1993年版,第179页。

② [荷兰]斯宾诺莎:《神学政治论》,温锡增译,商务印书馆1982年版,第220页。

③ [英]洛克:《政府论》,叶启芳等译,商务印书馆1964年版,第59页。

注着这个历史命题，罗尔斯等学者就是在延续着关于平等的学说。中国古代的诸多学派，都在一定程度上肯定了法的平等。强调宗法等级的儒家在“正名”的大旗下主张法之平等；推崇法治的法家主张“君臣上下贵贱皆从法，此之谓大治”；墨家主张“不党父兄、不偏富贵”。虽然各学派反映的是各自所代表阶级的意志，但其中蕴涵的平等观念是非常明确的。所以，无论古今中外，平等的问题、法和平等的关系一直受到人们的关注。

结合开篇部分的那个小事件，如果家长所言“公平”模糊地包含了实现人生价值的经济物质条件，那么小孩口中的“公平”则更倾向于实现人生价值的政治法律前提。或者换言之，更偏重精神方面的公平。在绝对公平实难获得、相对公平却有可能的社会环境之中，除了积极地依靠群体力量去争取这些公平的实现，个体又能做些什么呢？个体对于周围环境、其他个体的了解，类似于罗尔斯的“无知之幕”。除了通过自我奋斗的道路提升自己之外，借助、依靠其他的力量不是不行。问题在于，这些借助、依靠的其他力量是否能够像倚靠自己那样踏实，来得实在？所以，脚踏实地、发奋图强才是正道。这条道路会让自己强大，同时吸引更多的资源，而不是四处找寻资源。实力的增长是获得或实现公平最好的手段和砝码。其他的方法自然也不能算作缘木求鱼，但终不如这样的方法来得踏实、靠谱。

§4　无思之罪:平庸之恶

在人的天性中,既有向善的倾向,也有向恶的倾向。“有一种人专靠落井下石,给别人制造灾祸来谋生——他们简直还不如《圣经》里那条以舔疮为生的恶狗,而更像那种吸吮死尸汁液的苍蝇。”[①]这就是恶的极致:嫉妒以致祸害他人。这类人是做政客的材料,却不能够做政治家。所以,在康德眼里,“恶”这一抽象的名词有时的确需要一个形容词:根本的。根本之恶(radical evil)或绝对之恶根源于一种邪恶的动机、作恶的意图、人的邪恶心肠。康德认为,这种恶非比寻常,迥异于由于无知或出于善意而造成的失误。同样曾经居住在波罗的海沿岸城市柯尼斯堡的汉娜·阿伦特只不过比康德晚了若干岁月。她在对纳粹集中营这种“死亡工厂”深入思考并参加了1961年的耶路撒冷审判之后,觉得这种特别设计的工厂蓄意灭绝人性,不可能服务于任何理性的战争努力或经济计划。这种出自作恶意图的发明是为了达到某种常理之外的目的,由此她提出了与康德“根本之恶”不同的概念:“平庸之恶”。这个概念从马克斯·韦伯的官僚制理论发展而来,把韦伯所谓官僚体制的组织扩大到一个完全封闭的国家机器;也是阿伦特能够获得20世纪具有独创性政治学家评价的缘由之一。“平庸之恶”所试图概括的是这样一种罪恶:它出自像艾希曼这类人所固有的停止思考的特殊能力,这种人的无思(thoughtless)又因周围所有的人都毫无异议地支持希特勒的种族

---

① [英]培根:《人生论》,何新译,湖南人民出版社1987年版,第72页。

灭绝命令及其千年帝国的辉煌而得以加强。[①]她在《人的条件》中给“无思”下了这样的定义：指的是没头没脑的鲁莽、无可救药的迷茫，或是自鸣得意地背诵已变得琐碎空洞的真理。[②]

在《极权主义的起源》中，阿伦特认为纳粹的确具有种种动机。这些刻意为害的犯罪动机根深蒂固到令人难以理解。只有提到魔鬼、原罪或假设人类具有残杀侵犯的天性，人们才可以想象这种根本的恶。在耶路撒冷法庭受审的艾希曼虽然是纳粹德国屠杀犹太人的主要工具，并且在被屠灭的600万犹太人中约有200万犹太人的死与之有着密切关联；但他没有根本之恶那样的犯罪动机，他根本不知道自己行为的意义何在，只是屈从于主流规范和元首意志。因此阿伦特将其界定为无思之人，她用“无思”来表示一种远离实际的精神状态，无法对当下的现实进行想象和判断。她评论道：“恶的本性或许是人生来固有的，而这种远离实际和无思能比人的一切恶的本性造成更大的破坏力——这正是我们从耶路撒冷可以学到的一个教训。”[③]任何根深蒂固或根本之恶都不一定能使开往奥斯维辛的列车按时运行。这一点，已经昭然若揭于人类的若干历史事件之中。无非是，艾希曼们以这样或者那样的面貌出现着，而他们的破坏力不论是在物质还是精神方面，确实超过了由于根本之恶所造成的破坏。

有人认为，艾希曼的行为并非“平庸之恶”。他在耶路撒冷法庭上屡次使用康德的道德命题“绝对命令”为自己“服从”希特勒进行辩护，这不过是邪恶人物在公众场合企图蒙混过关的表演。耶路撒冷审判之后逃亡到阿根廷的艾希曼不仅筹备在当地出版宣传纳粹理论的普及读物，而且曾经在采访中毫不含糊地表示可惜只杀了1 030万犹太人中的600万，只有杀完1 030万犹太人才是真正消灭了敌人。[④]这固然是《耶路撒冷的艾希曼》带给人们的教训——即警醒邪恶人物在公众场合有点演技的表演，同时也更警惕和避免人类在并非先天的社会生活中被塑造出来的平庸之恶。

---

① [美]伊丽莎白·扬-布鲁尔：《阿伦特为什么重要》，刘北威等译，译林出版社2009年版，第4页。

② [美]阿伦特：《人的条件》，竺乾威等译，上海人民出版社2001年版，第6页。

③ [美]伊丽莎白·扬-布鲁尔：《阿伦特为什么重要》，刘北威等译，译林出版社2009年版，第75页。

④ 孙传钊：“艾希曼真是‘平庸的恶’吗？”，《读书》2014年第2期，第16页。

人们需要罕见的勇气和真正的思索才能够不卷入这种平庸大众及其不假思索的恶之行为在整个社会表层弥漫的潮流。多数知识分子认为，总是有“过去的教训”能让人们借鉴，铭记过去就不会重蹈覆辙。这种想法低估了思考的重要性。因为问题的关键不仅仅在于记住过去，还在于思考过去，揭示其意义，从而避免重走旧路的冲动，那些只有记忆而不思考的人则很容易陷入这种冲动之中。

思考是自我之间无声的对话。这种对话最直接的效果是不仅把我们从惯常的“真理”中而且从日常行为的准则中解放出来。因为思考者最大的期望是维持这种思考的对话，使之得以进行，这也正是思考的目标。无思就是内心对话的缺失。一个不知这种无声对话为何物的人是听不到任何异议的，或者以某种方式对关于可能产生的错误行为的反对之声置若罔闻。当人们不能从自己的内心听到反对作恶的声音，进而听不到来自他人的反对时，在这种情况下，他们已经准备好做和其他人一样的事——包括谋杀、大屠杀。这些平庸的人与邪恶的人极其不同。后者即康德所说的根本恶之人，他们听得到自己思考的声音，但听到之后压制了它，并封杀了一切反对之声。这些人既是自己的暴君，又是世界的暴君。会思考的人们则以抵抗者、不参与者的姿态站在以上两种作恶者的对立面，从而保持着自己内心的和谐。

那么什么是善？毫无疑问，它是人类一切精神和道德品格中最伟大的一种。如果人类不具有这种品格，他就只不过是平庸鼠辈，既可憎又可怜。无论对于人或者是神，善的品格永远不会成为过分的东西。[①]有的道德哲学家在自然中寻找指导人类的道德法则；有的则把目光投向超验领域，希望神的领域提供道德律法或基础；有人认为，只要一个人有信仰能力或推理的头脑或善感的心灵，法律和规范对其而言便是“桃李不言，下自成蹊”；另有人则认为需要通过道德教育和性格塑造训诫。在康德那里，他拒绝诉诸自然或是神意，转而诉诸指导全人类的准则，普遍理性本身的绝对律令：要做正确的事，人们只应做那种可以使他们的行动被表述为一种普适法则的行动。阿伦特没有问“什么是善”，她反而坚称，在一场危机中，一个真正会思考的

① ［英］培根：《人生论》，何新译，湖南人民出版社1987年版，第70页。

人不会寻找规矩和法律，而是忠实于过去和现在自己内心的和自己所面对的真实。“道德关涉的是具有独一无二性的个体。判断对错的标准，对‘我应该做什么’这个问题的回答，归根结底不取决于我与周围人共有的习惯和风俗，也不取决于出自神或人的命令，而取决于我对自己所做的决定。换句话说，我一定不能做某些事，因为如果那样做了，我会无法容忍我自己。”

阿伦特之所以有这样笃定的认识，是因为她认为“对人类而言，思考过往事物意味着进入更深的维度，扎下根基，使自己稳定下来，从而不至于被有可能发生的种种事情——时代精神、历史或者仅仅是引诱——所席卷。”一个没有这样思想稳定的人就不具备道德性格，譬如海德格尔。当外界事件、人们自己做过或者可能去做的事情激发人们思考之时，人类就能够进行内心的对话。那些采用这种内心对话方式思考的人们已然准备好了进行反思性判断。那些不具备这种思考能力因此而不能判断的人则会在行动中出错。由此可以看到阿伦特所寻找的——思考、意志、判断三种行动相互之间的制衡与关系。

思考给判断和意志提供了可供选择并加以判断的“思想事物”，意志则给思考和判断提供了自我的性格，从而给对话式的思考、公正无私并便于交流的判断提供了基础。判断提供给孤独中的思考所不具备的与他人的关联，也即扩展的精神；提供给意志一个由批评者和观众组成的公共领域，向其发送自己的抉择，让人愉悦或不快，让人争辩和讨论。①总之，判断有助于构建公共领域。缺乏了这个领域，人们就不能安全地退到自由的思考中，人们的自由行动便无法经过讨论而受到验证并变得人性化。

在耶路撒冷的审判中，“法庭遭遇到一种在法律书籍中找不到的罪行以及在其他法庭未曾有过的类似罪犯，至少在纽伦堡审判之前未曾有过。”②艾希曼们以“服从命令是军人的天职”来为自己进行辩护。在以职责为借口的庇护下，平庸之恶使得社会成为可怕的屠宰场、许多人成为合法的犯罪狂；人民生活在政府制造的恐惧中，还无法按照司法程序实现正义；迅速繁殖的罪恶让社会走向混乱、动荡。因此，人类生存的底线伦理就需要去加以维

① [美]伊丽莎白·扬-布鲁尔：《阿伦特为什么重要》，刘北威等译，译林出版社2009年版，第138—141页。

② [美]阿伦特：《耶路撒冷的艾希曼》，孙传钊编，吉林人民出版社2001年版，第298页。

护。这是人的行为所持守的底线原则,一旦突破这一底线,就侵害了他人利益、陷入罪恶。于是,在纽伦堡审判之后,“军人服从命令是天职”的观念被增加了一个前提:军令不得违反基本的国际法战争规则和人道主义原则,否则军人不得因为这一观念而为自己的反人类罪辩护,并且这一前提规则具有溯及力。

即便有了耶路撒冷审判的教训,在阿伦特去世之时,法律书籍依然忽视“反人类罪”,没有给这个术语下一个充分的定义。不过,仅仅承认有一种反人类罪,人们也不能获得自由、达至正义;它只能确保所有的人都加入到纷争之中。只有把人权重新定义为人的境况本身,人权概念才有意义。“人权从不取决于某种与生俱来的人之尊严。若无同胞的保证,这种尊严事实上不会存在,而只是我们整个漫长历史中编造出来的最晚近也最狂妄的神话。只有当人权成为一个新主题的前政治基础,新法律体系的前法律根据,可以说,只有成为赋予人类历史据以引申出基本一样的前历史根基时,人权才能够付诸实施……”①

① [美]伊丽莎白·扬-布鲁尔:《阿伦特为什么重要》,刘北威等译,译林出版社2009年版,第147页。

§5 传统文化:翡冷翠之于世界

意大利的城市之中,罗马古典端庄,米兰略显国际化,威尼斯小巧玲珑,佛罗伦萨则给人明艳之感。这种明艳之感不应源于从大卫广场俯瞰佛罗伦萨时的惊鸿之美,也不应源于圣母百花大教堂所散发出的妩媚气息,而是源于这个城市旧时音译翡冷翠及其精致绝伦的手工艺品。这一出自诗人徐志摩的音译令人听闻便有冷艳之感,似乎比城市的正式名称佛罗伦萨更富诗意和色彩,也更符合古城气质。这种气质从其另一个别称"西方雅典"中可见一斑,而单独一个城市便拥有这么多的博物馆、美术馆、教堂、艺术品和文物,倒也令此称呼显得实至名归。漫长的阿尔诺河流经佛罗伦萨,人们在河面上搭建了唤作旧桥的桥梁。站在桥上放眼望去,白日里教练们在河流里训练着青少年们合作四人皮艇,仿佛一幅动态画作;夜幕下薄暮余晖则给河水平添了几分静谧安详,好似一幅静物写生。这种美丽景象断然不会为《十日谈》中被瘟疫笼罩的佛罗伦萨所拥有,但是繁华场面极有可能一如既往。这时候的旧桥已经不再只是一座桥梁,更是人声鼎沸的集市、人头攒动的走廊。桥面上的商店多是金铺和珠宝店。在有着漂亮木制百叶窗的商店中,黄金制品在灯光的照射下晃得人眼花缭乱、心猿意马。这些由黄金打造出来的制品有常见的戒指、吊坠和项链,也有不那么常见的动物、皇冠和装饰物,有些店铺中后者的种类甚至远超前者。金灿灿的光芒固然夺人眼球,精巧的雕刻技艺也令人印象颇深。一只酒杯大小、可做装饰的野猪站立在橱窗里:不但形态逼真,而且毫发毕现。真令人怀疑这竟是金属打造出来的饰品，灯光下闪耀着立体光泽的毛发却又让人毋庸置疑。让人眼花缭乱的还有那些雕刻精美、技艺精湛的手工艺品。穿梭于佛罗伦萨的大街小巷，凝聚着工匠们灵思巧智的作品在商店、街道随处可见。有如威尼斯色彩斑斓的玻璃艺术品，有如我国刺绣般精致的布艺书签，更有将一个个知名雕塑做成微缩景致的装饰品。甚至在一个个冰淇淋的成品上，亦可见到斑斓色彩、精巧制作。广场、喷泉和大厦更是成为雕刻作品的汇集和展示之地。于是，技艺精湛的艺术作品成为人们奔向广场、喷泉和大厦的原因，这些场所自身的功能有时反而不受重视或者被人忽视了。

在佛罗伦萨这座鲜花之城中，最为瑰丽的奇葩当属乌菲齐（Uffizi）美术馆。美术馆本身所处的乌菲齐宫就是一幢文艺复兴建筑杰作。在长达两三百年的时间河流中，被称为佛罗伦萨“无冕王”的美第齐家族延续着爱好、扶植和保护文化艺术的优良传统——其家族成员不断把从各地搜集来的艺术品放到乌菲齐宫里面。据说，其藏品之丰令 1796 年远征至此的拿破仑都垂涎三尺。在这座享有“文艺复兴艺术宝库”之称、拥有 3 层 46 个画廊的美术馆里，不仅收藏着欧洲文艺复兴时期和其他各画派代表人物的作品，还藏有古希腊、罗马的雕塑作品。这些大约 10 万件名画、雕塑和陶瓷等的收藏使得乌菲齐美术馆与卢浮宫、大英博物馆能够一道并称世界三大艺术博物馆。

乌菲齐美术馆内作品吸引人眼球的，除了技艺精湛、别有情趣之外，还有后期保护的精良。这后期功夫使得诸多艺术品不但在观者眼前能够做到颜面如新，还为其主题、思想的表达增添了奕奕光彩。后期能够对这些艺术作品进行精良保护的首要原因在于其所依托的材质和画种。以大理石作为雕刻的材料，显然较之木质材料能够保存得更为长久。石质材料对于水火两类常见天灾的抵御能力先天便强于木质材料，否则阿房宫、圆明园的美好也许不会只存在于文献记载之中，国内现存最早的私家藏书楼“天一阁”也不会把火视为头号敌人。进而言之，与其他石质材料相比，大理石的坚韧性质令其在受到风化等自然因素影响之时具备了一定的“免疫力”。当敦煌石窟中的雕像由于身处戈壁之中，不可避免受到自然因素影响之时，这些身处地中海沿岸的雕像却由于大理石材质而免受了许多自然影响之苦。就画种而言，油画也和其他种类绘画作品一样需要面对灰尘、日晒、潮湿等自然因素的影响，但是油画在绘制过程中的一些技巧便已然为其后期保存奠定了基础。譬如在画布背面薄薄地涂上两层预先溶解在松节油中的天然蜂蜡，能够完全防止潮湿空气的侵入而造成损害；可以使用专业的上光油为油画进行保养等。方法得当的话，一幅油画可以保存两三百年而历久弥新、韵味醇厚。其他种类的绘画并非不能长久保存，但似乎不像油画的保存那样可以起步于较早阶段，并且相对易于修复。同样源于所依托材质和画种的缘故，博盖塞(borghese)美术馆等处的艺术作品借助大理石、油画也才得以保存良久。

后期能够对这些艺术作品进行精良保护的第二个原因在于这些艺术作品所关联的题材。由于文化影响，它们大多以西方宗教、历史、神话等作为创作动力或者蓝本。这些文化因素并未随着时间流逝有所减弱，而是存在于西方人生活的各个方面，甚至浸淫到其骨髓之中。他们与它们耳熟能详、耳鬓厮磨，就如同中国人使用筷子那般天经地义、顺理成章。在大街上和小巷里，诸多罗马古典风格的建筑与现代建筑并行不悖，穿梭于行走之间，人们也怡然自得地生活其中。初到之时，一行人由于新奇于罗马风格建筑而频频拍照；两三天之后，却已懒得抬眼注视这些俯拾皆是的建筑群体。由于和生活的关联密切，人们势必会投入保护的注意力，于是这些艺术作品生命力的延续就成为一件水到渠成之事。这种情况在表现宗教题材艺术作品身上尤其明显。一方面，不论是出于宣讲教义、吸引教徒抑或仅供纪念之目的，宗教题材的艺术作品总是能够得到宗教团体甚至官方的保护关注、资助投入。这样的关注和投入不但能够让此类作品得到较之其他作品更为良好的保护、延续其生命力，而且也在一定程度上刺激了此类艺术作品的产生和流传，从而形成良性循环。另一方面，宗教与艺术(包括绘画、雕刻、建筑等)结合产生了结晶，在一定程度上是后者促进了前者光彩释放、生命延续。人们通过对艺术作品的鉴赏，进而才知晓、关注其宗教意味。在有些艺术作品身上，宗教意味有时反客为主、遮盖了其艺术魅力。但在宗教盛行的国度和社会，极有可能的情况是宗教与艺术相得益彰、缺一不可。在乌菲齐美术馆内的艺术作品如此，在梵蒂冈博物馆、米兰大教堂等处的艺术作品亦同此理。正是受到了宗教瞩目、教皇敦促，西斯庭教堂之内才诞生了米开朗基罗以《创世记》为主线的天顶画。这本是体现宗教意图的绘画作品，也由于画家高度的技巧、非凡的创造力而跃居艺术杰作行列，催生了引领若干代人的艺术大师。

后期能够对这些艺术作品进行精良保护的第三个原因在于科技手段的采纳。对于珍藏着艺术作品的美术馆、博物馆等的常规保护措施，有入场前的安保检查、严格保证环境清洁、规范参观人员行为、使用摄像进行监控。这些常规措施倘若能够执行到位，在一定程度上的确可以实现防患于未然，对安全有所保障。就一行人到过的乌菲齐美术馆、卢浮宫、博盖塞美术馆、凡尔赛宫等地参观游览情况而言，这些常规措施得到了执行的地方倒也秩序井然。人们排队接受背包、身体的安全检查，遵守这些场所对禁用、禁食物品的要求。卢浮宫的名声在这些场馆之中略为显著，于是观者云集——尤其在入口安检处和一些著名画作之前。但就平均情况而言，整个展览馆并不显得拥挤。观者尽可停留在心仪作品之前细细品味，也可徜徉在宽阔场馆之内尽兴游走，不必担心四处没有歇脚座椅。其间不乏法国的孩童上课、学生临摹。这些为数十多人的孩童、学生队伍，有的围绕艺术作品席地而坐，听老师讲解；有的则站立在隔开游人的红线之外，对画作进行现场临摹、写生。

但是，常规保护措施终究不能解决非常规的问题，尤其是当艺术作品不得不面对空气等自然环境因素之时。此类问题在乌菲齐美术馆通过一台称为“可触摸的乌菲齐”机器得到了解决。它们的所有作品都被前所未有的创新技术融合在这台机器中，乌菲齐馆藏的全部作品影像都贮存其中。在超过 1 100 件的藏品中，包括了 100 多件乌菲齐博物馆从未展出过的藏品。观众只需轻轻点击，就可以近距离观赏这些无价之宝，并能够无限放大、翻转这些名作。除了这台收录齐全的机器之外，乌菲齐美术馆所藏作品中最重要的 9 幅作品分别用 9 台单独的机器通过触摸的方式展出，包括达·芬奇的《圣母领报》、米开朗基罗的《圣家庭》、拉斐尔的《金莺圣母》、卡拉瓦乔的《酒神》等传世名作。年代久远的油画作品，对于温度、湿度和空气成分的敏感程度相当之高，满足观众欣赏和保护艺术品一向是个两难命题。数字化时代的技术似乎已经提供了一种解决问题的方案。从观众的角度来说，从远观、浏览到近看、赏析，这个变化将带来足够的惊喜；从艺术珍品的保护角度而言，这个方案的施行不亚于一场变革。事实上，世界上主要的博物馆和美术馆，都已经开始启动将藏品数字化储存的进程。虽然面对原作依然是参观美术馆和博物馆的首要之选，但“可触摸的乌菲齐”这样的设备也不失为次优之选。

乌菲齐美术馆外面的行为艺术者、摆摊画家们也不失为一道独特的风景。行为艺术者装扮独特、一动不动地站立着或者坐着。乍看上去，过路者会以为是座与众不同的雕像，甚至想伸手触摸，待到看清他们面前放着收集钱财的容器才恍然大悟。画家们并不四处招揽生意，而是低头绘制作品。精致、小巧的画作引得不少人驻足、流连在他们的摊位前。也许成名之前的米开朗基罗们就藏身其中？诸多的艺术品也吸引了来自世界各地爱好艺术的人们。在乌菲齐美术馆靠近广场一侧的一楼，几个栩栩如生的人物雕塑露天站立着。除了大卫雕塑是复制品之外，其他均是出自名家之手的正品真迹。观众中除了游览者，也有写生者；女儿与其中一个年轻美国女孩交谈起来。她羡慕女儿十岁就有机会到艺术胜地游览，她自己得依靠打工赚来的钱才能实现这趟艺术观光和写生之行。

由于时间原因，有的景致未能来得及观赏。但东西方文化之间直观差异带来的冲击却着实不小。记得刚刚开始游览之时，女儿面对赤身裸体的艺术作品作出了“少儿不宜”的评价。成人们虽然曾经在文献资料中对它们见识不少，但实地观摩后才知“纸上谈兵”的弊病，特别是对于那些需要具备实践理性才能够将认识达其本质的事物。按照梁启超所言，应该属于器物层面的差异。而这器物层面的差异却是与制度层面、思想层面的差异息息相关。当年徐志摩、徐悲鸿、常书鸿们面对欧洲艺术所受到的心灵冲击想必不亚于我等。尤其是当年的他们受传统文化浸淫更深，即便身处欧洲，其心灵所受文化冲击必然更大。艺术背后文化的好和坏、优与劣，恐怕一言难以蔽之。但无论如何，中西方文化的差异是根深蒂固的。根深蒂固到即使此文化中人用中医原理告诉彼文化中人冬天吃冰淇淋、炸鸡薯条式的快餐不利于身体健康，得到的反应可能就是翻翻白眼或者大惑不解。但坚持传统并非一无是处。生动逼真的独立或者群体雕塑在博物馆、美术馆、教堂之中比比皆是，在广场、街道、小巷里也随处可见。这足以说明雕刻技艺在意大利的久远历史和有效传承。绵延不绝的坚持和传承不仅带给后世艺术风格的流传，还有不同时期观赏者的驻足、品味。没有了坚持和传承，艺术流传、观者品味便无法想象。有些时候，由于历史原因，艺术流传、观者品味来自他者而非自身。梵蒂冈博物馆、卢浮宫等的部分藏品实则是侵略的见证，尤其是那些来自东方的文物。将此因素暂且搁置一旁的话，流传、品味两者实则在一定程度上为某项传统项目或者文化注入了生命力，令其生生不息走向未来和世界。

也许，人们应从更为宽广的视野来理解“民族的才是世界的”。这绝非故步自封、夜郎自大，而是顺应历史潮流、社会趋势，取其精华、发现短板。每一种文明或者文化，都有自己的可取之处。单纯用好和坏、优与劣的标准来衡量某一种文明或者文化，得到的结果恐怕就如同人类学，诞生之初只以所谓落后民族及其文化作为研究对象，最后不得不调整方向才走出小众范围、回归大众视野。

文章结尾，适逢清明时节，国家放假、扫墓者众。满山遍野间那绽放在墓碑前、寄托哀思的簇簇菊花，不也是国人对传统根深蒂固的坚持与传承么?

§6　战争与和平:中东难民

初次注意到难民的消息,是那张叙利亚难民在土耳其南部海滩遇难的照片:4岁孩童幼小、柔弱的身躯一动不动,面部朝下蜷伏在潮湿的海滩上,悲伤的父亲在旁边失神而又无助地凝视着这早已没有了呼吸的骨肉。又听闻游学欧洲的朋友言说昔日繁华的布鲁塞尔街头,如今只见一派萧条,仅剩些身着长袍的中东难民在游荡。印象中的中东,是《一千零一夜》中的神秘、富庶;印象中的中东人,是《一千零一夜》中的美丽、智慧。于是,一时间难以接受中东人变为难民的事实,却也顿生几分无法言表的心情。

然而真正感受到这些人的现实生活是在欧洲之行中。出得罗马Termini火车站,首先映入眼帘的便是在硕大的遮阳伞之下,他们驻留街边以推车贩卖着各种小商品。后来在著名的帝国大道、斗兽场、万神殿等景点、广场甚至生活区域,以难民身份出现的芸芸众生更是随处可见。有卖力表演口技的青年男子,贩卖栗子、画作等商品的商贩,也有沿街行走、坐在街边或者匍匐地上乞讨的老年人和年轻妇女。孩童们多跟随着女性难民,或者在母亲怀中熟睡,或者一脸茫然等待着施舍。他们的衣物多着深色,只在威尼斯见到一两次着装鲜艳的中东年轻女子。不知是因生活所迫、身在异乡之故,还是在家乡的着装也一贯如此?深色的服装仿佛衬得他们脸色也是那么凝重,很少看到笑颜展露。唯一看到他们含笑开怀的一次,是在佛罗伦萨的米开朗基罗广场。这个广场以能够俯瞰全市美景而著称,于是在广场的斜梯上,坐满了静静等候、观看日落的人们。笼罩在淡紫色薄暮中的佛罗伦萨，仿佛天方夜谭中的中东宫殿城堡，鳞次栉比、云蒸霞蔚。一个中东人打扮的家庭也出现在广场上，儿童们围绕着高大的大卫雕塑欢快地奔跑，妇女们忙前忙后招呼着老人、孩子，最后在广场雕塑前愉快合影。似乎此时他们的脸上才少了些焦虑、多了些幸福。这种情绪对比尤其强烈的是在威尼斯偶遇的狂欢节中。

从威尼斯火车站出来，一行人越往前走，越是被不由自主地裹挟到这热烈的节日气氛之中。威尼斯狂欢节是世界上历史最久、规模最大的狂欢节之一，据说起源于古代神农节。到了十八世纪，盛极一时的狂欢活动吸引了欧洲各国的王公大臣、绅士淑女，他们纷纷赶到威尼斯，观看精彩演出，参与民众狂欢。威尼斯狂欢节最大的特点是面具和服饰。于是，数不胜数的面具店出现在威尼斯的大街小巷里，而且每家都各有特色。“面具”既可以直接画在脸上，也可以经过复杂的程序，用纸浆、布料、瓷器、玻璃甚至塑料等制成；它们共同的特点是夸张、华丽和戏剧化。当戴着面具、服饰各异的游人与你摩肩接踵时，一行人不由得眼花缭乱，不知身处何方。由于威尼斯街道狭窄，中东人的身影更是比比皆是，尤其是当他们在雨中坚守摊位时。然而，与那些面庞白皙、悠闲快乐的欧洲人相比，他们充满异域风情的脸庞上却带着略显忧伤的神情。参加节日游行的人们越是喜庆、狂欢，越是可以反衬出中东人的忧伤。即便是在人山人海、热闹非凡的圣马可广场，中东商贩卖力地推销着商品，都极其吝惜脸上的笑容。

无论在罗马、威尼斯还是米兰，中东人的身影随处可见，但却难觅其笑容踪迹。除了少数有店面的，大多数中东商贩是驻留街边、风餐露宿。硕大的遮阳伞可以遮挡炎炎烈日，却遮挡不了内心居无定所的惶恐。威尼斯水城享誉世界，人流涌动在狭小的街道中，由此提供了更多商机。街边的商贩除了中东人，也有白种人。他们的不同之处在于，前者的摊位虽可流动却难遮风避雨；后者的固定摊位有坚实铁皮，遮风避雨自不待言，货物更可以每日留存。中东人贩卖的货物有旅游纪念品、日常用品、特色商品，以及瓜果蔬菜；价钱似乎略低于那些拥有店面的商铺。一行人曾经靠近过他们的货车，却没有购买过他们的商品。讲价感觉对不住这些在生活中挣扎的人，不讲价又感觉无法把控商品的质量与价格。当面对那些非中东面孔的推销之时，因为对方的放松状态，礼貌拒绝不会让人产生任何心理负担，即使他们会跟在身后锲而不舍地坚持一番。可是当眼前是中东面孔之时，产生的感受却别有一番滋味。在罗马帝国大道经历过两场表演性质的卖艺也许可以管中窥豹。白天碰到的是一个表演口技的中东青年，他身边没有什么工具，娴熟的技巧却把整个乐队演奏模仿得惟妙惟肖。夜晚碰到的是一个表演画技的中东青年，伴随着音乐、动作和颜料，几分钟之内一幅罗马斗兽场建筑的生动画作便出现在人们眼前。然而，他们都低着头，让人无法知晓那中东式又深又大的眼睛里究竟是何种感情。带着孩童乞讨的中东妇女也是一行人适当保持距离的，唯恐旅行者的愉快神情会刺激他们。当看到那些妇女五体投地趴在冰冷的地面上或者年老者佝偻着腰在寒风中沿街乞讨时，无论如何心里都会感到心疼。也许这些都是一家之言、一家之感，也许根本原因在于一行人缺乏与难民打交道的经验。

不知是否因为有相同的字眼，令人不由得想起了阿拉伯芥。这种常见的小草被改动基因变成了测雷器：当阿拉伯芥的根感觉到土地里有二氧化硫之时，植物颜色便会从绿色变为铁红色。因为没钱扫雷，却有人不断误触地雷死亡，所以有人打算在饱受地雷摧残的土地上广泛进行实验种植。龙应台感慨阿拉伯芥的命运："人对自然、对生命过度地暴虐、亵渎之后，他究竟还有什么依靠呢？如果勇敢领袖们的心里深埋着仇恨和野心的地雷，敏感的阿拉伯芥又救得了几个我们疼爱的孩子呢？"①因为某个超级大国在野心驱动下的利益之争而导致的背井离乡、逃往欧洲的中东人，其命运又何尝不似阿拉伯芥呢？他们为环境所迫，成为政治斗争的牺牲品。在意大利各个城市所见到的中东难民，若是做摊贩，必然与本地商家有所竞争。虽然各有优势，但利益之争在所难免；随着竞争加剧，这条路究竟能否长久走下去？若是靠乞讨，是否足以果腹、养活家人？一旦难民人数增加而又食不果腹的话，新的事端便会滋生，进而影响接收国的判断和决策，难民最终又得走向何方？能够反认他乡是故乡固然不错，但最终的认同还需要多方努力。

这兵不血刃的招数确实也给收容难民之地带来了新的问题。在意大利景区，士兵们全副武装、荷枪实弹驻守一旁。尽管有定居意大利的中国人告诉说，该国士兵有不同分类、管辖范围，但街头出现这么多士兵确也是前些

① 龙应台:《目送》，广西师范大学出版社 2014 年版，第 166 页。

年不曾有过的。德国《焦点》周刊表示,该国民意调查机构“infrastest dimap”今日公布的数据显示,近2/3的德国人平时随身携带如电击枪、眩晕手电筒、催泪瓦斯等自卫“武器”。“武器热”的背后是德国人不断增强的不安全感,与难民潮关系密切。当被问及“最害怕哪些人群”时,将近1/3的人回答“外国人和难民”,选择比例占到最高。《焦点》周刊呼吁政府解决难民潮带来的暴力增加问题。①当这些因为收容难民而带来的新问题不仅停留在情感层面,进而升级到生存层面之时,欧洲各国政府恐怕都难以坐视不理。不论是收容难民还是治理国家,各国都必然秉持自己的一套理念。不论这套理念是何内容,当现实情况有碍或者危及本国国民、政府的时候,他们势必也会对理念有所改变或者颠覆。加上近年来欧盟在发展过程中遇到自身亟待解决的一些新问题,处理好难民问题更需要时日。

写作之际,正是美英法三国以叙利亚政府使用化学武器为借口对该国进行所谓“精准打击”——在其国土投下上百枚导弹之时。这个曾经富甲一方的国家遭受了整整7年的战火,昔日美丽之地如今满目疮痍,难民人数已以数十万计。在一段叙利亚盲童Ansam和小伙伴们于大马士革近郊废墟中演唱《心跳》的视频中,孩子们天真无邪的笑脸与身后的断壁残垣形成鲜明对照。在媒体曾经拍摄出来的一张相片中——叙利亚孩童面对相机以为是枪而下意识地举起了其稚嫩的小手来——这样的场景不禁令人心酸,希望我们的孩子不必出现同样的条件反射。

在出国的旅行之中,尤其是遇到难民,两相对比、感同身受之际,我们一定会在心底深处,油然而生自豪之情:我们并非生活在一个和平的年代,但是生活在一个和平的国度。

---

① 青木:《更多德国人“武装到牙齿”对抗不安感》,《环球时报》2018年2月6日。

§7　现实中国:江山多娇与“一带一路”

初入青海,夜幕降临。第二日天气便给一行人来了个下马威:骤降8度。人们一时间感觉变成了寒号鸟,恨不得把所有衣服都穿在身上。在这样严严实实的包裹中,一行人踏上了青海湖之行。辽阔的湖面一望无垠,若不是天空阴沉,青海湖的妩媚动人应该在阳光下能看得见。所幸湖边植物摇曳、多姿多彩,也算是弥补了一些遗憾。而在后来自驾游的过程中,青海的草原风光犹如一幅中国画卷渐次拉开、逐一展现,更是别具风情。黑色牦牛、白色羊群悠闲地觅食,点缀在绿中泛黄的草地上;山腰上矗立着祭神祈福的敖包,五颜六色的巾幡四处飘扬;远处山峦起伏,山上的积雪依稀可见。就如同歌词中所唱那样“雪山、草地、美丽的喇嘛庙”,景色一点不输以草原风光而闻名的新西兰。因为草原上尚有存留的蒙古包、别具一格的敖包,整体景象甚至比国外的还要壮观辽阔、别有风情。原来以为青海自驾途中会索然无味,然而沿途景色美不胜收,让人目不暇接、赞叹不虚此行。可见,只要人们有爱美之心、识美之眼,美景就不会只存在于公园、景区之中。

到了塔尔寺,如潮的游人似乎远远超过其他景点。这绝对不是仅仅因为该处为藏传佛教六大寺院之一、青海省佛学院的最高学府,还因为它是宗喀巴大师诞生地。如果说常人并不熟悉宗喀巴大师的话,那么藏传佛教格鲁派创始人、班禅老师的身份不会不令人肃然起敬。据传,塔尔寺之得名也与这位大师息息相关。宗喀巴自幼聪慧过人,一心研习学法,直至造诣颇高。他离家赴藏多年之后，其母思儿心切，盼望回乡晤面。为佛教事业决意不归的宗喀巴建议在其出生地修建佛塔，以解亲人思念之情。此塔修建之后，周围的其他殿堂才相继出现。由于先有塔后有寺，故而民众称之为塔尔寺。始建于公元14世纪的塔尔寺依山势分布，殿宇错落有致、建筑巍峨、气势恢弘。因为信奉的是藏传佛教，寺院的建筑便与五台山建筑的汉族艺术旨趣有所差异，处处透露着藏族艺术风格。塔尔寺的壁画属喇嘛教画派，因此具有浓厚的、藏族风味。寺庙建筑涵盖了汉宫殿与藏族平顶的风格，独具匠心地把汉式三檐歇山式与藏族檐下巧砌鞭麻墙、中镶金刚时轮梵文咒和铜镜、底层镶砖的形式融为一体，和谐完美地形成一座汉藏艺术风格相结合的宏伟建筑群。于是，在这样的建筑群中，栩栩如生的酥油花、绚丽多彩的壁画和绚烂的堆绣便出现了，它们被称为“塔尔寺三绝”，闻名于世。之前听闻喇嘛们辩经盛况，此行遗憾未逢其时，不能亲历。但一行人得以亲眼目睹信徒的跪拜场景，也算平复了些许遗憾。跪拜原是中国封建社会使用的一种基本礼节，后来运用到藏传佛教盛行的地区，成为信徒们虔诚的拜佛仪式。不论是步行磕长头，原地磕长头，还是绕寺磕长头，这种仪式都有着一定的程序要求，最后结束于磕头者掌心抚地、膝盖着地、全身俯地、额头叩地的动作。无论人们使用哪一种仪式顶礼膜拜，五体投地已经足以表示其虔诚之心。更何况，五体投地的动作得连续重复若干遍。时间一长，行进中或者在原地磕长头，考验的就不仅是体力，更是信仰的力量、决心和勇气。在塔尔寺中的信徒们一心一意、旁若无人地磕长头拜佛，让游客们看得难以挪步、四下拍照。他们心无旁骛的态度似乎反衬出旁观者在那样的宗教场景中显得多余，变成了未经世面的孩童。也许是汉藏文化的不同，也许是宗教仪式的差异，磕长头拜佛的方式给人留下了深刻记忆。这种记忆似乎胜过对塔尔寺建筑群外观的记忆，令人久久难以抹去。无形胜过了有形。

青海第三个给人留下深刻印象的地方是海西州的茶卡盐湖。尚未抵达盐湖，“天空之镜”四个大字便已跃入眼帘。难道盐湖会轻灵如天空之城那般？原来茶卡盐湖与其他盐湖不同，是固液并存的卤水湖，镶嵌在雪山草地间，故此被誉为“天空之镜”。盐湖水域宽广，银波粼粼。当晴天之时，蓝天、白云、雪山、人群尽皆映入湖中，如诗如画，令人分不清哪是天地，辨不清哪是真幻。这个位于柴达木盆地中的盐湖幅员辽阔，105 平方公里的总面积让人向海天之处进发，却难以望到边际。于是，即便有人认为“天空之镜”是模仿玻利维亚盐湖之名，茶卡盐湖也是担待得起这个美誉的。人们穿着最为耀眼的衣服，换上脚套，跃入湖边；设计出极尽优美的姿势，争相拍照，都想借这盐湖天地留下人生美丽的瞬间。盐隔着浅浅的一汪清水与人们对视，湖畔的盐颜色已然暗淡，那是加入了人为踩踏的痕迹。越是走向湖心的方向，盐的颜色越为纯粹。个别胆大的人迈步出去，却被管理人员吆喝了回来，因为这得冒着盐湖坍塌的危险。可能是季节的缘故，人们没有看到湖面上现代化大型采盐船游弋作业，只看到湖边的小火车载着游客来往奔驰。由于身处柴达木盆地的特殊地理环境，注入茶卡盐湖中的水流便小，开采过的卤水又可以重新结晶形成盐层。这让湖中的盐变成可以取之不尽、用之不竭的资源。走完一小个来回，仅凭“轻灵”两字已经不能够囊括茶卡盐湖给人带来的震撼，加上可鲁克湖的芦苇荡、托素湖的美丽传说，风光迷人和博大富有似乎才足以描绘人们眼前的柴达木盆地。

离开青海，驶入甘肃。在飞机上俯瞰时，一行人颇为诧异丹霞地貌如何形成，直至自驾时得以一睹真容。这种地貌远看似国画中的山水技法、工笔勾勒，近看则山峦起伏、棱角分明，好似沙盘模型。但是丹霞地貌的集大成者不在沿途，而在张掖的七彩丹霞景区。这颗璀璨的明珠不仅是中国丹霞地貌发育最大最好、地貌造型最丰富的地区之一，还是中国彩色丹霞和窗棂状宫殿式丹霞的典型代表。作为国内唯一丹霞地貌与彩色丘陵合二为一、水乳交融的景观之地，张掖七彩丹霞以层理交错、岩壁陡峭、气势磅礴、造型奇特、色彩斑斓而著称。数以千计的悬崖山峦呈现出鲜艳的丹色和红褐色，相互映衬、各显其神，展示出丹霞地貌的奇妙风采。不仅有红色、黄色、白色、绿色、蓝色等诸多颜色，而且有的色调顺山势起伏呈现波浪状，有的则从山顶斜插山底，犹如斜铺的彩条。在阳光照射下，整个七彩丹霞区域仿佛披上了一层红色的轻纱，熠熠发光、色彩艳丽，令人啧啧称奇。于是，张掖七彩丹霞在 2005 年 11 月由中国地理杂志社与全国 34 家媒体联合举办的“中国最美的地方”评选活动中，当选为“中国最美的七大丹霞”之一；在 2011 年被美国《国家地理杂志》评为“世界十大神奇地理奇观”之一。

一路走来，眼中的山峦寸草不生、仿佛不毛之地，尽管不乏七彩丹霞那样的绚丽明艳，但与故乡的树木苍翠、山色养眼迥然不同。山峦的色泽各有千秋，要么黄中泛灰，要么褐中带橙，要么绿中带黄。多彩的山色在眼前摇曳变换，仿佛行进在一帧帧蒙太奇图像一侧。这倒也在一定程度上弥补了山上草木稀少的缺憾。碧蓝如洗的天空下，排排杨树已然泛黄，黍麦红黄相间、参差不齐，酒红色的地衣植物星罗棋布。从上到下，由远及近，五颜六色，一派秋意盎然、生机勃勃的景象。对于习惯了青葱满目的南方人而言，北方的秋天散发出密集而浓烈的醇味，犹如一幅色彩斑斓、波澜壮阔的风景画卷。无怪乎有人抱怨昆明纵然四季如春，却让人不能尽享每个季节带来的心动。尽管这是一种奢侈的埋怨，但是昆明的四季确实不像北方的四季那么具有震撼力，无论此种冲击是来自视觉还是其他方面。不过，季节上的温文尔雅、温润如玉不正是昆明气候吸引人的地方么？否则，怎么会有那么多省外人士在盛夏、寒冬之时前往昆明游玩、驻足？又怎会有那么多省外人士在昆明购房，甘当候鸟迁徙？毕竟，盘点全国范围，人们能够在秋冬两季无视寒流袭来、尽享阳光爱抚的地方数量有限。阳光充足使得云南人性格厚道，成为心理疾病远离的人群。有人说前者让云南人吃亏，但后者却是老天的恩赐。气候确是昆明甚至云南的优势。倘若能够打好气候牌，云南旅游乃至经济会有大幅攀升。有识之士已经意识到这一点，现在的问题是规范、完善旅游市场运作，令其更好地服务地方经济。而旅游市场的规范、完善不仅是省内要做的事情，也是省外、全国需要共同携手的。如若不然，恶意竞争的环境就会产生所谓“黑导游”事件——参加省外低价团的某游客实际是想从省内导游身上再拿回一笔不义之财。

车子驶近黑泉水库时，秋色宜人达到巅峰。山势迤逦连绵的画屏山据说是青海旅游北线的景点之一，大通古八景之一的“画屏秋净”即指此山。虽然没有见到神秘的落日神光和有名的弥勒佛像，但是在天高云淡映衬之下，画屏山景色自然地形成了一幅天然图画。漫山遍野的花草树木无一不换上了秋的衣装，尽情展现着秋的风韵，一时间“万山红遍、层林尽染”。秋天好似生怕冬天脚步加快、又想与夏天一争高下，赶忙用最绚烂的色彩铺洒向大地、装扮着人间。穿行在琳琅满目的景色之中，脑海中不由得浮现出岳飞的诗句：“好山好水看不足，马蹄催趁月明归。”此时行走在天地之间的人们，对地大物博、江山多娇一类的话语其实才真正有了体悟。这种感受一定是“纸上得来终觉浅，绝知此事要躬行”的。作品的丰满来自底蕴的深厚，现实生活为人们提供了丰厚基础。也许作为具有实践特性的科学，法学也应该更多地考虑生活现实的特质，这样学者才能产生真正流传后世的作品。倘若只是一味追求远方、为了显声扬名，终究会因地气不足而囿于一定的时代。当然，能够于一定时代之中安身立命也是不错的选择。

一路走来——云南、甘肃、青海，一行人不正行走在古代的丝绸之路上么?

传统的丝绸之路始自中国古代都城长安，中经中亚国家、阿富汗、伊朗、伊拉克、叙利亚等而达地中海，后以罗马为终点。这条路被认为是连结亚欧大陆的古代东西方文明交汇之路，而丝绸则成为最具代表性的货物。数千年来，游牧民族或部落、商人、教徒、外交家、士兵和学术考察者沿着丝绸之路四处活动。西汉的张骞历尽艰辛，出使西域，开辟了丝绸之路。他的“凿空之旅”虽是出自军事目的，但却无意中打开了中西文化交流的大门。也是在这个时期，佛教开始传入中国，之后丝绸之路在西汉末年曾经一度断绝。东汉的班超不仅打通了西域，而且走得更远，派其副使甘英到达了罗马。及至魏晋时期，中外之间的交流于政治而言促进了东西方之间的联系，于经济而言促进了双方经济贸易、生产技术的交流，于文化而言促进了中国佛教的兴盛和礼乐文化的发展。到了隋朝，官方、民间交往受到不少阻碍，但隋朝与丝绸之路各国民族之间关系仍然密切。唐代则进入丝绸之路的鼎盛时期。高僧玄奘历时十六年，由丝绸之路经中亚往印度取经、讲学，所著《大唐西域记》一书至今仍为印度学者研究印度中世纪历史的头等重要资料。西安大雁塔便是为珍藏其取回的 657 部佛教经典而建造。东正教在唐初由东罗马帝国传入了中国，摩尼教则被中国化后称为“明教”。除了与宗教密切相关的思想文化交流，医术、舞蹈、武学和一些著名动植物的交流都使大家各自开阔了视野。在这样的你来我往中，丝绸之路成为连接东西方文明的陆上贸易和文化交流通道。到了北宋时期，地理版图大幅缩减，政府未能控制河西走廊；及至南宋时期，更无法涉足西北地区。丝绸之路衰落日益明显，而海上丝路逐渐有取代陆上丝绸之路的迹象。元代的丝绸之路大多是以宗教、文化交流为使命，交往目的发生了明显变化，不再是以商人为主导。这在一定程度上反映了丝绸之路的衰落。明代中期以后，闭关锁国的国家政策与造船技术、航海技术的发展同时并存，令陆上丝绸之路贸易全面走向衰落。

今天强盛的中国又发出了“一带一路”倡议。实际上，“一带一路”所借用的正是古代丝绸之路的历史符号。也许，行进在时代道路上的人们不只是可以做弹指一挥间的沧海一粟。

§8　国家强盛:广武城今非昔比

去广武城之前,一行人期望甚高。新、旧广武城不仅有明代建筑,还是古代兵家争夺要地;居住其中的人们平时屯田,战时出征。旧广武雄踞雁门关关口,南接长城,对峙敌楼,进可攻退可守,是中国历史上汉民族与北方少数民族发生战争的重要据点,也是山西省目前存在最为完整的古城之一。新广武则是封锁中原的北大门和战略要点,历来为兵家之争、短兵相接的战场。可是,新广武除了城边柏树年代久远、形状奇特吸引人眼球,城内人们的生活已经和今日农村别无二致。唯一的不同,似乎是人口数量不如村镇那样密集,而且这些人们生活的地方早就古已有之。除了民居可用、城墙依旧,其余大多只剩残垣断壁、荒草丛生。带着几分失望,一行人驱车抵达旧广武,却发现城外零星地停着几辆前来旅游的轿车。人们放眼四望,不远处鸡犬之声相闻,平添人烟稀少的感觉。虽然城墙甚至不如新广武城的那般高大雄伟,但整个旧城除了格局依然之外,残存的夯土墩台依旧历历在目。在一片静谧之中,掠过耳边的风声里仿佛还裹挟着当年的金戈撞击、铁马嘶鸣。然而,旧广武令人感觉不虚此行之处,不仅在城池,更在其周边。现存的城池除了城墙外观具有明代特点外,其主体规制和构造基本为辽代故物。城池周围的夯土墩台星罗棋布,远眺则是雁门关白草口长城,古代战场壁垒森严的气势不由得扑面而来。

见证国家变化、强盛的又何止新旧广武城?

这些日新月异的变化是在国内生活中切实感受得到。在 20 世纪 80 年代，通过父母的勤劳，家里在街坊邻居中率先购买了一台黑白电视。在那个购物需要票证的年代，父母起早贪黑排队几天才终于抱得电视归。当电视首看、尚未调试之日，男女老少塞满了屋子，几无落脚之处。这样的盛况一直延续着，除非家里不开电视机之时。即便电视节目有限，大家还是兴致勃勃、意趣盎然。那台电视机带给人们的兴奋大概不亚于近代国人面对舶来品的震撼？当时的人们有台电视机已经足矣，有谁会想得到在那些争先恐后观看电视的孩子们成年之后，他们会经历彩电、背投、LED 电视这诸多的变化。加之网络发展、科技发达，现在的大部分孩子已经不是有无电视机的问题，而是选择哪种方式收看的问题；已经不是有无电视节目的问题，而是选择看什么节目的问题。中间相隔的光阴仅仅三十多年，家里的黑白电视机也早已不知去向，唯有在一些展示老物件的怀旧之所还能见到这类电视机。

曾经也是在 80 年代，有几个西人前来市区有名的翠湖公园游玩，瞬间被公园里的国人围住。在人们奔走相告、蜂拥而至的热情中，他们不由分说地经历了水泄不通、上下打量。人们的热情与惊讶丝毫不亚于后来西人观赏国宝大熊猫。与其说他们欣赏景色，不如说国人围观他们。围观人种是因为少见，可围观的恐怕还有其生活方式。出国旅游对当时大部分国人而言是一件虽然梦寐以求但却难以想象的事情，因为除了出差，去国内其他省份旅游都是件至少在经济上不太宽裕、交通上不太便利的事情。可是，当改革开放渐次推进，彰显社会地位和财富的世界奢侈品大会在国内首次举办之后，情况良好得超过了主办方的预计；在世界经济萧条时期，就餐者的车辆却停满了国内的大街小巷，餐馆内依然灯火通明、高朋满座；这个期间，甚至有人包机去国外购买打折商品……也许就是从那个时候开始，他国才不得不对中国刮目相看？今日，当国内诸多地方道路交通轨道建设如火如荼之时，却耳闻国外城市因为维修费用的缺乏，地铁站内年久失修、导致漏雨。出国旅游早已不是能否去的问题，而是想去哪里的问题；不再是想方设法购买稀罕物件带回国内的问题，而是欣赏异域风光、感受异域风情的问题。如果有人要设置萨德之类不利于中国的东西，国人可以选择放弃前往，转而选择位置更远却相对友善的国家；如果有人不愿开放国门、限制签证，国人可以选择减少入境限制、延长签证时间的那些地方。国家发展促进国力强盛，这种强盛让国内个体在多元化选择中产生切肤感受。

这些日新月异的变化也是在国外出游感受得到的。

一行人搭乘飞机去国外，需要通过新加坡航班中转。上得飞机，待行李安排妥当，家人落座之前不经意四处一瞟，顿感不少乘客酷似国人神态。这种感觉在几个小时的飞行中逐渐得到印证。大家吃饱喝足、休息放松之后，说话声调有所提升。仔细辨认之后，一行人发现满耳充斥的多为国语，整个飞机乘客的90%以上为国人。无怪乎空姐的普通话如此流利。返程逗留新加坡机场，又乘坐其航班，更有意思的事情发生了：除了家长碰到以前的同事组团旅游，孩子还遇到了同一个班级的同学随父母出游。一行人感触不已：世界如此之大，却又如此之小。原以为到了南半球另一端的新西兰，他乡遇国人的情形应该会有所减少吧，却没有想到在游玩过程中，国人的身影更是随处可见。家人欣赏完特卡波湖(Lake Tekapo)的美景，回到紧邻湖畔的停车场，准备驱车离开。有一亚洲模样的男子走近车子，张口便问："师傅，这车加几号汽油？"原来他发现两个群体所租车子车型一致，大概是办理租车手续时忘了汽油的事，故此前来询问。只是在异国他乡的环境中，冷不丁冒出的乡音一时让人猝不及防，更为忍俊不禁的则是其笃定地直接用国语发问。

孩子没有见过大海，一直向往着海滩之行。于是，一行人在摩拉基大圆石海滩(Moraki boulder)嬉戏良久、尽兴而归。归途中与一个亚洲模样的家庭擦身而过。兴许他们是听到了这厢国语交流的声音，其家庭里父亲模样的人停下脚步，对着我等直接发问："兄弟，水冷不冷？"得到回应之后，他才放心地拿着小孩的游泳装备走向家人。一行人笑称感觉完全是在国内旅游，连这么不易找寻得到的海滩都可以碰见国人。到达尼丁(Dunedin)时正值大年初一，安顿好住处出来进餐，一行人却沮丧地发现街道四处门窗紧闭。华人的春节也不足以让商店门口的"closed"变成"open"，中午关门休息、进入黄昏打烊仍然是大部分西人商店的作息时间。好在市中心的舞龙表演不仅让人感受到了春节的年味，也让几人找到了解决温饱问题的餐馆。不知道在Dunedin定居的华人是否新西兰最多的，据说这里中国人在淘金的顶峰时期达到了5 000人。但是在这个新西兰南岛的第二大城市里，一行人确实见到以中式园林为主的公园，也发现数量众多、按菜系区分的中国餐馆。这是在新西兰其他城镇所没有看到的情况。于是，一行人不由得多看了几眼奥塔哥大学、达尼丁火车站、第一教堂这些典型苏格兰风格建筑，对这个号称“苏格兰之外最像苏格兰的地方”留下了深刻印象。回国后看到一则新闻，新西兰政府面对中国游客逐年增加的情况，将会进一步减少入境限制，考虑根据中国游客的习惯在酒店中提供一次性洗漱用品。

在异国游轮、景点等地的解说、提示语言中大部分时候只有中文、英文，之前有人认为这是暗示中国人素质不佳的标志。实则素质、文明因人而异，而非因民族而异。中文提示语言的出现，就如同异国商店中会说华语服务员的增多一般，恰恰在一定程度上说明游走于世界的中国人在增加。游走世界的中国人增加却没有国家实力作为后盾，那是不可想象的事情。中国发展和中国市场，已经让人难以侧目。外媒的评价已经越来越多出现这样的内容：中国问题的解决是中国智慧的体现，以及中国对解决世界问题的贡献。也许，在这些进步、变化之中，难免有这样那样的问题存在。但是总体而言，和平、繁荣的局面来之不易，理应好好珍惜。而且，在中国这样一个人多地广、情况复杂的国家建设、创新实属不易，仍需努力。

新旧广武城尚未进行商业开发，依旧保持着环境自然、民风淳朴。也许，原汁原味也是一种存在？经过了历史的厉兵秣马、血雨腥风之后，安宁与祥和不正是它们所向往的？这又何尝不说明了国家的繁荣与强大？

§9　家族超越:传承之道

儿时心目中有不少偶像,有父辈中的人物,也有爷爷辈中的人物。由于接触较多的缘故,父辈中的几位给人留下的印象尤为深刻,在已经过世的人物中有姑爹高治国、大伯李正光。客观而言,当时的他们并没有也无法刻意去影响我的成长,但是在自然、亲切的耳濡目染中,情感的亲近使得我对与之相同的知识的追求、品格的塑造成为一件顺理成章的事情。他们一度成为我的精神导师、前进坐标。在他们驾鹤西去多年之后,其音容笑貌依然让人记忆犹新,正如臧克家先生的诗句所言:"有的人死了,他还活着"。

及至年长,渐晓人事,我慢慢理解了爷爷辈中几位的艰辛与坚韧之后,钦佩之情日益增加。每逢春节,家族的人们从天南地北赶到昆明,欢聚一堂。现在想来,春节的那几天成为一年之中最为悠闲也最为快乐的时光。除了穿新衣裤、收压岁钱的年节之乐,有相当一部分快乐还来自几位爷爷辈对家族历史的追忆。比较起偶尔才谈及这些历史的爷爷,四奶奶和大爷爷的如数家珍让我耳目一新。四奶奶、大爷爷和爷爷由于同父同母,三人的联络相对更为频繁一些。其他同父异母的四个兄弟姐妹如今则早已失散,只能存在于我等记忆之中了。仅仅从相片来看,家族遗传基因的确强大,七位爷爷辈的人物外貌上有着明显的相同或相似之处。而这些失散的亲人,或者由于婚姻,或者由于其他,又把我们关注的目光引向了云南近代人物岑毓英与岑春煊,以至于他们身后的云南历史、近代历史。在这些零零碎碎的讲述中,家族谱系图的脉络日益清晰、完整,曾祖爷爷和高祖爷爷的事迹也逐渐浮出水面、展露真容。

曾祖是家中老大，也是高祖的儿女辈中唯一居住在昆明的支系。虽然可以在上面提到的相片中看到曾祖奶奶及其 7 个子女，但却难觅曾祖的身影。只能在路过昆明的某些路段时指指点点：这是曾祖当年置下的家业。他题写的书法对联至今仍然悬挂在昆明的两个公园之内。一副是题大观公园涌月亭的对联：金碧古传妙香国，楼台恰在彩云乡。另一副是题翠湖公园碧漪亭的对联：青鲤跃碧波，吞却三分明月；红莲开翠海，招来一瓣馨香。以当时的社会风气来看，曾祖定然属于地方文化名流之列，否则也不会在省会城市的两个公园内出现其题写的对联。于是，这两个公园时常成为我们流连忘返之地。与其说是游玩，不如说是缅怀。借此之故，有人评价我家：书香门第。在不了解高祖事迹之前，我亦以此激励自己，有时不免沾沾自喜。这种情况一直持续到巧家之行，让高祖的轮廓更为清晰地显现出来。

未去昭通市的巧家县之前，只听说大理州的下关市有条福星路，是为纪念高祖而名。虽有家族中的一个支系长年居住那里，但并未仔细询问和考察过福星路的真实情况，只知道高祖在当时当地名气不小。及至抵达巧家县的金塘乡，在乡政府旁边的一电厂内见到主要作为革命遗址保留的巧家县人民政府 2010 年为高祖所立石碑。石碑正面书有“李福星故居”字样，背面则是对高祖民国初年事迹所做的简略记述。在石碑右侧一二百米开外的李家屋基，郁郁葱葱，一眼望去，似乎较旁边的树林更为繁茂。据当地民众说，这才是李家祖屋和真实居所。无论真正的遗址所处何方，高祖的事迹在当地人那里俯拾皆是、耳熟能详。在听闻他们的讲述之间，我仿佛变成了外人——听着别人家英雄的故事，又恍惚看见了当年的高祖——英勇绝伦、雄姿英发。时任云南都督的唐继尧曾经为高祖戎装像题词：“年老志壮，貌厚神清。八旬寿相，百战勋名。抚髀试马，抵掌谈兵。昔年射虎，今日骑鲸。滇粤遗爱，竹帛垂荣。传之后代，永绍家声。”

一切的尘埃落定，是在 1911 年高祖病逝。中共巧家县委党史研究室在所编资料集《征程》中对他的评价是：“从一贫如洗的孤儿到威震一方的将军，李福星以他顽强不屈的战斗精神，创造了一个军人的传奇。”由是之故，友人评价：簪缨人家。书香门第还是簪缨人家？我一时间有点无所适从，似乎读书人的传统定位受到颠覆，但却又颠覆得合情合理。“受到颠覆”是因为文人与军人之间，颇有距离，如同民谚所言："秀才遇到兵，有理讲不清。"两者的差异体现在目标、定位、外形等等方面。但文治武功，却又并非楚河汉界不可跨越。在某些朝代和某些人物身上，二者能够相得益彰、交相辉映。而这种颠覆之所以能够做到合情合理，还因为同样的精神可以体现在不同领域之中。若就不同辈分人之间而言，这种颠覆之间必然贯穿着一根红线，体现着家族的传统精神。后者是让此种颠覆一脉相承、有据可考的重要原因。所以，貌似颠覆，实则不然。故此，高祖"顽强不屈的战斗精神"留之后世，却也体现在曾祖之成为社会名流，以及诸多后辈在各个领域中的自强不息、励精图治。这个时候，何种领域或者职业已经不再重要，重要的是发奋图强之后的有所建树，用超越去延续或者实现真正意义上的传承。

春秋时期的鲁国大夫叔孙豹说："豹闻之，'太上有立德，其次有立功，其次有立言'，虽久不废，此之谓三不朽。"①唐人孔颖达对德、功、言三者分别做了界定："立德谓创制垂法，博施济众"；"立功谓拯厄除难，功济于时"；"立言谓言得其要，理足可传"②。"立德、立功、立言"这"三不朽"虽久不废、流芳百世，成为仁人志士孜孜以求的永恒价值。在后世的解读中，立德系指道德操守，立功乃指事功业绩，而立言更多指向著书立说。就狭义的解释而言，和平年代较少有建立军功的机会，唯有立德、立言似乎还给个人的成长留有空间。就精神的传承而言，若只是望其项背，定然难以超越。无论是立德、立功还是立言，也许超越才是真正的传承，往前走才是真正的超越。

由此联想到了我国的非物质文化遗产。除了像二十四节气（世界级非物质文化遗产）、蒙自过桥米线（国家级非物质文化遗产）之类的非物质文化遗产人们迄今还在使用，有相当一部分的非物质文化遗产需要到博物馆、传习所这样特定的场所才能够亲眼目睹。这些非物质文化遗产不仅在生活中为民众喜闻乐见，更凝聚了传统智慧的精华、不同民族的心血。不是独有外国人才觉得新奇精致、独树一帜，就连自己本国人看到亦觉得美轮美奂、巧夺天工。

非物质文化遗产中有一类是民间美术，往往年代久远、受众甚广。以

---

① 《左传·襄公二十四年》。

② 《春秋左传正义》。

2006 年入选第一批国家级非物质文化遗产名录的武强年画为例。河北省的武强木板年画始于宋末元初，明清两代达到鼎盛，最高年产量曾经达到一亿对开张。武强年画题材广泛、内容丰富，其印刷工艺采用传统的木板水印套色技法。民间艺人从农事耕作、天文地理、戏曲传说、经史典故等方面汲取素材，将民风、民族精神寓于画中，并根据不同地域房屋特点、爱好、习俗，创作门画、窗画、灯画、中堂等多种艺术形式。还有 2011 年入选第三批国家级非物质文化遗产名录的腾冲皮影。这种在云南省保山市腾冲县流传久远、影响广泛的民间表演艺术形式，至今已有六七百年的历史。供表演用的皮影人物及道具制作精美、形象逼真，构思匠心独运，造型夸张风趣，形成了既有中原皮影风格，又有边地特色的艺术精品。传承人制作的皮影百人百脸、百物百样，既有对传统的继承，又有大胆的革新。

非物质文化遗产中的第二类是传统手工艺，常常起源甚早、家族传承。以 2006 年入选第一批国家级非物质文化遗产名录的山东省潍坊风筝为例。潍坊风筝兴于明初，盛于清代乾隆年间，至今已经 600 多年历史。风筝种类以明代板子为主，逐步形成了以硬翅风筝为主、长串“蜈蚣”为最、软翅风筝为巧、筒子风筝为奇的体系。在我国四大风筝产地之中，潍坊风筝以造型合理、色彩鲜艳、起飞平稳、富有乡土气息而自成一家。它的反映内容、表现形式、绘制技法、色彩运用以及放飞等方面都具有鲜明的地域特色。还有 2008 年入选第二批国家级非物质文化遗产名录的普洱（贡茶）制作技艺。这种技艺已有千年历史，制作过程包括了祭祀茶神、原料采选、杀青揉晒、蒸压成形等工艺程序。其中杀青揉晒成晒青茶，是关键而独特的技法。普洱（贡茶）以其浓厚的历史文化内涵和独特的生产技艺，成为现代普洱茶技艺研发的根基。传承人在运用传统技法的基础上，制作出许多现代普洱茶的产品。

非物质文化遗产中的第三类是传统医药。这类中虽然有些并没有进入到非物质文化遗产保护的名录之中，但和人们的生活息息相关，在生活中随处可见以少数民族医药为代表的传统医药产品。上面提到的这些非物质文化遗产算是存在情况不错的，但还有诸多非物质文化遗产现在面临的问题在于：范围小众，传承艰难。非物质文化遗产的传承人大多经由家族传承和延续，通过主动学习成为传承人的情况相对较少。由于非物质文化遗产本身就产生和存活于特定区域和范围之中，再加上传承人的特定，非物质文化遗产便被局限在小众范围之内了。虽然政府部门也通过收入非物质文化遗产目录、举办传习馆等方法让这些传承能够更好地延续，但以目前的情况而言，力度似乎尚不够。非物质文化遗产现在对年青人而言的吸引力比不过诸如游戏、手机一类的现代事物。换句话说，若是能够把对非物质文化遗产的传承、保护与年轻人的就业、发展联系起来，并加以制度化，那么，这些新鲜血液的融入也许会让非物质文化遗产以一种全新面貌出现在世人面前。接受人群增多之后，传承和超越也才具备了现实的种种可能。

除了政府进行的收入目录、举办传习馆，走市场化、商业化的道路是另一种发展途径。这条道路现在也有人在走，但总体而言，规模甚小。非物质文化遗产在市场化、商业化中的身影如同裁缝剪裁中的零碎布头：并非主流，只能点缀。长此以往，点缀的角色和地位只会走向边缘化，边缘化最为极端的结果就是退出历史舞台。这不是人们想要看到的结局。所以，如何超越才能更好地传承？这可能是非物质文化遗产目前需要多加考虑的问题。就非物质文化遗产而言，精神传承并不现实，它必须依托物质载体。在这个意义上，非物质文化遗产并不缺少能够做实的空间。

在一位作家的古董系小说里有这样一句话："一个家族的传承，就像是一件上好的古董。它历经许多人的呵护与打磨，在漫长时光中悄无声息地积淀，慢慢的，这传承也如同古玩一样，会裹着一层幽邃圆熟的包浆，沉静温润，散发着古老的气息。"①家族传承如此，非物质文化遗产的传承亦是如此。

---

① http://www.sohu.com/a/156840303_340481，2017 年 7 月 13 日访问。

§10　香江之选：立场还是情感

飞机盘旋在香港的上空，离降落还有些时间。远眺加上俯视的角度，不由地对“港岛”有了更深的感受——优良的港湾，星罗棋布的岛屿。不知即将降落的机场，会在哪个位置？

走下飞机，步入机场，看到繁体字，一行人才真正感受到已经站在香港的土地上，瞬间有种莫名的激动，儿时对香港的种种印象如幻灯片般在脑海中走马而过。整个20世纪80年代，这个地方在内地掀起了一股席卷大江南北的香江风云。无论是流行音乐还是影视作品，一旦出现了香港制造的痕迹，一定会赢得诸多的受众和追捧。人们以唱粤语歌曲为时髦，香港服饰更是引领了当时潮流。早期比较长的一部电视连续剧《霍元甲》播放之时，万人空巷，余音绕梁。谁也没有想到的是，掀起阵阵浪花的地方，竟是如此这般弹丸之地。

随着人流走向入口，要填一份入关申请表。表格的内容基本全是英文，这才明白为何刚才看见有人在那里面面相觑了。先生问我：“用英文填写吗？”英文对于我等而言，并非难事。在我们就读大学之时，内地对英语考试要求甚多：本科期间要经历国家四级、六级英语考试，成为硕士生或者博士生要考英语，获得硕士学位、博士学位要考专业英语，等等。一路折腾下来，填写这个表格对我等而言并无大碍；加之又有过学术翻译的经历，对付这种表格更应绰绰有余。问题是，对于那些没有这些经历和学位的人们而言，他们也需要用英文填表吗？显然不现实。那么，究竟应该选择何种语言填表？

英文还是中文？后来在香港经历的种种情况中，类似语言选择这样的问题不断重现。其实，虽然这是香港特色的体现，但也颇让人有几分无奈。

我之所以毫不犹豫地回答先生选择“中文”的语言填写，是因为香港业已回归的现实。在回归近20年之后，人们的生活方式、理念不一定完全趋同，但与内地交往的频繁却是有目共睹。语言作为国家主权的表现之一，定然会在机场海关这样的窗口体现出来。所以，中文的选择理应当仁不让。然而，香港的特殊之处在于历经了跨越百年的殖民。如果说，时间相隔不过半个世纪的事物在今天一些年轻人的脑海中大多荡然不知所踪的话，那么，跨越百年变迁所改变的就不只是山山水水了。在百年时间的流转中，香港逐渐成为一个国际化的都市。这种国际化特征在张爱玲笔下的香港中早已呈现出来，各色人等于此喜怒哀乐，不一而同。跨越百年的时间渲染了这种国际化的色彩，与上海、广州的国际化相比更加浓墨重彩。这使得香港文化也呈现出多元的色彩，更无需赘言了。这是香港特色的根本原因，既有历史的根源，也有历史的积淀。那么，上文中提到的“无奈”又来自何方呢？在于殖民。

殖民之初，中国人备受欺凌，直到后来奋起抗争，才赢得社会的一席之地。1973年香港政府高官葛柏贪污案浮出水面，到1974年廉政公署成立，香港的文明进步才出现了一个重要转折点。也就是说，香港的普罗大众对于西方法律和法治原则开始有了初步的认识；葛柏案与廉政公署的成立成为香港贪污历史的重要分水岭：港府内部长久以来的贪污问题得以逐步肃清，为香港后来成为亚洲地区最廉洁的城市之一奠下重要基石。那时距离英人1841年登陆港岛，已逾百年。

在这个转折点之前，在香港的普罗大众对于西方法律和法治原则开始有了初步的认识之前，英国人采用的是“一岛两制”。也就是说，凡是发生在英国人之间或者涉及英国人的事务，一律适用大英帝国的法律；而发生在中国人之间的纠纷，则在废除了“刑讯逼供”的野蛮陋习后，按照中国人原先的法律《大清律例》、风俗和习惯加以处理。所以，在相当长的一段时间里，这两种颇有隔阂的法律体系，却在此弹丸小岛上和谐相处。对于英国的法理、判例、程序等法律问题，广大香港华人漠然待之。所以，这个时期的中国人面对西方法律或者文化虽有无奈，立场却是笃定的：因为在生活中适用的仍然是他们所熟稔的《大清律例》、风俗与习惯。这部法律在现实中的实施使得当时的大部分中国人无论是在立场选择抑或情感归属上或多或少会毫不迟疑。

中国内地1910年就早已废除《大清律例》。1912年之后，适用的是以“六法全书”为基本框架和蓝图的司法体制；1949年以后，人民政府更是另起炉灶，施行的是社会主义法律体系，并且这套体系已经日趋成熟和完善。《大清律例》在香港真正意义上的废除时间是1972年。自此之后，西方法律、制度、文化无论是在物质还是精神上全面接管了生活在香港的中国人。不仅这些法律、制度和文化渗入到华人日常生活的各个方面，而且在社会生活的各个层面，越来越多华人对身处其中法律、制度和文化的了解、掌握和运用游刃有余、如鱼得水。以港人对廉政公署的认识为例，这个机构固然是当年的港督麦理浩为了保住、稳定英国的统治而设立，但是后来俨然已经成为香港法治的守护神。廉政公署设立之初完全独立，仅听命于港督一人，负责香港地区的反贪污工作；在相当长的时日之内，港人以廉署为荣，“香港胜在有ICAC”的广告词脍炙人口，“廉署请喝咖啡”这句话的含义更是人尽皆知。

虽然生活在底层的还是以华人居多，但是外在的殖民似乎已在形式上减少甚或消失。内在的殖民依旧，只不过随着外部环境的趋于平和，这种殖民其实变得更甚。对于普罗大众而言，减少了许多需要去群起抗争的压迫，却平添了许多下意识的选择。这种下意识的选择除了有日常生活的耳濡目染，也来自个体对主流事物的自我靠近。在这日复一日、年复一年的异域文化、制度的轰炸与包围中，没有天翻地覆、高歌猛进，各种转变却潜移默化。个体在这样不再激烈的环境中，自主选择和自我靠近有的时候往往是在不经意之间完成的。主体的自觉意识和道德选择于是来得相对迟缓，因为需要艰苦的思考和抵御。而能够产生并经历这样艰苦过程之后的群体之中，却也并非总会留下十足的坚持。所以，在实际包含被迫之意的殖民之下，有人选择了坚持，有人选择了思考，也有人选择了顺从与谄媚。

回归之后20余载，香港经济增长缓慢。有人将之归因于内地诸多经济因素的冲击，他们未曾看到的是，内地经济在改革开放后迅速发展。当改革开放全面推进之后，内地原有的经济格局渐次改变。制造业从香港转移到了土地、人力、管理等成本更低的广东、福建东南沿海；在中国加入WTO之后，转口贸易情况也随之改变，全球往来货柜直接在内地的上海、天津、大连等大型港口城市靠岸；随着物流中心分散、转口贸易转移、上海自贸区出现等经济环境的变化，香港金融中心的地位不可避免受到了冲击。时至今日，深圳的GDP总量几乎逼平香港。20世纪80年代，通过承接大量来自香港的制造业转移，深圳完成了原始的财富积累。以此为基础，它在后来找到了科研创新、产业升级的中国硅谷之路。深圳汇集了一批星光灿烂的企业：市值近2 800亿美元、4万名员工的互联网企业腾讯，营收5 000亿元人民币、17万名员工的科技公司华为，市值700亿元人民币、全球一流的基因生物公司华大基因，还有顺丰……①。这个经济集群散发出日益耀眼的光芒。于是人们发现，越来越多的港台人士到内地寻求发展机会。

还有人将香港经济增长缓慢归因于意识形态差异、他们未曾意识到的是，自身错失发展良机。世纪之交，在制造业、转口贸易出现转移倾向之时，香港也曾提出过转型计划。一是“数码港计划”发展互联网科技。那时的谷歌刚刚诞生，Facebook、阿里巴巴尚无踪影，但结果，数码港被搞成房地产开发。二是“矽港”计划。张汝京在香港搞芯片制造，香港人坚决反对、外加游行。结果上海将其请走去搞中芯国际，现在成为中国最大、世界第四的芯片制造商。三是“中药港”计划。香港拥有积淀深厚的科研体系、庞大的生物科研人员队伍、世界认可的质检体系，这些都是产学研一体的优势条件。但是资本的短视再次放弃了这次机会。假若这三次机会把握得好，香港足以成为亚洲互联网中心、芯片制造中心、生物科研中心。这些放弃或者机会错失，在一定程度上成就了深圳、内地的崛起。金融的暴利成就了香港，资本的逐利也让香港错失了机会；创业无门的年轻人之间弥漫着戾气。于是人们看到，还有人士执着于游行示威，一度引起民众的反感。

立场早已改变，情感迟迟未归。这种归来，是否会像“柴门闻犬吠、风雪夜归人”那样艰难呢？

---

① http://www.360doc.com/content/17/0917/13/47398077_687841932.shtml，2017年9月9日访问。

§11　非遗保护:前世、今生与传承

正在小学就读的孩子从学校带回一项作业:请书写几个你们家庭的家风。全然不解家风为何物的孩子端着书本过来请教。笔者对家风略加解释之后,就地取材挑拣了诸如"勤劳、勇敢、坚忍不拔"几个容易理解的好词给她。可是,究竟什么是家风呢?

翻遍商务印书馆厚厚一本《现代汉语词典》,"家风"芳踪无觅处。难道家风已经变成一件古老的事情、退出现代人的生活抑或视野了么?心有不甘,再查资料,终于在《辞海》中找到,"家风犹门风。指一家的传统作风、风尚。"[①]既是传统,便需具备特点、世代相传,而不会受到政治、经济等因素的影响。自清末以来的中国,饱受各种变革的洗礼,历经改天换地的国人在百年前后和百年之中已经在各个方面出现了不小的差异。在这样的时代背景中,能够世代相传下来的风俗、道德、思想、作风、艺术、制度等不是没有,但是,其中包括家风么?客观而言,若是学校不布置作业、国家不再提倡,家风不仅和现代人的词典之间存在距离,和现实生活之间似乎也颇有距离。这实际也是客观环境使然:社会的变迁使得以人口而言的大户人家日益减少,而小户人家却日益增加。而家风其实则是更加受到大户人家青睐的东西。反之,和现代人的词典之间存在距离,但在现实生活之中还有流传的似乎是家训。

---

① 《辞海》,上海辞书出版社1994年版,第1151页。

《辞海》中对家训的解释是："①父母对子女的训导；②父祖为子孙写的训导之辞。"[①]前者在现实生活之中无所不在，后者在今人的生活中大多已经演变为对《曾国藩家训》《朱子家训》《颜氏家训》之类书籍的阅读。从家训的两个含义来看，前者大都通过日常语言的形式而存在，后者则是通过书面语言的形式而存在。无论是哪种形式，在一个人的一生中，一般情况下至少会接触到一种形式。所以，如果说一个人不知何为家风尚有可能的话，不知何为家训却并不可能。由此可见，较之家风，家训有着更为宽广的社会基础、更为现实的生活基础。倘若不进行那么细致的区分，今人实际上常常把家风、家训放在一起相提并论。细细观察家风、家训的内容，实则都是在共同的家庭生活中对家庭成员品格的塑造和要求。而这些品格并非只在家庭生活之中才会要求塑造，在个体的"修齐治平"过程中同样也是有所要求的。在这个意义上，家风、家训的距离其实并非遥不可及，而是在一定意义上可以合而为一或者一视同仁。于是，盛行于古代的家风经由家训在今天获得了生命的活力。无论是《颜氏家训》《韩愈家训》《范文正公家训百字铭》，还是《王阳明家训》《朱子家训》《曾文正公家训》，其中优良家风的教诲虽然有所改变、新瓶装了旧酒，但实质仍然是为了延续或者传播优秀的传统作风、风尚。更为重要的是，家风得到了更多当代人的认识、认同和接受。

这和非物质文化遗产的情况还不太一样。家风和家训都是古已有之，但由于种种原因，家风是通过家训作为载体在今天获得了新的生命活力。非物质文化遗产亦是古已有之，但要想在今天获得新的生命活力却似乎难以像家风那样借助家训等予以传承。非物质文化遗产似乎只有依靠自己，那么怎样才不至于被淹没在时代的浪潮之中呢？

非物质文化遗产既包括了各族人民世代相承、与群众生活密切相关的各种传统文化表现形式，也包括兼具空间性和时间性的文化载体。前者有如民俗活动、表演艺术、传统知识和技能，以及与之相关的器具、实物、手工制品等，后者有如定期举行传统文化活动或集中展现传统文化表现形式的场所等。也就是说，非物质文化遗产的具体范围包括了口头传统、传统表演艺术、民俗活动、礼仪、节庆、有关自然界和宇宙的民间传统知识和实践、传

① 《辞海》，上海辞书出版社 1994 年版，第 1151 页。

统手工艺技能以及与上述表现形式相关的文化空间。在这个甚为广阔的范围里，人们可以看到非物质文化遗产多姿多彩的生命形式。无论有无载体、是否传承，它们都是人类在生存过程中智慧的结晶和体现。如何让这些古老的智慧继续在今天发出其应有的光芒呢？通过博览会让其走向世界、为世人所知，通过传习所让其技艺延续、培养传承人，通过表演赛让其绽放光彩、增添生命力……人们为了非物质文化遗产之保存所作的努力似乎已然不少。那么，在今日的时代背景之下，非物质文化遗产究竟面临着什么样的困境呢？

与物质文化遗产一样，非物质文化遗产承载着人类社会的文明，是世界文化多样性的体现；它是人类的无形文化遗产，代表着人类文化遗产的精神高度。非物质文化遗产既是历史发展的见证，又是珍贵的、具有价值的文化资源；它也是最古老、最鲜活的文化历史传统，是国家、民族文化软实力的重要资源。然而，随着全球化趋势的加强和现代化进程的加快，我国的文化生态也随之发生了巨大变化，非物质文化遗产受到越来越大的冲击。一些依靠口授和行为传承的文化遗产正在不断消失，许多传统技艺濒临消亡，大量有历史、文化价值的珍贵实物与资料遭到毁弃或流失境外，随意滥用、过度开发非物质文化遗产的现象时有发生。在这样的情况下，非物质文化遗产既需要自救，更需要国家政策、法律规范的保护。唯有如此，人们才能既看到封存于历史之中的非物质文化遗产，又看到非物质文化遗产在生活中的延续。

以国人熟悉的中医药为例。虽然在人们的生活中延续、适用千年，但却墙内开花墙外香——在日韩等亚洲国家甚至德国这样的欧洲国家甚为走俏、得到看重，在国内有些领域则争议颇多。当《中华人民共和国中医药法》于2016年底得到颁布、准备施行之时，人们终于迎来了国家或者官方对传统文化中精髓的肯定和认同。在这部法令中，虽然只有总则、中医药服务、中药保护与发展、中医药人才培养、中医药科学研究、中医药传承与文化传播、保障措施、法律责任几个部分，但是比较起没有这部法律的那些时候——中医药在国内各类机构的备受冷落，国外企业对中医药企业收购的不亦乐乎，部分民众由于对中医药无知导致的愚昧、对中医药迷信导致的盲从等——人们会庆幸这部法律的出台。在国家法律这道屏障的维护之下，前述那些让人痛心疾首的事情应该能够有所减少。

非物质文化遗产多存在于那些历史悠久的国度之中。而在目前世界范围制度保护的框架之内，发达国家并不特别热衷于这类知识产权的保护。因此，可以借鉴的优秀蓝本不多，反而更需要在制度等层面的创新。对于这块富矿，人们可以漠视、置之不理，但是并不代表其他人不会关注、有所开垦，如美国将中国《花木兰》的故事作为题材创作出电影卡通故事片、韩国把中国端午节的仪式成功申报世界级别的非物质文化遗产、世界 500 强之一的企业德国拜耳公司对中国滇虹药业的成功收购，等等。漠视本国非物质文化遗产换来的，也许是若干年后的国人，需要向他国交费才可以欣赏、享受祖辈流传下来的非物质文化遗产。当殷晓俊先生斥重资向法国人购回晚清法国驻云南总领事方苏雅于 1886 年至 1904 年在中国西南地区所摄的 1200 余幅老照片之时，事情的性质是一样的。国人都成为拍摄者眼中的他者，当这些他者的后人想缅怀自己祖先的那段历史之时，还得自掏腰包才有可能。如果不想在未来让这样的事情频频发生，人们就得在今天学会保存并发展自己的非物质文化遗产。

当然，并非所有非物质文化遗产都需要复活。对于那些已经被历史淘汰的非物质文化遗产，最好的方法可能是记录和存档，后来的人们只需了解其在文化长河中的位置和作用即可；对于那些没有价值并且已经自然消亡的非物质文化遗产，可以作为研究的对象，让它安静地沉睡下去；对于那些仍旧具有审美价值、实用价值、文化传播价值的非物质文化遗产，能够活态传承最好，不能活态传承的可以文化档案的方式将其保存下来。

对于那些在当下仍旧有着生命活力、传承人队伍、合适环境的传统文化，活态原则也许是较为经济、适宜的一种原则。所以在这个意义上，不论是在影视作品中，还是作为旅游景点而言，乌镇都给人留下了挥之不去的印象。这种印象起源于对非物质文化遗产是乌镇保护和旅游之灵魂的认识和打造。在最初对景区进行规划时，受到保护的不但是乌镇独有的建筑形式水阁、石拱桥、石库门、马头墙、封火墙等，也有当地老百姓的生活形态和生活方式。除此以外，乌镇还把当地的花鼓戏、皮影戏、评弹、雕刻、蓝印花布工艺、制酒工艺等先后进行了挖掘、恢复和展示。于是，乌镇呈现在人们眼前的就不仅是种文化、精神，更是一种生活方式。当然，并非所有乌镇人都喜欢这样的打造。以笔者乌镇之行的耳闻目睹，有的居民、住户对于游客的参观或者好奇相当反感，不乏以激烈言辞、肢体暴力相向。所以，就算是在相对成功的非物质文化遗产保护、传承之中，也还存在着臻于完善的空间。

除了像乌镇旅游这样的市场化道路，非物质文化遗产的文化园、博物馆、实验区其实都是很好的尝试和开拓。假以时日，兴许在自救、国家保护、市场化层面的成功运作之后，国家的非物质文化遗产会开出更为美丽的花朵。

§12 精神与物质:以何永恒?

初次入晋,就听得旅游团队介绍阎锡山旧居。后赴山西,渐次听闻省政府办公地与阎有关,他是山西现代历史中绕不过去的一个人物。及至参观,才发现博物馆内部房屋的鳞次栉比其实与主人人生经历相关。单从外观来看,人们仅会咋舌于其在一个县城中占地达 30 000 多平方米的面积;至于最外围的土坯墙估计与当时其他院落并无二致,甚至在一定程度上还逊色于今日周围房屋的青砖瓦房。然而进入这些院落之中,游人所能够看到的,固然是现存 27 座院、700 余间房;所能够感受的,却远不止于此。人们步入旧居,首先映入眼帘的是东西花园。栩栩如生的石雕、透雕、木雕,以及明柱、鼓墩、飞檐、斗拱,层层叠叠,均为典型的晚清宫殿式建筑风格。在这个多为一套套房屋相连的深府大院之内,中共领导人、将领在 1937 年为了国家、民族命运曾经有所停留、与阎氏谈判。与之前在山西见过那些富甲一方的晋商、官宦大院有所不同,阎氏旧居有地下室,主要房屋之间有地道相连,其中有的直接通往村外。这不能不为旧居披上了一层神秘面纱。再往里面走,除了阎氏办公的都督府,便是主人家庭起居生活的房屋。办公之处外墙刻有治家格言,内部则既可以登高瞭望,亦可如 20 世纪 30 年代前来拜会阎家老太爷的蒋介石一般进入地道。起居生活部分的房屋则雕琢精致,有了西方文化的痕迹。建筑形式土洋结合、形态各异,既有茅屋窑洞,又有亭台楼阁;既有中国晋北建筑特色,又有西方建筑风格。从建筑学角度而言,这部分颇有中西合璧之风。世事无常,造化弄人。当阎锡山们时年在旧居中以仿西式建筑风格为时尚或者显阔气之时，可曾想过，将来会在台湾因为怀念故乡而将屋子门窗砌成家乡的窑洞形状？

这座旧居始建于1913年、停建于1937年，被冠以“民国第一豪宅”之名。有人曾经用杜牧《阿房宫赋》里的语句来形容这里的庭院深深和建筑精美：“五步一楼，十步一阁，廊腰缦回，檐牙高啄，各抱地势，钩心斗角”。它既见证了阎氏升迁沉浮，也目睹了近代中国变化；既有历史浓缩的痕迹，也有中西文化撞击的影响。加入同盟会、刺杀慈禧太后、太原起义、骗取袁世凯信任当上山西都督、任省长，北伐时期是与蒋介石、李宗仁、冯玉祥齐名的四大集团军总司令之一，担任过中华民国陆海空军副总司令，抗战时期是第二战区司令长官，最终官至国民政府行政院长兼国防部长——在中国现代史上，阎锡山是个绕不开的人物。杀巡抚、当都督、投靠袁世凯、献媚段祺瑞、软禁冯玉祥、对抗蒋介石、发动中原大战，宴请蒋介石、宋美龄夫妇，以及会见八路军总司令朱德等一系列政治、军事活动都策划或发生在这里——在一系列重大历史事件中，阎锡山旧居也是个绕不开的地方。在国难当头的关键时刻，一贯“在三个鸡蛋上跳舞”的阎锡山却能顾全大局、能以民族大义为重，与八路军联合抗日，这种在大是大非上的判断大概是其旧居能够保存至今的重要原因。出得旧居，一行人中有的即兴赋诗打油：“昔日土豪，今日景观。富甲如何？终付沧桑。”无论是谁家的旧居、何家的大院，终究会物是人非，成为文化景观。这不是豪掷千金、痛心疾首就可以原封不动、力挽狂澜的，社会客观规律确实不会因人的意志为转移。那么，对于那些值得保留、延续之事物，怎样可以做到真正的永恒？

儿时曾经读过一个名为《永生岛》的意大利故事。年轻的主人公为了追求永生，答应了神的条件：永远不离开马背。从开初的兴奋、漠视万物，到最终的沮丧、珍惜真情，他下了马、离开马背，放弃了永生，却永远活在了人们的心中。肉体的永生虽然被放弃，精神的永生却被保留下来。彼时年幼，不知永生是为何物，只觉得故事好玩而已；及至渐长，渐晓人生变化无常，也为人物感到惋惜。立德、立功与立言，尽管方式各异，却无一不是在追求生命的永恒。可是，肉体永恒与精神永恒又何者为最呢？当无法选择的时候，人类固然只能放弃肉体的有限，选择精神的永恒。当可以选择的时候，情况又会怎样呢？看过一则西人笑话：上帝把人类带到了永生之境，人类却惊奇地发现，生活在那里的神却因为永生郁闷不已、唉声叹气，反而羡慕人类的生命有限、乐趣无限。这纵然能够在一定程度上排解人类无法把握肉体永生的烦恼，但却并不具有普遍的代表性，因为肉体或者物质的永恒仍然是有人孜孜以求的。孜孜以求也好，坦然面对也罢，物质的衰朽在历史长河中可以转瞬即逝，精神的坚守却能够愈挫愈勇。

山西在历史上的殷实富足、底蕴深厚激发着一行人追寻的热情。在晋北的雁门关，人们再次感受了精神之不朽。之前只是听说过“天下九塞，雁门为首”，在亲历了雁门险路十八弯后，才深深体会这九塞之首绝非浪得虚名。十八弯是抵达雁门关前的必经之路。汽车穿行于悬崖峭壁之间，跌宕起伏于这些带有上下坡度的急转弯路之上。挨着悬崖峭壁那边，乱石嶙峋；另外一边则山高路险，几乎没有 100 米的直线路段。坐在车中的人们，倍感时间漫长；左摇右晃之余，已经顾不得欣赏山中景色，一心只愿尽快看到下一个弯道的标志。当第十八个弯道的标志出现之时，大家不由得欢呼起来，庆贺终于摆脱了十八个弯道带来的头晕目眩。由于一个急弯接着另一个急弯，民间称其为“雁门十八旋，环环皆是险”。今人有现代的交通工具尚且感觉千里迢迢、路途艰难，当年在雁门关保家卫国的将士们想必要以何等勇气、经历何等艰辛才能完成种种任务。

景区内的雁门关，山岩峭拔、盘旋崎岖自不待言。烽火台、练武场、天险门、镇边祠……军事方面布局紧凑、井然有序，纵然早已没有铁骑如流、箭镞如雨、刀光如电，却依稀可见此关经历过若干时代战火洗礼的痕迹，感受到守关将士们的聪明才智、坚忍不拔。在蔚蓝的天空下，长城雄壮、关楼巍峨、气势磅礴。据说此处的古长城原汁原味、保存完整，后来修复北京郊外的长城便以此作为依据。可是，当人们耳边充盈着刘兰芳话说《杨家将》评书的声音时，这一切似乎都不重要了。即便在游人如织的院落中，那评书仍然能够将人的心神抽离到宋代，与杨家将士在心灵上休戚与共。杨家将满门忠烈不分性别、地位，为了国家危难而前仆后继。这一故事自小便知，并不令人陌生。但当身处雁门关内，感受风沙扑面、寒风料峭之时，人们便更加知晓，保家卫国不是仅凭辞藻华丽、巧舌如簧就可以做到的事情，而是需要身临其境、事必躬亲才能够真正实现。而这种“身临其境、事必躬亲”在沙场上更多时候可能就意味着抛头颅洒热血。在杨业(老令公)驻守雁门关的 8 年之内，契丹军始终不敢来犯；杨大郎勇力过人，却在金沙滩代宋太宗而亡；杨二郎则在双龙会从容不迫代八千岁而亡；杨四郎被俘后纠结于忠孝难以两全，最终选择自杀来作了结；杨五郎虽然皈依佛门，却在天门阵中毅然出手；直至佘太君以高龄挂帅亲征，带领一众女将、杨门后裔奔赴沙场……在苦寒的边寨、残酷的战场，杨家人虽然遭遇奸人算计、身陷囹圄，却不改初衷地为国效力，不惜马革裹尸。这应该是杨家将故事广为流传、打动人心的真正原因。毕竟，不是所有人在遭到这样陷害、身处困境之时，都能够直面相向，而是会改变道路甚至气节。所以，在雁门关的整个线路上，除了有杨家人墓地，还有专门纪念杨家将的祠堂。这也不枉杨家满门忠烈当年悲壮的前仆后继：消失的是肉身，长存的是精神。千夫所指的是奸人之流卖国苟且，千古流传的终究是坦荡浩气，保家卫国。

当然，在雁门关浴血奋战的将士不止于此。李牧、李广、霍去病等著名将士就曾经以不同的方式与雁门关产生交集。自战国时期的赵武灵王起，历代都把此地看作战略要地。从公元前4世纪至20世纪，据不完全统计，发生在这里的战事就有140多次。西汉、东汉400年间200多位戍边牺牲的将帅均埋葬于此，这大概可以算是中国最大的将帅墓群了吧。正是有了这些将士的忠诚守卫，也才有了边贸街的出现。这里成为明清两代边关贸易最为繁华的地方。今日的边贸街乃是砖木结构的仿古之作，已经成为展示边塞贸易和销售各种商品的地方。外在的物质形式在消失、变化，保家卫国的精神却一直延续下来。1937年9月，红军115师在雁门十八隘之一的平型关隘伏击日寇，一举大捷。在此之前，日本帝国主义疯狂叫嚣“三个月内灭亡中国”，气势汹汹地节节南下、进逼山西。由于驻扎华北的80万国民党军队纷纷逃窜，侵略者如入无人之境。平型关大捷打破了日军不可战胜的神话，不仅配合了正面战场的防御作战，还振奋了全国人心，提高了共产党和八路军的威望。1937年10月，八路军120师在雁门关地区对日军汽车运输队进行了伏击战，极大地助益了忻口会战。在此之前，敌人从大同经雁门关不断往忻口运输弹药、给养，这里成为日军最主要的一条运输线。雁门关伏击战切断了日军的交通补给线，使其攻势受到挫败。

当人们从大江南北千里迢迢奔赴雁门关时，也许仅仅是始于观光之乐。但是，当了解了雁门关在冷兵器时代的独特经历之后，震撼人们心灵的绝对不会只有那因战争而生的威名，更有中华民族儿女们在这灵山灵关之上的生生不息、百折不挠。最初寻访的也许是长城雄壮、关楼巍峨，最终景仰的却是蕴含于这些物质载体中的保家卫国的精神。从此种精神中，衍生出了中华民族在面对外侮时“黄沙百战穿金甲、不破楼兰终不还”的气概、决心和勇气。当然，国力不够强盛之时，王昭君们就粉墨登场了。即便出塞的昭君们有着百般不舍、万般无奈，她们的和亲在不必大动干戈的前提下，就确保了边境安宁、社会和平。牺牲小我，保全大我，这何尝不是一种保家卫国？从胡服骑射到和亲政策，从汉代抗击匈奴到杨家将御辽，今天的雁门关无疑为这些家国情怀提供了一个相对集中的展示之所。作为历史最为悠久、战争最为频繁、影响最大的中国古代军事要塞，雁门关“中华第一关”的称谓实至名归。在几千年的历史岁月中，雁门关不但见证了中国历史，亲历了民族融合，而且传承了保家卫国的精神。正是后者无论时代、不分性别地绵延千古，才有了花木兰、岳飞、南洋机工等中华儿女“苟利国家生死以、岂因福祸避驱之”的慨然之举。而这些来自族群内部的举动毋庸置疑会让一个民族走得更为长远。

今日虽还有硝烟弥漫，世界各国的竞争却多集中在科学、经济等领域。倘若不处理好这些迫在眉睫的竞争，就难免会有国家乃至民族生存之忧。唯有以大无畏之气概、决心和勇气去迎接它们，才能在如林的强者中站稳脚跟。好在今日之中国已经迈向历史新阶段，中共十九大报告中的法治音符更是为国家未来发展注入活力。报告指出：“全面依法治国是中国特色社会主义的本质要求和重要保障。必须把党的领导贯彻落实到依法治国全过程和各方面，坚定不移走中国特色社会主义法治道路，完善以宪法为核心的中国特色社会主义法律体系，建设中国特色社会主义法治体系，建设社会主义法治国家，发展中国特色社会主义法治理论，坚持依法治国、依法执政、依法行政共同推进，坚持法治国家、法治政府、法治社会一体建设，坚持依法治国和以德治国相结合，依法治国和依规治党有机统一，深化司法体制改革，提高全民族法治素养和道德素质。”不难想见，党的十九大之后，法治在国家治理体系和治理能力现代化中，将扮演更加重要的角色，发挥更加基础的作用。由此看来，这个历史阶段的保家卫国对大部分国人而言，已经不是剑拔弩张、兵戎相见，而是需要建立、完善法治思维、方式，以此作为各行各业之中保障其发展的理念、手段，最终促进、完善国家、社会的进步。历代先辈浴血疆场所追求的和平之境，也是置身其中的人们应该珍惜的。尤其是，以法治思维、方式理政本身就意味着执政能力增强、执政水平提高。

综观中共十九大报告，实则始终贯穿着“依法治国”的理政思路。加强国家安全法治保障，提高防范和抵御安全风险能力；加快建立绿色生产和消费的法律制度和政策导向；提高社会治理社会化、法治化、智能化、专业化水平；健全自治、法治、德治相结合的乡村治理体系；推进反腐败立法，建设覆盖纪检监察系统的检举举报平台；制定国家监察法，依法赋予监察委员会职责权限和调查手段，用留置取代“两规”措施；鼓励勤劳守法致富，扩大中等收入群体，增加低收入者收入，调节过高收入，取缔非法收入；坚持男女平等基本国策，保障妇女儿童合法权益；领导 13 亿多人的社会主义大国，执政党要增强政治领导本领，坚持战略思维、创新思维、辩证思维、法治思维、底线思维，科学制定和坚决执行党的路线方针政策。无论是在国家安全、社会治理、惩治腐败、百姓福祉、执政兴国方面，都需要确保以法治思维、方式来保障、加快国家建设。“到 2035 年，我国法治国家、法治政府、法治社会基本建成，各方面制度更加完善，国家治理体系和治理能力现代化基本实现”。

在漫长的历史长河中，优秀的民族精神延续下来。愿承载这些精神的国人顺应潮流，再谱新篇；愿雁门关在未来见证的，是国家的强盛与富足；愿永恒之中华精神缔造民族之永恒。

§13　女博士、母亲和女性主义法学

在攻读博士学位的时候，曾经有男同学调侃某个女同学在录取时“占据”了他们本来就稀少的资源。这让人颇为诧异：那个专业总共录取 11 个人，为何唯一的女同学会成为“占据”他们资源的人？当时在博士生中流传甚广的调侃则是：女生若学历是专科生就好比黄蓉，本科生好比小龙女，硕士生好比李莫愁，博士生好比灭绝师太。金庸武侠小说中的女性被一一拿来对比，武功高强、容貌高下还在其次，这样比较的重要之处在于揭示：黄蓉虽然武功不算厉害，却聪明伶俐、惹人怜爱；其他三人武功虽然了得，却越来越不近人情、脾气怪异。所以，据此逻辑思路推理下去，女博士生就成为最为不近人情、脾气怪异的类型。关于调侃女博士的其他版本不再一一赘述，总之在这些社会调侃之中，部分女博士的部分特点被放置在了显微镜下之后，夸张地上升成为全部女博士的特点。这种以偏概全的逻辑错误姑且不论，现在要追问的是始作俑者。是谁把部分女博士的部分特点放置在了显微镜下，并夸张地上升成为全部女博士的特点，从而使她们成为被嘲笑的对象？答案可能是女性，也可能男性，但必然只是他们当中的一部分人。这些不同性别人等的共同点在于：以男性的眼光来作为审视、评价事物的标准。这也正是会发生开篇事件中即便只有一个名额也被视为“占据”有限资源的原因所在。在男性作为主流群体的社会中，一切或者说绝大多数事物的衡量是以他们的视角作为出发点来进行的，即便女性是这个社会不可或缺的一个组成部分。正如拉巴尔所言：“但凡男人写女人的东西都是值得怀疑的，因为男人既是法官又是当事人。”①

于是，便有了反抗的声音和行动。女性解放已经不是一个新鲜的话题，自产生以来，便不断被注入新的内涵。其中有那么一段时期，女性的解放意味着女性和男性做同样的事情：同样的穿着，同样不生小孩，同样的言语粗犷，等等；时下流行的“女汉子”也有些许这样的味儿。可是这种“同样”无法回避的是，上天赋予了男女毕竟是有着明显差异的生理构造。就算现在的医学发达，可以做变性手术，但绝对不可能让全世界的人都去做这样的手术，现实生活中也不可能每个人都有这样的需求。不同的生理构造确实让女性在有些方面难以抗衡男性，却也让男性在有些方面只能让位于女性。所以，女性的真正解放，应该不在于具备外在的男性特征，而在于女性自身获得社会尊重和法律认同。言至此，母亲这一角色或者身份便成为探讨女性解放避免不了的一个问题。

龙应台曾经向女性主义者发出掷地有声的提问：“如果你不曾体验过生养的喜悦和痛苦，你究竟能告诉我些什么呢?”这是因为在漠漠穹苍和莽莽大地之间，她经历过那石破天惊的“创世记”。孩子除了将母亲带回人类的原始起点，②也让她更加明白了生命的来处和去处。生养这一人生过程的经历让女性知识分子对于书本的体悟、问题的思考上出现了更丰富的内涵、更深刻的厚度。由此积淀的内涵和厚度又转而影响其身处其中的家庭、社会，形成良性循环。与父亲和孩子之间“保持距离”的养育方式不同，这种耳濡目染的影响和循环只能产生于母亲和孩子之间“耳鬓厮磨”的养育方式之中，正如西谚所云：“推动世界的手，便是推动摇篮的手。”

父母是养育孩子过程中的核心人物。但就人类相较动物稍长的成长过程而言，人类生理性的养育过程也是略长的。这段过程始于受孕，终于成为独立个体。人们在生理上已经成为独立个体之后，还得学习社会生活所需的一套行为方式。没有习得这些行为方式的人，便不能得到健全的社会生活。这种社会性养育是人类所特有的，也是首先需要从家庭习得的；对于人类而言，它和生理性养育同样重要。在中国古代，生理性养育与社会性养育

---

① [法]波伏娃：《第二性 Ⅰ》，郑克鲁译，上海译文出版社 2011 年版，第 1 页。

② 龙应台：《孩子你慢慢来》，广西师范大学出版社 2014 年版，第 32 页。

泾渭分明：门限以外以社会性养育为主，门限以内以生理性养育为主，形成严父慈母的格局。由于妇女的领域主要在门限（又称为“阃”）以内，所以妇德又称“阃德”。但严格而言，社会性养育的开始与生理性养育之间并无明显界限，反而会出现部分交叉的情况。

脱离母体之后的孩子由于生理性的养育过程之故，会在情感方面与母亲产生密切的联系。这种联系使得进入了社会性的养育过程之后，孩子仍然愿意或者容易从母亲那里获取或接受关于社会生活所需的知识。按照传统模式，父亲本应在这个阶段成为主要角色；但由于孩子与母亲之间生物联系、情感联系的深厚，父亲树立家庭权威、进行养育的方式势必与母亲有所差异，这才形成人们眼中的“保持距离”与“耳鬓厮磨”两种方式。两种方式无所谓孰好孰坏，都是孩子漫长、全面养育所需要的。“在男女分工体系中，一个完整的抚育团体必须包括两性的合作。两性分工和抚育作用加起来才发生长期性的男女结合，配成夫妇，组成家庭”。①只不过，由于在“耳鬓厮磨”中培养、建立起来的密切情感，使得在后期的社会性养育过程中，孩子更容易接受来自母亲的知识和意见，从而平添了母亲在家庭生活中的影响力，尤其是当这些知识和意见趋向合理的概率居多时。父亲则由于没有更多参与到前期的生理性养育之中，后期的养育方式便平添了几分距离感和孩子的畏惧之情。所以，人们在日常的生活中会发现，有些对父亲的理解与感动，往往释放在个体完全成熟或者父亲过世之后。

这是没有如此经历的人无法想象和企及的事情。婚姻、家庭生活有时的确会让一个人更近人情、常理，而非刻薄寡义。曾经在某杂志上看过这样一篇文章，大意是：女博士不应生育，否则之前所接受的学术训练统统归零、白白浪费。这种言论让人颇感惴惴不安之处在于，似乎学校、老师、家长等的殷切期盼、心血都被女性的生育子女给完全辜负了。现在看来那只是一种略微极端的观点罢了。这与主张“生育孩子是事业堕落的表现”一类观点的本质是一样的：即都没有能够客观看待或者处理好生活、学术二者之间的关系。事实上能够处理好生活、学术关系的不乏其人，更不乏成功人士。实际上，当生育过程中最为繁忙的那段时间一旦结束，孩子便会像成人一般拥

① 费孝通：《乡土中国生育制度》，北京大学出版社1998年版，第122页。

有自己的生活步骤和空间格局。母亲后面所要做的，便是在日常、平凡生活中对孩子的点滴塑造，借此调整方向、形塑人格。所以，当母亲与博士的身份、位置安放妥当，或者称之为处理好了家庭生活与学术研究之间的关系，那么两者之间是可以做到和谐并存、齐头并进的。

做博士侧重对自我、学术的塑造，做母亲则侧重对家庭、孩子的塑造。由于在塑造他人的过程中会产生对自我塑造的顿悟、提升，在塑造自我的过程中也会为塑造他人凝聚更深的力量，二者实质上有着"你中有我、我中有你"的关系。但二者之间确实存在着差异。做学术的甜蜜在于阅读的自得乐趣、研究的趣味盎然，在于"夜来一笑寒灯下，始是金丹换骨时"的醍醐灌顶，在于"会当凌绝顶，一览众山小"的登高望远。做母亲的甜蜜则在于孩子的第一次展示如花笑靥，第一次发出人生音节、完整句子，第一次蹒跚学步、独立行走……在于每天闻着其体香、感受其拥抱，在于经历这小小人儿的喜悦、悲伤……这是在塑造一个生命和个体，是在见证宇宙的蕴吐、拥抱鲜活的生命，是天地的恩泽。①二者究竟孰轻孰重？有时的确令人难以取舍、难以分辨。但倘若能够同时拥有它们，又是一件多么快意人生的事情。

也许唯有在生育的过程中，女性完全成了自我的主人，少了男性诸多指手画脚的羁绊。这也许是女性主义产生的初衷还是女性主义法学产生的初衷？在有的书籍中可以看到，女性主义法学被放在后现代法学的行列当中加以阐述，但女性解放的问题却绝对不是一个后现代的问题。女性作为人类群体中不可替代的组成部分，却在经济、政治和社会各个领域不同程度地遭遇了忽视和贬低。基于天赋人权而产生的女权主义，就是以追求两性平等为核心。从 20 世纪 80 年代批判法律研究运动中分离出来的女性主义法学，构成了批判法学的新阶段。女权主义法学被置放于后现代法学之列的原因，大概也是在于其追求男女在法律上的平等并呼吁建立真正公正的法律。在西方马克思主义思潮的声浪中，女性解放的首要任务就是打破男性在意识形态上的统治权，为此就需要女性自身的意识觉醒。而这种意识的觉醒，恐怕不在于女性外在特征或生理特征的男性化，而在于直面生理构造的差异、不以男性视角来对问题做出中肯判断。

---

① 龙应台：《孩子你慢慢来》，广西师范出版社 2014 年版，第 44 页。

“直面生理构造的差异”不难，难的是“不以男性视角来对问题做出判断”，否则也就不会出现文章开头部分的女博士生被调侃为灭绝师太的笑谈。无论东方还是西方世界，男性作为社会的主宰已逾千年，他们的价值判断作为主流价值判断标准的时间与此等同。于是，观念的改变或者消除便不是一朝一夕可以实现得了的，特别是当这种观念的卫道士如果本身就是女性的话。女性作为国际社会公认的弱势群体，受到日渐增加的国际条约、国内法律的保护。这些条约和法律保护的落在实处一定可以推己及人、裨益社会；而它们的问世，正是人类观念改变的最好佐证，也是有识之士努力、奋斗的结果。在这样的过程中，女性知识分子理应成为其中的翘楚。不仅仅因为她们的知识水平走在一般女性的前列，应当发挥知识的优势；尤为重要的是，倘若她们同时具备了妻子、母亲的身份，那么观念变迁可以影响到的还有下一代乃至更多人。由此看来，女性主义法学并不应该被放在时髦学说的行列之中，因为它正在为更多的母亲坦然地成为女博士、更多的女博士坦然地成为母亲，铺就着现实的道路。

第三章
教育思索

§1　晚清中国人:先驱启蒙

晚清时期的中国,积弱积贫;于是被迫开埠、落后挨打、沦为殖民地——这是人们今日的解读。晚清时期的中国人有没有意识到这些问题并做出了积极回应呢?还是麻木不仁,不敢担当,终致国运衰弱?概览历史,似乎当时人们就是这样浑浑噩噩、不知所终,但细致观察之下,却并非人人皆是如此。

首先,看高高在上的光绪皇帝。提到他,人们自然而然会想起戊戌变法。在戊戌年(1898年)里,他于6月11日到9月21日的103天内,向全中国发出了180多道"变法上谕",范围遍及政治、经济、军事、文教等重要社会领域。这次百日维新的结果人皆共知。有人感到困惑的是,这个儿时便被慈禧指定为皇帝的人,为何没有与慈禧同流合污、沆瀣一气?如此,他的人生也不至于以悲剧结尾,反而可能是莺歌燕舞、醉生梦死。究其因,戊戌变法之前的光绪,已经通过帝师翁同龢了解了世界和中国的情况。他的翁老师除了教授传统的儒家经典四书五经,还结合当时的内忧外患,讲授魏源的《海国图志》、徐继畬的《环瀛志略》、曾纪泽的欧美考察见闻、大臣的洋务运动奏折等。在这种教育氛围之中成长起来的人,心态必然是开放的、包容的,他已然了解过世界,即使这种了解可能尚不全面。加之忧国的情怀,年轻的皇帝势必想有所作为、振兴国家。但政治经验的缺乏使得这场变法的结局并不理想,变革者"未见其利,先受其害"。

不论变革产生的原因是出于光绪皇帝的年轻还是忧国,变法失败之后的他仍然没有停止思考和前进，瀛台苦读只能表明他的越挫越勇。在中国第一历史档案馆中有一份光绪皇帝1908年1月29日到4月27日期间的购书清单，上面详细记载了他临终半年前的阅读书目。目录上的50多本书涉及历史、法律、地理、政治研究，法律方面的有如《法意》《宪法论》《民法原论》《行政法泛论》《比较刑法学》《警察法述义》《中国法律史》等，历史方面的有如《西洋世界历史教科书》《欧洲政治史》《列国政治异同考》《中国通史》《中国科学技术史》等。从阅读的书目可以看出，囚禁在瀛台的光绪皇帝并未消沉，反而在潜心研读。这幅景象，与孙中山流亡海外期间在英国大英博物馆里埋头攻读的情景如出一辙。在流亡伦敦的9个月里，他大部分时间在大英博物馆的阅览室中度过，阅读了洛克、贝卡利亚、伏尔泰、卢梭、杰弗逊、汉密尔顿等人的传记和著作。其实，他们二人都没有轻易地退却，而是在历史的思想中反思、求索、等待时机。假如光绪皇帝后来没有那么年轻就离开人世，也许中国会在近代的后半段时光中走上一条迥异于历史的道路。可惜没有"假如"，只有"昔人已乘黄鹤去，白云千载空悠悠"。

其次，看处于官僚阶层中的伍廷芳。他和光绪皇帝一样，同属统治阶层。伍廷芳1845年随父母从南洋返回祖国，定居广州；第二次鸦片战争期间放弃科场之梦，前往香港寻求西学——当时的香港是各种西方文化的汇聚之地；1874年他负笈英伦，自费进入林肯法学院攻读国际公法，成为晚清也是中国第一个留学西洋的法律博士。他在晚清时期出任修律大臣，与沈家本一起废除了中国历代封建王朝沿用2 000多年的残酷刑律，效法西方创制了中国近代与国际接轨的《大清新刑律草案》《大清民律草案》。这一切在孙中山为其撰写的墓志碑文中有所记载：凡前清凌迟、连坐、刑讯等条尽皆汰去，为中国刑法开新纪元。凭此"司法改革"的进步事实，为日后从西方列强手中收回"治外法权"奠定了坚实的基础。

其实，早在康梁的维新运动之前，伍廷芳已经连续两次上书光绪皇帝，针砭时弊，请求修律，废除酷刑。在被任命为修律大臣之后，他凭借着自己对东西方法律的全面了解和专业知识，在复杂的政治环境中革除旧律、创建新法，主持翻译了大量西法，创办了"京师法律学堂"，艰难地推动着传统社会向现代社会的转身。应该说，纵观整个晚清修律的过程，沈家本的名气远在伍廷芳之上，但伍廷芳对西法的熟悉程度却在沈氏之上；加上他在法律实务方面的阅历与作为——香港第一位华人“太平绅士”，香港立法局第一位华人议员，近代中国律师制度、陪审制度的创始人，中国第一位学贯中西的华人律师——由此二人才可联手，推动中华法系向近代法律的转型。伍廷芳后来不再修律，是因为出任驻美公使。即便在此期间，他仍然有依据国际公法，“保护华侨、力争国体”的种种行为。由此可见，在近代的中国人中，伍廷芳虽然身处官僚阶层，但可以算得上是走在时代前列的人物之一。

再次，看远离统治阶层的严复，可以视之为知识阶层的代表人物。作为近代有名的翻译家和启蒙思想家，严复系统地将西方的社会学、政治学、政治经济学、哲学和自然科学介绍到中国，翻译了《法意》《原富》《天演论》《群学肄言》《群己权界论》《穆勒名学》等著作。《天演论》中“物竞天择、适者生存”的名言流传至今。之所以会翻译这些作品，是因为他在南洋水师的经历。他少年时代便进入水师，以军舰为家；后被选派到英国格林威治皇家海军学校留学。此段时期的留学生活，为严复近距离观察西方社会提供了机会，也为他日后的翻译和启蒙奠定了基础。他回国以后，1896 年创办俄文馆，该馆成为中国最早的俄语学校；1912 年京师大学堂更名为北京大学之时出任第一位校长。

这些见闻与经历较之资产阶级维新派仅靠间接得来的认识是完全不同的，它们使得严复对于资本主义社会的理解更为直接与深刻。在严复眼中，他翻译西方著作的目的是要直探资本主义社会命脉所在，决不仅仅限制于“汽机兵械”“天算格致”。于是，严复翻译的意义不仅超过了明末的徐光启、李之藻等对西方天文水利知识的介绍，同时也超过洋务派、维新派支离破碎的翻译活动。在他一生所翻译的 170 多万字著作中，约有十分之一的内容是译者自己撰写的按语：或对名物做诠释，或对原书观念做补充与纠正，或对国内外实际问题提出见解。这些给人耳目一新的思想给近代中国思想界带来了巨大冲击。资产阶级维新派和中国早期的马克思主义者或者从中找到了与封建主义作斗争的思想武器，或者学习到了西方先进的政治思想与学术思想。因此，严复所介绍的知识和思想对“五四”新文化运动所产生的思想启蒙及历史影响是难以忽视的。

上面所述的几个人物，分别代表了中国清末时期的不同群体。客观而言，他们并非浑浑噩噩、不知所终，而是踌躇满志、励精图治。他们的主张或变革为何没有能够得到认同和支持从而转变为推动当时社会前行的力量?显然不是人微言轻,势单力薄,重要的是他们没有成为影响社会的主流群体,话语权的缺失使得他们的思想或主张没有成为影响时代进程的有力武器。但话又说回来了,以光绪皇帝、伍廷芳等显然高于许多人的社会地位,话语权又怎么会缺失呢?这固然有政治斗争的原因,却也不乏民众基础的因素。设想,掌握、支持、拥护此思想或主张的民众若非小众而是大众,那么,话语权由小众范围扩散到大众范围之后,就会演变为社会的主流思想意识;进而,晚清时候的变革就应该既有自上而下的主导,又有自下而上的迎合。在和风细雨的变革中,这种双向配合产生的变革效应可能范围更广、程度更深,但即便是在疾风骤雨的时代背景之下,这种双向配合产生的效应亦是难以低估的。

现实的情况是,光绪皇帝、伍廷芳、严复他们似乎只是孤军奋战,民众似乎如老照片中的影像一般不为所动。做先驱是悲壮的,他们的命运已经注定是场轰轰烈烈的结局。然而,他们为社会前进带来的曙光却是如此强烈,以至于后续时代人们的性格竟会如此刚烈。在这个意义上,启蒙的作用显露出来,只是代价颇为巨大。

有人说,中国人从近代开始了转型。如果自 1840 年的鸦片战争而始算起,历史的脚步已经迈出了两百年。旅途固然有利于心智的愉悦和开拓,但精神的安定才更利于心智的成熟与完善。

§2　教育之本:爱的教育

打开电视,正在播放一个家庭纠纷调解的节目。实则不是一个家庭,只能算是一个具备了事实婚姻的家庭组合。男方是个干体力活的“棒棒”(方言:走街串巷通过帮人挑货赚钱的人),女方没有什么正式职业,带着个男孩。她认识男方时孩子尚小,在双方共同生活的十多年时光里,男孩的教育、生病、生活等费用都由男方支付,和男方也以父子相称。现在双方不惜对簿公众甚至出现在电视节目中一辩高下的原因,是女方提出了分手的问题。男方认为十多年情分、自己辛苦付出难道就这样白白付之东流?换不回两人的长相厮守、家庭的温馨快乐不说,对方母子二人竟然没有丝毫感恩之心。女方则以性格不合为由,坚持分手。男方虽然备感委屈,但拙嘴笨舌,不时让人有理屈词穷的感觉。女方则伶牙俐齿、百般狡辩,把一旁评论的几个观察员都说将下去。情急之下的男方,只好不时地以手中谋生用的棍棒击打地面。开始之初,大家以为是惯常的男女之情难以了断而已,到后来端倪渐显,却无人能够在口齿上胜过那个站在舞台上狡辩的女子。正当她略显得意之时,一个久未开腔的观察员站了起来,高声呵斥女方为何不在十多年前提出分手?现在便宜占尽,提出分手无非就是找个借口,忘恩负义。此话既出,点醒众人,一时振奋。台上的女子受不了了,装作哭状。上台帮腔的儿子连连辩称观察员的话不切实际,母亲和他就是忍受不了男方的性格才提出分手,并称自己并未受到男方任何恩惠,却要因为对方身份是个“棒棒”而在众人面前抬不起头来。一时间,真相大白,观察员的话已然切中了要害：十多年前的相遇，“棒棒”为这个女子提供了一方遮风避雨的屋檐，用微薄但却实在的辛劳养育了男孩；十多年后的分手，深层原因在于男方的“棒棒”身份，性格不合只是幌子而已。既然如此介意对方的身份，十多年的相守就只能是利用，利用对方来为自己的生活、养儿买单。在一片嘘声之中，母子两人的神色才仓惶起来，没有了之前的理直气壮和咄咄逼人。

节目结束，余音绕梁。母亲是家庭的灵魂，儿子受其影响，在鲍鱼之肆久而不闻其臭也是可以理解的。那么，成家立业之后的儿子会不会把同样功利而又实用的想法实施在年迈的母亲身上？那时候已经散失了美貌和劳动能力的母亲又该怎样呢？那种局面断然是任何一个母亲不愿意看到的。于是，由这个节目引申出来、值得思考的问题是：养育究竟应该是养志还是养身？

养育首先要养身，这是基本的物质前提。聪明伶俐不一定是尽人皆有的，健康正常却是人所期盼的。有了良好的体魄之后，才能够承载精神方面的摄取。正是在这个意义上，古希腊人的发展是较为完善的：既有精神的成长，又有体格的健康。参加古代奥林匹克运动会的人们，不是只有专业的选手，更有普通的民间人士。身体的健康推动了精神的良性发育，古希腊迄今仍然是西方诸多文明的源头所在。那个时代孕育了诸多优秀的人物和文化，“轴心时代”便是今人（雅斯贝尔斯）所给予的较高评价之一。就算不涉及精神的发育与成长，单纯从生物学角度而言，健康的体格对于国家、社会的延续也是有百利而无一害的。人类历史上几次大的瘟疫无不让人口零落、社会凋敝。既然连人都无法存在了，更遑论什么经济发展、社会进步、文明延续。

但是，只有强壮的体格，却无健全的精神，这样的人群或者社会还是缺乏人之为人的气息，情形只会比动物略好一些。如同鲁迅作品《药》中所描述的，“老栓也向那边看，却只见一堆人的后背；颈项都伸得很长，仿佛许多鸭，被无形的手捏住了的，向上提着”。华老栓为了给儿子治病，去找刽子手买蘸了人血的馒头。这个麻木的行为又碰上了麻木的人群在激动地观看革命者就义受刑的场景：“颈项都伸得很长，仿佛许多鸭，被无形的手捏住了的，向上提着。”[①]围观人群的体格是强健的，但是精神却没有达到同样的程

---

① 鲁迅：《鲁迅全集》，人民文学出版社1981年版，第441页。

度。鲁迅之愤然弃医从文,原也是感受到了医术只能拯救人的身体,文学才能医治人的思想。只有具备了精神能力的人类,才能在根本上与动物有所区分。这也是为何有人残疾、患病、身陷囹圄,而较之普通人却发挥了人类的潜质和进步的本能;残疾、患病、身陷囹圄不仅丝毫没有影响他们精神方面的成长,反而成为其强大的重要动力。这类人的精神全然占据了身体之类物质方面的上风,他们已然获得了作为人的诸多自由。

那么,养育的过程中如何养志呢?仅仅是培养、保持不慕荣利的志向么?培养、保持不慕荣利的志向有个基本的前提,个体身上的此种志向已经有所树立。而志向的树立,通常是在年幼之时。于是,幼年时的启蒙教育就成为一件很重要的事情:受之无形,养之有形。这个时候在精神上打下的根基会影响个体的终身,除非此人意志极强、毅力极大,在成年之后会主动进行彻头彻尾的改头换面。一般情况之下,个体便如民谚所言:三岁看大,七岁看老。启蒙教育的作用和意义就在于此。传统启蒙教育中的识礼仪其实就是对品格最初的塑造。唯有根正,才能身直,也才有可能茁壮、成为栋梁。塑造品格与学习知识的最大差异,在于前者的潜移默化、润物无声。于是品格在平时养成,却往往在关键时刻发挥作用。遗憾的是,现在的学校教育似乎更为看重知识的学习,后者成为整个教育制度设计所围绕的核心。受到社会教育制度冷落的品格便会不时抛出一两件事情,提醒人们:现行教育,有失偏颇。

在清华大学某学生用硫酸泼熊的案件中,情节并不复杂,动机也很简单:是他为了证实“熊的嗅觉敏感,分辨东西能力强”这句话是否正确。第一次侥幸逃脱,好奇心似乎尚未满足,直至第二次行动时被人当场捉住。动物园先后有 3 只黑熊、1 只马熊和 1 只棕熊受到了该学生所泼火碱或硫酸的残害。在学校的教育内容中,开设有法律课程,他的法律知识、生活常识或多或少都是具备的,所以他的问题其实在于爱心的缺失。这种缺失导致了其情感和品格上的缺陷,最终触犯了国家的法律。这种缺失不是单纯某一方面作用的结果,它是各种力量合力作用产生的一个结局。这个结局的典型性和代表性就在于,提醒着人们在教育或者养育的过程之中,有些时候品格所起的作用会远胜于知识。

如果说用硫酸泼熊的案件中清华大学的学生年龄尚小的话,在复旦医学专业研究生投毒的案件中，作案人和被害人就都不算小了。可是，这起案件的更加恶劣之处在于，作案人运用了自己的专业知识来加害于别人。大家对同学的疏于防备让他有了可乘之机，当然也正是医学的专业背景让怀疑的矛头最终还是指向了作案人。不知他们在入学的时候是否会宣读希波克拉底誓词？也不知作案人最终是否幡然悔悟并且心甘情愿地接受天地诸神给予他最严厉的惩罚？最优秀的医生在成为最恶劣的投毒者之间，往往一念之差。医者投毒违背的不仅仅是人之道德，更是突破了医生的职业道德底线。从在中国大陆攻读研究生所需要的勤奋与努力来看，作案人的智商不会低，可是品格呢？应试教育之下的考试考不出来，也不会考。

身为教育队伍中的一员，笔者了解学校的教育中并非只字不提品格的教育，反而有不少的课程是为了品格的培养而专门开设。而且，教学过程中和教学之余，笔者也和有些教师一样，会与学生用各种方式来交流有关品格的问题，引导他们走向积极、健康与向上的生活。不求耳提面命，但求潜移默化。然而，个体的力量毕竟有限，制度融入的效果应该会更加显著。倘若，教育制度的设计中能够融入关于学生品格培养的量化考评机制，也许效果会更为显著。或者，在国家层面进行的倡导会比个体的单独作为更有成效。这些年每逢年底中央电视台都在进行的年度人物评选应该具有此种含义。不过，教育制度和教育环境离不开整个的社会制度和社会环境，它们只是后者当中的一部分。所以，若是要釜底抽薪地进行改变，还需要整个社会的重视、投入，归根结底，需要国家层面的重视、投入和运作。作为教师而言，得英才而育之固然不错，若是能够把“传道授业解惑”的面再铺开一些——不只专业知识，更有精神品格，那么也是快事一件。正如中国教育家张伯苓说过的那样：“作为一个教育者，我们不仅要教会学生知识，教会学生锻炼身体，更重要的是教会学生如何做人。”只是这样一来，对教师的要求自然就会更高，所谓“德高为师、身正为范”。这大概也是教师地位在几次国内的社会职业排名中位置不低的原因所在吧。

关于孩子的养育，现在的社会上流行着这样一句话：女儿要富养，男孩要穷养。意思是说，要提供相对富足的物质环境，女孩在这样的条件之下才养育得好；要提供相对贫乏的物质环境，男孩在这样的条件之下才养育得好。其实，在广阔天地中个体究竟百炼成钢抑或百炼成灰是不分任何性别的，物质环境可以延迟某人成为阿斗，可是阿斗毕竟还是阿斗。姑且不论性别的差异，人们还看到的是，历史和现实中的种种事例表明，物质富足和物质贫乏环境中培养出来的人未必都是一个模式。是否珍惜现在、能够创造未来关键取决于个体的奋斗，而环境的好坏无非可以为前者起到推波助澜的作用。于是乎，精神上的富有和贫穷其实才是区分如何养育的核心所在。英国的伊顿公学是有名的贵族学校。可是，公学里孩子们在学校里面睡的是一米左右的窄床，就读其中的英国王子也概莫能外；被灌输的思想是责任和担当，所以毕业生中曾经出现过陆军元帅和大批战士。在两次世界大战期间，从伊顿公学毕业的男子冲锋在前、血染沙场。

雅斯贝尔斯说过，教育的本质是唤醒。教育，意味着一棵树摇动另一棵树，一朵云追逐另一朵云，一个灵魂唤醒另一个灵魂。这句话道出了教育的本质：在于精神而非物质的滋养。精神的滋养来源于知识，可是这里的知识决不只是书本的知识、专业的知识或者高深的知识，还包括了生活知识、社会知识或者普通知识。这些知识来自学校、家庭、社会和自我教育，包括了品格教育。只是就品格的教育而言，照本宣科收效甚微，言传身教才会效果颇佳。在这个意义上，俄国的教育家乌申斯基就曾经说过："在教育中一切都应以教育者的人格为基础，因为只有人格才能影响人格，只有人格才能形成人格。"[①]要能够言传身教、影响人格，必得先有情感上的亲近，这种亲近至少不是厌恶。唯有情感的亲近，耳濡目染的言传身教也才会奏效。人们很少见到在一个人求学或者生活的过程中，他或她会去接受情感上不甚亲近或者认同之人的影响，除非在身不由己或者超然物外的情况之下；反之，一旦有情感上的认同或者亲近，听从此人话语、接受此人影响便成为顺理成章的事情。所以，对于教育者或者扮演教育者角色的人们而言，在情感上与被教育者之间建立相对亲密的关系便成为实现自己教育理念和教育意图的一条捷径。

在这个过程中，表面上的和颜悦色不难做到。特别是有成年人在场的情况之下，观察者同时也就成为监督者。但教育者与被教育者之间良好关

① http://www.360doc.com/content/16/0711/08/4958641_574627158.shtml，2017年4月20日访问。

系的最终建立并不依赖于有无观察者在场，而是取决于教育者或者扮演教育者角色人们心中的爱。这种情感既存在于有血缘关系的人们之间，也存在于拥有教育者之爱的人们之间。它会让许多貌似乱麻、棘手的事情变得顺畅、简单，也会让许多新的情况得以面对和解决。这让人不由得想起教育家陶行知与三块糖的故事。陶行知先生当小学校长时，有一天看到一个学生用泥块砸自己班上的同学，当即喝止他，并令他放学时到校长室里去。放学后，陶行知来到校长室，这个学生已经等在门口了。可一见面，陶行知却掏出一块糖送给他，说：这是奖给你的，因为你按时来到了这里，而我却迟到了。学生惊异地接过糖。随后，陶行知又掏出一块糖放到他手里，说：这块糖也是奖给你的，因为我不让你再打人时你立即住手了，这说明你很尊重我，我应该奖给你。那个同学更惊异了。陶行知又掏出第三块糖塞到他手里，说：我调查过了，你用泥块砸那些男生，是因为他们不守游戏规则，欺负女生。你砸他们，说明你很正直善良，有做斗争的勇气，应该奖励你啊！那个同学感动极了，他流着泪后悔地说：陶校长，你打我两下吧！我错了，他们毕竟是我的同学啊！陶行知用三颗糖的方式表扬了其遵守约定的诚信、帮助弱小的正义。陶先生不愧于“教育家”之称谓，这三颗糖所产生的教育效果是说教和责骂难以企及的。

当然，教育者或者扮演教育者角色人们心中的爱不一定能够解决所有的问题，但是，一定能够为问题的解决留下空间，而非关闭这扇大门。夏丏尊先生在《爱的教育》一书中早就言及此种情感的重要性：“学校教育……单从外形的制度上、方法上，走马灯似的更变迎合，而于教育的生命的某物，从未闻有有人培养顾及。好像掘池，有人说四方形好，有人又说圆形好，朝三暮四地改个不休，而于池的所以为池的要素的水，反无人注意。教育上的水是什么？就是情，就是爱。教育没有了情、爱，就成了无水的池……”。①

---

① ［意大利］德·亚米契斯：《爱的教育》，夏丏尊译，译林出版社 2011 年版，第 3 页。

§3 教育者:教学苦与乐

在大学时代学习英语的时候,笔者曾经碰到过一篇文章"Why I Teach",让人爱不释手、反复吟诵。现在看来,当时这篇文章所留下的烙印无疑在潜意识中影响了自己对未来职业的选择。

在这篇文章中,作者说,并不是因为教学是件容易的事情才进行了选择。相反,教学对他而言意味着眼睛熬红、掌心出汗。眼睛熬红,是因为无论备课熬夜到多晚,作者都不会信心满满地走上讲台;掌心出汗,是因为作者在走进教室之前总是紧张,相信自己会被发现是个傻瓜。他不是因为知道答案才从事教学,也不是因为想与他人分享知识。那么,他为什么还要选择教师的职业?

首先是因为喜欢学校的节奏,6月、7月和8月提供了一个思考、研究和写作的机会。其次是因为教学是一个立足于变化之上的职业。当材质同一的时候,教师在变化;更重要的是,学生在变化。再者是因为他喜欢这样的自由——自己犯错,汲取教训,督促自己和学生。作为教师,他是自己的老板。如果他想让一年级的新生通过编写自己的教材来学习写作,又有何不可?这样的课程或许会彻底失败,但却能够从失败中学习太多的东西。之所以选择教学,还因为他喜欢问些学生必须努力才能够回答的问题。世界上充满了对付坏问题的正确答案。在教学的过程中,他有时会发现好的问题。之所以选择教学,还因为他享受把自己和学生带出象牙塔、步入现实世界的方式。总之,教学带给他节奏、变化、挑战和机会去持续不断地学习。

在所有这些原因之中，最重要和真实的原因在于：学生在教师面前的成长和变化。当生命开始成长的时候，教师意味着成为创造的见证人。他的金钱来自：做自己喜欢的事情——阅读而获得报酬，和人们交流，提诸如“有钱有什么意义”之类的问题。他的权力来自：点燃火花，开出书目，指点迷津。除了金钱和权力，教学还提供了爱。不仅是对学术、书籍和观念的热爱，还有老师对于那些走进其生活、开始成长学生的喜爱。也许“爱”这个词并不合适，“奇迹”才更为恰当。最终，为这些成长起来的人们所围绕着，作者发现自己也在不知不觉间与他们共同成长。不错，这些所有的原因和重要的原因也是笔者选择教学并且在其中获得乐趣的原因所在。不过，在经历了10多年教龄的现实洗礼之后，自己对于教学的感受，借用一句歌词就是：“想说爱你并不是很容易的事，它需要太多的勇气。”

在高校的考评没有进入量化机制之前，上面那篇文章所言关于教学的意义和快乐确实在推动和激励着大部分老师们往前走，职业道德的底线清晰可见。虽然也有辛苦的时候，但是教师们往往能够在可以承受的范围内化解这些辛劳。受到学生们活力感染的老师们被青春拉住了衣襟，面目常常较其他行业的同龄人显得年轻。当学校的量化考评日益严苛之后，纵然大部分教师仍然会竭力守住职业道德的底线，但是对于教学和学生，已经再难以分出去那么多的时间和精力去加以关注。这些时间和精力不得不用于完成、应付学校工作考评硬性的量化指标，否则便会泥菩萨过河——自身难保。于是，有老师们开始在教学中各种“放水”，或者能不染指教学就坚决不染指。坚持搞好教学的人被嘲笑为傻帽，愤怒的人选择了辞职等不与体制合作的方式；为求知识而选课的学生听不到想学的东西，爱混日子的学生迎来了靠看各种视频就可以蒙混过关的愉快时光。

在古人那里，“人生八岁，则自王公以下至于庶人之子弟，皆入小学，而教之一洒扫、应对、进退之节，礼乐、射御、书数之文。及其十有五年，则自天子之元子、众子，以至公、卿、大夫之子，与凡民之俊秀，皆入大学，而教之一穷理、正心、修己、治人之道。此又学校之教，大小之节所以分也”①。自宋代以后，小学中俊秀者才可进入大学。当然，此处大学、小学含义也不同于今

① 《大学·大学章句序》。

世，但通过知识的学习而亲师友、习礼仪的初衷是一样的。所以时至今日，人们仍然在提："大学之道，在明德，在亲民，在止于至善。"①白话文的意思是，大学的宗旨，在于弘扬光明正大的品德，在于使人弃旧向新，在于使人的道德达到最完善的境界。这难道不是人们期望通过知识的学习渐臻的境界吗？这难道不是人们希冀通过教育塑造人的初衷吗？

大学之大，在于大师而非高堂大厦；大师之魅力，在于传道授业解惑。试想，如果人们在攻读硕士、博士学位期间，没有老师们的朝夕相处、耳提面命，只有老僧枯坐、抱啃书本，便无以在有限的时间内完成对知识的亲近、思考，更无以在有限的时间内完成品格的塑造。如果在一个高等学府之内，传道授业解惑之事无人愿做，大学之意义何在？如果传道授业解惑之事都可以通过书本来完成，大学招生又有何意义？大家完全可以通过自学或者网络学习来完成整个拿文凭的过程。传道、授业、解惑原本不是仅凭书本就可以完成的事情。循循善诱、薪火相传原本就需要师生之间、人与人之间的耳濡目染。难以想象的是，缺少了教学的大学是何面目？缺乏教学之大学的存在意义难道不会大打折扣？

在整个社会的环境和体制之下，高校固然也有苦衷，所以就开始跟风、追求排名。这种心态固然可以理解，但是否能够探寻更有价值而非压抑教学的方式？抑或针对不同学科的不同评价体系和方法？大学不是生产流水线产品的地方，而是人们精神的寄居之处。建立于1088年至今已有900多年历史的意大利波伦那大学是世界公认历史最悠久的大学，与英国的牛津大学、法国的巴黎大学、意大利的帕多瓦大学并称为欧洲四大文化中心。皇帝费德里克一世就曾经于1158年颁布法令，规定了大学不受任何权力的影响，作为研究场所享有独立性。这种"独立之精神、自由之思想"便是大学师生在学习和研究上所需要秉持的态度，也是一种具有永恒价值的大学精神。

中世纪的大学并不像现在的大学那样拥有巨大的建筑物，是单一的教授和学习的场所。由于是由一个个教师的私塾学校组成的集合体，所以讲课都是分散在教师家中和教会小教区中进行。其规模因教师受欢迎程度的不同而有很大差异，少的只有十几人，多的则高达五百余人。与中世纪另一

---

① 《大学·第一章》。

种大学的典型模式巴黎大学不同，博洛尼亚大学的模式是学生雇佣老师。在此种模式中，学生构成委员会；他们雇佣教师，支付薪俸，有权对教师进行解雇、罚款。博洛尼亚大学所开创的大学教育的内容、模式、方法和传统深深影响了整个西欧——中世纪时，欧洲的不少大学常常仿效博洛尼亚大学的模式而建立。从12世纪起，意大利其他城市、法国、德国、西班牙、葡萄牙和英国等纷纷模仿博洛尼亚大学的办学模式，创立了世界上最早的一批大学，著名的有牛津大学、剑桥大学、海德堡大学、罗马大学、那不勒斯大学等。

由此可见，在现代意义大学的诞生之初，无一不是以教学作为大学的安身立命之本，脱离开教学的大学是令人费解的。于是，学生的口碑便成为评价教师的重要标准。然而，今日的有些大学之中，学生的因素只是若干评价标准中微不足道的一个部分，技术因素或者其他的量化指标早已取而代之。虽然仍然有教师在坚守以学生作为最重要的评价标准，但这显然已经成为并非主流的做法。大学的历史发展至今，放眼世界范围之内，优秀的教育资源固然相对集中在具备优秀科研资源的地方，但这些地方的教师们并未因为对科研的追求而影响了教学的卓越。老师们反而是通过优秀的教学带动了学生的思考、科研的拓展。人们在网络中便可查到的诸如“哈佛公开课”等视频中，看到的不是各种多媒体手段、方式的高端运用，而是教授过程中的逻辑周延、思维严谨、准备充分、循循善诱。明显的，知识之本和手段之末并未倒置。这些充满思辨之乐、探寻之美的教学激发的是青年后辈、莘莘学子对大学、大师的向往。这是纯粹的科研所难以达到的效果。正如韦伯所言：“以适当方式呈现学术问题，而使一个未曾学而能学的心灵，对这些问题有所了解，并且——这在我们看来是唯一重要的——对这些问题作独立的思考，或许是教育使命里最艰巨的一项工作。”

韦伯也曾经告诉过人们，学者与教师的难以得兼：“教学这种艺术，涉及个人的天赋，并且绝非与学者研究学问的能力相吻合。”①于是，有好心的前辈告诉后辈们：为个人稻粱谋计，就不必执着于教学，科研才是硬道理。这话不假，可是内心深处为何割舍不下教学？兴许，教学之中浸淫的不仅仅是“传道授业解惑”的乐趣，更重要之处在于引导一个个不成熟的个体走向生

① [德]韦伯：《学术与政治》，钱永祥等译，广西师范大学出版社2004年版，第160页。

命的成熟、完善。所以，有职业操守的教师们往往不耻于那些利用教学来对学生泄私愤、展淫威的行为。不知道这样的人会否被捆绑在教育历史的耻辱柱上，只知道为恶伊始、便成坏人，已经在众人心中被定位到了耻辱柱上。韦伯批评了这样的行为："如果有教授利用这种局面，用自己个人的政治见解来影响学生，而不是利用这种环境，本着自己的职责，让听课的人从自己的知识和学术经验中得益，我认为这是不负责任的。"①当不明真相、不知就里的学生和有利益驱使的人们还纷纷靠近之、追捧之的时候，当不学无术之人获得了诸多学术奖项的时候，当有道德污点的人赢得诸多道德表彰之时，这才是人们的内心真正要经受拷问的时候。究竟是同流合污、明哲保身，还是洁身自好？这又回到问题原点上来，即为人为师的底线上。当个体力量弱小，不足以影响周围却反受其乱的时候，究竟应该怎么办？韦伯的回答是："个人自己必须决定，对他来说，哪一个是上帝，哪一个是魔鬼。在生命的各个层面，情况都是如此。"②因为，"在教室的范围内，唯一的德性，便是平实的知性诚实"③。

① [德]韦伯:《学术与政治》，钱永祥等译，广西师范大学出版社 2004 年版，第 177 页。
② 同上，第 180 页。
③ 同上，第 190 页。

§4　受教育者:读书何为

我们这一代人,自小受到的是“为中华之崛起而读书”的教导。这句话出自求学时期的周恩来,其中蕴含的理想信念激励着他刻苦勤奋、漂洋过海,读书时候名列前茅、品学兼优,工作时候兢兢业业、无私忘我。如果说,周恩来总理少年时代中国积贫积弱、受人欺侮的社会环境激发了他读书报国之大志的话,那么,到了我们“70后”这一代人,国家的情况已经今非昔比了。虽然已不再积贫积弱、受人欺侮,可是要彻底摆脱贫弱,获得世界性话语权,还需要自强不息地去奋斗、去争取。国家如此,个人亦复如此。正因为这样的缘由,“为中华之崛起而读书”也才能在不同的时代背景之下依然焕发出励志的光芒。

那么,古人和今人又是为何读书呢?流传久远、概括其意的是宋真宗赵恒御笔亲作《励学篇》:“富家不用买良田,书中自有千钟粟。安居不用架高楼,书中自有黄金屋。娶妻莫恨无良媒,书中自有颜如玉。出门莫恨无人随,书中车马多如簇。男儿欲遂平生志,五经勤向窗前读。”千钟粟、黄金屋、颜如玉……历代读书人披荆斩棘、奋勇前行的目标,大都在诗中有所归纳和体现。而今人之读书目的,高者应是展平生抱负、显个人才能,低者也为改变命运、满足生存。无论如何,个体读书目的是与时代背景、国家命运息息相关、休戚与共的。在战火和兵燹的环境中还能安之若素、气定神闲的读书,在安定与和平的环境中还会不手捧一两本闲书观看,这样的情形人们大概甚少见到。于是,读书目的的多样化也正说明了时代需求的多元化。唯有社会发展迈向全面与精细，才会对人才的要求出现多样化，从而为个体价值的实现提供更多空间。

读书目的多样化除了说明时代需求多元化，也势必要求读书品种和数量的增加。这就与社会精细化的发展方向呼应起来，不同的人群需要熟悉、掌握不同知识、技能。现在高等院校中学院、专业设置的增多、社会办学数量的增加在一定程度上说明了这种社会需求。那么，人们跟上时代步伐要求、增加阅读数量了吗？首先以最需要阅读的高校学生来进行观察。曾经看过一篇微信文章，说的是 2015 年中美大学生阅读书目的差异。中国这边排第一位的应当是小说类，有如《平凡的世界》《三体》《盗墓笔记》《神雕侠侣》等；对思想类型书的阅读极为稀少。美国 10 所高校综合排名，借阅量排在前 10 名的书籍有：柏拉图的《理想国》、霍布斯的《利维坦》、马基雅维利的《君主论》、亨·廷顿的《文明的冲突》、斯特伦克的《风格的要素》、亚里士多德的《伦理学》、库恩的《科学革命的结构》、托克维尔的《论美国的民主》、马克思的《共产党宣言》、亚里士多德的《政治学》。倘若仔细辨别，还会有诸如两国各是哪些院校、哪些专业作为蓝本，是否具有代表性之类问题的探讨。但是大而化之来看，两个国家高校学生的阅读视野和阅读风格确实迥然有异。也许中国学生花在专业学习上的时间比较多，所以忽略了开阔阅读视野、增加阅读数量？

暂且不论从心理学角度而言，阅读循序渐进的几个步骤或层次，先来观察一下社会人群的阅读情况。首先以国民阅读量居世界第一的以色列为例来进行比较。世界读书日前夕，一项官方公布的阅读量数据成为公众热议的话题：2013 年我国成年国民人均纸质图书阅读量为 4.77 本，与数量为 64 本的以色列相差达 13 倍之多。①以色列国土面积接近北京、人口只有北京的 1/3。无论从报刊浏览量还是人均图书馆拥有量来看，它多年来一直稳坐各类阅读量排行榜的头把交椅，故此以色列被公认为最有阅读传统的国家。漫步在以色列的城市特拉维夫街头，除了看到琳琅满目的工艺品店、服装店，还常常有一些规模不同、颇有个性的特色书店。畅销书在世界其他地方

① http://epaper.gmw.cn/gmrb/html/2014-06/07/nw.D110000gmrb_20140607_2-10.htm，2017 年 4 月 10 日访问。

面世以后很快就有希伯来文本出现，出版界翻译界可以让读者在第一时间享受到最新的文化成果。以色列人也鼓励自己的作品翻译并被介绍到国外，每两年举办一次耶路撒冷国际书展，每年举办耶路撒冷国际诗歌节，每年举办一次希伯来图书周。客观而言，书店和翻译书中国也有、书展中国也办，但为何两国的人均纸质图书阅读量会相差如许？

据说，以色列人有个称为“蜂蜜圣经”的传统仪式。在孩子两岁左右，父母会将蜂蜜滴在《圣经》上，先让小朋友闻一闻，再让他去舔一舔。孩子们第一次吃到甜的东西，在小脑袋里根深蒂固地认为“书是甜的”。这给他们一辈子都会留下深刻印象、形成良好的教育传统。还有一种解释，认为是宗教原因产生了以色列人阅读量大的结果。因为在以色列，每周五晚到周六是安息日。安息日当天人们不能触碰任何带有火和电的东西，因此公交停运、商店、饭店也大多关门，唯有书店会迎来络绎不绝的顾客。国人并不缺少重视教育的传统。今天仍然能说明这个问题的情况是，无论在国内还是国外，一旦具备一定的经济基础，中国家庭会进行投资的重要事情之一便是孩子教育。另外，即便是在没有宗教传统的古代，应该说中国人的阅读量不会少，否则何以创造辉煌灿烂的中华文明？所以，宗教恐怕只能作为决定以色列人而非他国人阅读量的因素。

又或许，是国人用手机等电子媒体进行阅读得较多？殊不见公交、地铁、火车、飞机等公共场合，诸多手持手机等电子产品的“低头族”。在这些“低头族”中的确存在着进行阅读的人群，但其他的人也在处理公务、打电动游戏抑或上网等。在信息化时代，人们越来越多地依赖电子产品和网络工作、娱乐无可厚非，这只是工作、娱乐方式的转变，都只是内容的载体在变，譬如以色列的书店也开始借助互联网平台进行销售。但是，载体之上的内容是不应该发生本质变化的。载体的变化会为喜爱阅读的人群提供新的阅读方式和手段，拓宽阅读的视野，也会为不喜爱阅读的人群提供远离阅读的理由和借口、降低阅读的层次。从上述中美两国高校学生阅读情况的比较中以两国民间阅读情况的比较来看，存在差异之处不在于阅读形式，而在于阅读内容。阅读内容在一定程度上决定了阅读视野、风格和数量，它与后面几个因素之间呈现出正比例的关系。进而，它们与专业无关，却和社会状况、学校引导等社会因素有关。所以，人们在批评手机霸占了生活的时候，实际上应该看到导致手机霸占生活背后的真正原因，是人们对技术的迷恋以及社会心态的浮躁。值得批判的不是手机这个载体，问题还是应该在人的身上找寻。

这就又回到读书何为的问题上来了。

培根这段话为很多人所铭记："读史使人明智；诗歌使人巧慧；数学使人精细；博物使人深沉；伦理之学使人庄重；逻辑与修辞使人善辩。"[①]总之，读书改变人的气质，可以弥补人天性的不足。在俄耳甫斯演出时，所有的飞禽走兽都聚集在周围观看，忘记了它们本来的欲望（诸如捕食、玩耍、争吵），都和蔼可亲地倾听着竖琴的曲调和旋律。但是一俟音乐停下，或者被其他更大的噪声淹没，所有野兽便恢复了它们的本性。这个故事虽然是虚构的，但却恰当描述了人们暴戾、凶残、贪婪放纵、嗜血斗勇的本性和情形。只有当他们听从训令、法律、宗教等"乐器"之声时，社会的安宁和平静才能够维持。如果这些乐器都默不作声或者被吵闹之声压制下去，世界万物就都消解到没有秩序和混乱状态了。所以读书的确能够改变人的气质、精神乃至命运，尤其对于生活在社会底层的人们而言。可是，除了弥补人天性的缺陷，读书的作用却不止于此。

读书还裨益于帝业和武功。柏拉图所倡导的哲学王之治，也即主张国王成为哲学家或者哲学家成为国王——博学的国君执政对于国家和民众都是幸运之事。历史经验也确实显现出来，一个国家发展不错的时期往往也是由有知识的国君或者官员执政的时期。他们无论有何种习惯上的缺陷，都可以在知识的照耀下，防止犯下毁灭性错误；而不是仅仅倚靠才智来避免危险。开创中国古代盛世之一的清朝皇帝康熙，便是在君王之中勤奋好学之人。他不仅学习了中华文化中的传统知识，还积极向利玛窦这样的西方传教士了解、学习了当时国人大都较为陌生的格物致知之学。客观而言，这些知识对于他开创康乾盛世不能说功不可没，但是打开眼界、了解世界的作用定然非同一般。马其顿王国的亚历山大大帝受过哲学家亚里士多德的培养和教育，他"在战争的英勇和表现已经成了某种让人羡慕的奇迹"。[②]他先

① ［英］培根：《培根论说文集》，水天同译，商务印书馆1958年版，第180页。

② ［英］培根：《学术的进展》，上海人民出版社2007年版，第42页。

确立了在全希腊的统治地位，后又灭亡了波斯帝国；在横跨欧、亚的土地上建立起了一个西起古希腊、马其顿，东到印度恒河流域，南临尼罗河第一瀑布，北至药杀水的国家。亚历山大大帝成为欧洲历史上最伟大的四大军事统帅之一，也创下了前无古人的辉煌业绩。所以，读书不仅对于国内政治、事务具有影响，而且对于军事、战争有着同样的功效。

除了裨益于帝业和武功，读书对于个人的道德和品性也有着很大益处。它可以消除人们头脑中的野性、愚昧、残忍，可以消除轻浮、鲁莽、傲慢，免除人们心中虚假的羡慕，减轻人们对于死亡和厄运的恐惧，补救人们心智上的各种疾病，重塑人们的大脑使其避免僵化、易于发展……总之，读书所带来的乐趣、喜悦超过其他事物的乐趣、喜悦。概况而言，经由读书所获“知识和学问的价值在于人们最渴望得到的不朽或延续”①。无论是养育子女，还是修建房屋、回忆历史、传播名声，渴望不朽是人类永恒的追求。而智慧或者学问的纪念碑比权势或者人工的纪念碑更要持久。抛开上述所言关于读书的高贵价值和作用，读书之根本目的却在于权衡轻重、审察事理。因为这种知识之上的智能，是由观察体会才能得到的。学问能够为这种观察体会提供很好的根基，却无从指导知识的运用和感悟。由是，正如培根所言，“阅读使人充实，会谈使人敏捷，写作与笔记使人精确”②。不同事物各具独特价值，这是人们不可轻略之处。

读书何为的问题既已解决，那么如何进一步改善手机霸占人们生活的现象呢？在上文中曾经提到，值得批判的不是手机这个载体，而是人们对技术的迷恋以及社会心态的浮躁。就阅读一事而言，何种步骤才能够相对圆满地臻于至善呢？

在前面提到2015年中美大学生阅读书目的差异，中国大学生阅读书目排第一位的是小说类。之所以阅读类别以小说为主，是因为阅读的起点就在这里。循序渐进阅读所遵循的阶段，是从纯娱乐小说到传统经典小说，再到史哲领域、思想领域，最终形成自己的思想体系。当然，这五个阶段的遵循也因人而异。对于大部分人而言，能够达至第二、三阶段，阅读水准就已

① ［英］培根：《学术的进展》，上海人民出版社2007年版，第48—52页。
② ［英］培根：《培根论说文集》，水天同译，商务印书馆1958年版，第180页。

经在普通人之上了。

纯娱乐小说阅读的作用在于培养对于文字的敏感性。孩童时期是培养文字敏感性的最佳时期。一旦在这个时期培养起这种敏感性，孩子便会终身受用。他们不仅可以将此运用到学校学习中，而且在日常生活中也可以因此获得乐趣，从而延伸为生活的技能和本领。但是如果没有在孩童时期培养起这种敏感性，那么就会导致阅读量不够多、思考缺乏深度的后果。由此可能产生的情绪化和相对自我的状态可以用辛弃疾在《丑奴儿·书博山道中壁》中的词句来形容："少年不识愁滋味，爱上层楼。爱上层楼，为赋新词强说愁。"阅读量不够多，文明的教化未能完成，就会停留在野蛮生长的状态中，用孔子的话来说就是"质胜文则野"①。倘若不及时进入阅读的第二个阶段，这些问题会难以克服。

通过纯娱乐小说的阅读培养了文字的敏感性之后，就进入了智力含量相对较高的传统经典小说阅读阶段。在时间充分的前提之下，世界或者中国的传统文学名著是这个阶段应该进行的阅读。这类小说由于剖析的深刻，对于人性的反映相对较为全面。在阅读过程中，阅读者获得了对人性观察的立足点，思考也就变得成熟、理性和全面。完成了这一阶段的阅读者，优势之处在于人格基本成熟，并且懂得了责任、义务和担当；劣势之处在于尚未形成丰富的理性思维。要弥补这样的缺陷，就得进入第三个阶段的阅读。实则在第二阶段的阅读中，诸如神话、历史典故的频繁出现便已经可以培养对史哲领域的兴趣、形成阅读敏感点。因为《理想国》《论法的精神》《伯罗奔尼撒战争史》等书籍是这个阶段基本的阅读书目，所以这个阶段的阅读者是有品位的——包括了思想、能力和智商。这个阶段的阅读让大脑开始体系化，为进入下一个阶段的思想领域阅读奠定基础。但是这个阶段的阅读由于挖掘得不够深、拓展得不够广，也同样存在着危机。

进入第四个阶段，能够阅读大量的思想典籍，才算是个读书人。对思想典籍的阅读使得阅读者的思考更加注重延续性、可操作性，而非狭隘的利益或者价值。这是因为阅读让他们的思维深度、广度获得了空前的拓展。上个阶段的危机可能在此时才能够完全解除，但这种乏味、沉重的生活恐怕也

① 《论语·雍也》。

非常人所能够忍受。当然，要想读有所成、获得乐趣，还得突破第五个阶段——形成自己的思想体系、构建新的阅读书目。生而知之的思想家毕竟为数甚少，对于大部分人而言，循序渐进的积累才能达至第五个阶段的高度。而这种积累所需要的阅读，也非一本两本书籍、一朝一夕功夫便可成就。所以，与其好大喜功建构体系，不如脚踏实地积累阅读。后者可能在浮躁的社会环境之中，会让自己的心灵安静些、做事平和些。进步虽然缓慢，如能忍得集腋成裘、聚沙成塔的辛苦与枯燥，一定会有所成就。

当这五个阶段的阅读完成之后，思考的深度、广度便臻于至善了。当人把问题看通透了，痛苦或者压力或许便没有那么难以忍受了，人生难题也便甚少遭遇了。因此，思想的魅力就在于获得心灵、精神的自由，摆脱外部环境的束缚与羁绊，有了俯视问题的全景视角。当然，求知求学的目的因人而异，可以是为了钱财或者好职业，虽然这种目的会背离，干扰求知的进程。但是，无论是天上还是地上的知识，求知的根本目的在于剔除无益的玄想，摈除空虚无用的东西，保留和扩大那些可靠而有益的东西。“知识……应当如同配偶，是为了繁殖、结果和慰藉。”①

西文“哲学”(philosophy)的词源有“爱智慧”之义。换句话说，对知识、智慧的热爱便已经让人具备了哲人气质。即便在不读书的人身上，未必就都是“质胜文则野”的状态。人的成长除了和风细雨的循序渐进，还有狂风暴雨的突飞猛进。前者是常态化的成长，后者则蕴藏在生活中那些极端、突然或者意外的事件里面，能够让人迅速成长。当然，不是所有的人都能够抵御住极端、突然或者意外的情况，它们往往是磨炼心志的绝佳时刻，也是一分高下的最佳时刻。因为在这些变故面前，有些人的确在千淘万漉之后百炼成钢，有些人也就止步于此或者百炼成灰。这些变故成为人生的试金石。它不仅可以反衬出在和风细雨中成长的平和、幸福，也可以检测出个体成长的宽度与广度。所以，现实生活这本大书也让人头脑成熟、在思想上成长，不读书的人也可以突破“质胜文则野”的状态。就如同未经过大学教育的人同样可以具备敏锐的商业头脑、卓越的创新能力，这些潜质和能力来源于他们在生活实践中的领悟和对自我潜力的挖掘。这样的领悟和挖掘让他们超

① [英]培根：《学术的进展》，上海人民出版社 2007 年版，第 31 页。

越了自己，也超越了他人。不过换个角度，这类人如果再读书，加上已有的阅历来思考，他们所能够达到的高度也许绝非通过单纯阅读便可以达至的。

同事曾经提及其留学美国某高校的孩子，在全校性通识课程中阅读过亚里士多德的书后，发现了其中的美好，嗔怪母亲“为何不让我选择文科”。当我们诧异于国外理工科学生的通识性课程竟然会选择阅读国内专业人士才会触碰的亚里士多德之时，无形中也看到了阅读的强大力量。有无思想对于理工科人士而言的意义，还不仅仅是匠人和大师之间的差异，更有能否进入创造之自由领域的云泥之别。身处乱世的西南联合大学，在8年之中所培养的人才超过了战前北大、清华、南开30年培养的人才总和。[①]抚今追昔，“华北之大已经容不下一张书桌”时代早已时过境迁，但“读书何为”的追问却不能丢弃。唯有如此，才能够“苟日新，又日新，日日新”。[②]

当阅读带来心灵静谧、思维拓展、社会进步，人们又何乐而不为呢？

---

① http://www.hqrw.com.cn/2015/0518/25861.shtml，2017年4月14日访问。

② 《大学·第三章》。

§5 以学术为志业

弗兰西斯·培根其人，在教学中会不止一次地被提及。在法律逻辑学课程的讲授中提及，是因为他凭借《新工具论》一书为代表性著作，创建了古典归纳逻辑理论，为传统逻辑学注入了新的内容与活力。之所以能够有此建树，是因为他对自然科学发展过程的研究，把握住了人们通过大量的观察和实验能够得出普遍性结论的这一认识性的特点。由此受到马克思的赞誉，将其评价为“整个现代实验科学的真正始祖”。在法理学课程的讲授中提及，是因为涉及对程序正义和实质正义的比较中，他在短文《论法律》中的这句话会被反复引用：“一次不公正的裁判，其恶果甚至超过十次犯罪。因为犯罪虽是冒犯法律——好比污染了水流，而不公正的审判则毁坏法律——好比污染了水源。”[①]虽然他未完成的著作《新大西岛》也会在论及自然法问题时被作为参照物，[②]但总体而言，围绕其周身的光环似乎不及同时代的英国人休谟、霍布斯与洛克。

由于卷入到一件巨大的牵涉国王詹姆士一世的经济案件中，晚年的培根辞官不就、闭门著书。但是，这桩公案和之前的亨通官运受到一些人诟病，认为足以证明其人格的卑鄙。姑且不论这桩公案的真实全貌，也姑且不论从私人生活角度对伟人所做的道德评价能否代替从历史角度所做的文化

① [英]弗朗西斯·培根：《人生论》，何新译，湖南人民出版社 1987 年版，第 219 页。

② [爱尔兰]凯利：《西方法律思想简史》，王笑红译，法律出版社 2002 年版，第 213 页。

评价;笔者以为,若是没有辞官后的心境与轻松的外部氛围,培根恐难以专心致力于学术,写就流传后世的不朽著作。这真是造化弄人。青年时代的培根曾经在一封求职信中表示:"我无意于功名利禄,升官发财。我只希望能得到一个职位可以谋生,并有足够的业余闲暇使我能从事我所热爱的科学研究。"①说这番话的主人断然预料不到这一理想的实现是在晚年辞官之后,也决计想象不到自己会因为在风雪中做冷冻实验而受寒染病离开人世。这样的辞世方式,也算是为自己的人生留下一个完美注释、画下一个圆满句号。人们也许会想象,若是没有之前的宦海生涯,培根的学术该是更为辉煌;但人们也许无法想象的是,若没有如此的仕途经历,培根的学术思想不会达至此般高度。想象终归是想象,从种种浮想联翩之中引申出来的问题是:一个人在能够选择的前提之下,究竟应该是以学术为志业还是以政治为志业?

志业也就是人们所谓的职业。因为马丁·路德翻译基督教《圣经》时,给这个词提供了强烈的基督教背景,强调"奉神所召去从事某事",因此它便具有了强烈的价值蕴含。②这样的价值蕴含使得人们的选择瞬间笼罩上了一层神圣的光环,非常类似犹太民族自诩为"上帝选民"的那种荣耀。

如果学者的事业是建立在金钱取向的前提之上,那么,一个身无恒产的年轻学者必须承担极大的风险才能面对学院生涯的现实。倘若学者的事业是建立在官僚制度已经建立的地方,那么,年轻人一踏入学术圈便有薪水可领;否则,便会如同前述情况下的年轻学者一般,表面上有份稳定的工作,实质上时常面临被解聘的危险。这是韦伯在《以学术为志业》中所阐发的观点。虽然韦伯所阐述的是所谓资本主义社会中的一种常态,但中国传统观念中"有恒产者有恒心"似乎与此呼应:相当一部分做学问的士子家境不错或是有着家学的渊源。中国传统社会中另外一些寒门子弟的情况是与此相反的:没有恒产,却有恒心。风险对于他们而言,是时刻存在着的。但寒门的出身成为他们不尽的动力。当"一人得道鸡犬升天"之后,这样的动力或许会转化为"上帝选民"的荣耀心态;在"得道"的情况没有产生之前,做学问

---

① [英]弗朗西斯·培根:《人生论》,何新译,湖南人民出版社1987年版,第4页。

② [德]韦伯:《学术与政治》,钱永祥等译,广西师范大学出版社2004年版,第155页。

始终是他们解决现实生存方式或生存质量问题的重要手段。这样的风险实际上远远甚于韦伯所言的那种风险。尽管二者都关乎生存，但前者还承载着改变命运的重担。

另外，运气在这场风险中所占比重甚高。虽然它不是唯一的决定因素，但学术界的选拔与其他选拔过程一样，必然牵涉人性的因素。所以有些人尽管才气纵横，却因时运不济而错失他们在这套选拔制度里应得的职位。尤其是当政治原因干预学术界的用人时，“有人和的平庸之辈及一心向上爬的人会垄断贤路”。所以，韦伯认为，除非你能够忍受这种情形——年复一年看着平庸之辈一个接一个爬到你的前面，否则学术生涯就是一场疯狂的冒险。①其实，东方和西方，古代和今时，实务和学术，只要有人的地方，哪里会没有人性的因素呢？当这些因素迸发出来的是人性的光辉，个人、制度、社会和时代会因此受益，并且福泽绵延后世；当这些因素折射出来的是人性的幽暗，个人、制度、社会和时代也会“城门失火殃及池鱼”。将人性的卑劣控制在一定程度之内需要健全的制度。后者不能保证目标的必然实现，但能够提供实现目标的良性环境。再精致的制度，倘若缺少人的参与或良性运作，也只能成为一个摆设和空壳。没有灵魂的制度是社会悲剧产生的原因，所以人的因素实则更为紧要。当“有人和的平庸之辈及一心向上爬的人垄断贤路”之时，一种不算正常的局面就此形成。面对此景，学术中人能做的，要么是同流合污，要么是独善其身，还可以是抗争到底等。但无论是直面还是漠视，对学术的热爱或者献身都已经受到了伤害。

可是，为何有如此对生命有伤害的外在条件存在，还是有人对学术乐此不疲、心向往之呢？个中缘由，绝不仅仅是马丁·路德给志业这个词提供了强烈宗教背景，强调“奉神所召”，因此从事它的人便具有了“上帝选民”的价值理念——虽然这样的理念确实会带给当事人从芸芸众生中被挑选出来的愉悦与自豪。在人类社会的古代时期，荣誉始终是种不可低估的力量。而“与中世纪相比，荣誉的力量仍然可以同等程度地约束人生……对学者来说，荣誉是金钱所不能代替的”②。有人对学术乐此不疲、心向往之的缘由，

---

① [德]韦伯：《学术与政治》，钱永祥等译，广西师范大学出版社2004年版，第159—161页。

② [美]怀特：《霍姆斯》，孟纯才等译，法律出版社2009年版，第262页。

还有学术研究本身带有的艺术性，能够提供给人们的“满足”，或是作为一种训练方法，对人们而言具有持久的重要性。经过学术专业化的训练之后，学者在有朝一日可以认识到：他完成了一些可以传世的成就。这种“满足”带来的有精神愉悦，也有外在浮华。二者相较，恐前者更为纯粹，也更为持久，因为“唯有那发自内心对学问的献身，才能把学者提升到他所献身的志业的高贵与尊严”。当然不乏有人将外在的浮华确立为最终目标，而学术只是达至此目标的手段或者方式。在这类人心里，学术无论如何是不会作为志业而存在的，相反还会成为他们暗中讥笑的对象。当一个人把他应该献身的志业，当作是一项表演事业，并以其经理人身份自居；当他出现在舞台上，竭力以“个人体验”来证明自己的价值；当他自问：我如何证明我不只是“专家”而已，我又如何在形式与内容上发前人未发之言的时候……这些现象始终给人卑劣的印象，并且降低当事人的人格。

在完成这个成就的过程中，痛苦和欢乐并存，时而会有倒退、反复，甚至过时。这正是学术工作的意义所在：每一次完满就意味着新问题的提出，学术要求被“超越”①。这或许也是学术的魅力所在。超越不仅成为学者们共同的命运，更是他们共同的目标。在这种永无止境的工作中，学术的进步成为人类进步最为重要的一个部分。正如庄子所言：“吾生也有涯，而知也无涯。”②在今时今日的社会中，学术已经不再是个体化的一件事情，学者们所形成的共同体使得学术能够薪火相传。这种薪火相传构成了知识的传承、文明的延续，最终达至了人类的进步。所以，庄子此话的后半段“以有涯随无涯，殆已”显然已不再适用于今日的学术或学问。这一共同体的存在让个体的奋斗不再渺小、寒灯下的微笑不再孤独，而是让人体味到伏案工作实则与战场上的拼杀并无二致，都是“用全部的精力去实现一个伟大的目标”，这样的精神与在战场上拼杀具有同等的意义。③

在这个兴许漫长的追寻过程中，学者的灵感和天赋都很重要。只不过，前者不可捉摸，后者却可以勤补之。但无论如何，对于个体实际的生命而言，学问所能够带来的，绝不仅仅是关于技术的知识，虽然这样的知识能够

---

① [德]韦伯：《学术与政治》，钱永祥等译，广西师范大学出版社 2004 年版，第 165—166 页。

② 《庄子·养生主》。

③ [美]怀特：《霍姆斯》，孟纯才等译，法律出版社 2009 年版，第 106 页。

提供力量给个体去支配生活、外在事物甚至人的行为；也不仅仅是思想的方法、思考的工具和训练，虽然这些东西的确是学问甚为重要的贡献之一。或许，在追寻学问的过程中，企盼与等待不会有任何结果，我们应该致力的是另外一条道路，即"我们要去做我们的工作，承担应付'眼下的要求'，不论是在人间的事务方面，抑或是在成全神之召命的志业方面"①。

① ［德］韦伯：《学术与政治》，钱永祥等译，广西师范大学出版社2004年版，第191页。

§6 热爱:超过野心之动力

新年伊始,教授孩子小提琴的老师们组织了一场音乐会。举家欣欣然前往,既是为了孩子多受音乐熏陶,也可提升家庭音乐素养。音乐会现场,巴赫、莫扎特、李斯特、勃拉姆斯等名家的曲子得到聆听和欣赏。钢琴的浑厚之声、小提琴的轻灵之感让人心灵沉静、心旷神怡。或许由于过多关注孩子的舞台表演,当时没有深入去思考、追问的是:不同的人在演奏相同曲子之时,为何演绎效果会有所差异?同一曲子的创作者和演奏者是否能够赋予其不同的生命力?这些问题的答案是在一场音乐讲座当中得以觅得。

市图书馆举办公益讲座,其中一场联系到孩子所在小学。因为和音乐有关,又恰好是小提琴方面的,便欣然驱车前往。这个时候乃至讲座结束后很长时间,都只以为是场普通的音乐讲座,目的在于为参与者日盛的小提琴培训寻求、扩大市场。主讲人向泽沛先生在现场用小提琴配合进行了讲解和演示。没有浮夸的动作、语言,没有制造噱头,诸如指法技巧、音乐领悟等一切虽是娓娓道来,却让从事、热爱或者不知音乐的人如沐春风。其中,《小狗圆舞曲》是肖邦圆舞曲中最为著名的一首,据说把小狗追逐自己尾巴打转的情景通过音乐表现了出来。在演奏中,人们听到了调皮活泼、诙谐有趣,枯燥的音符之间充满了生命的乐趣;仿佛时而看到小狗飞快旋转追逐自己尾巴的样子,又时而看到它的悠然自得、懒散舒适。而《帕格尼尼主题变奏曲》以感情的诠释与对技巧要求的严苛闻名。除了高难的炫技演奏外,此曲依然有着勃拉姆斯式的伤感情怀。特别是在用小提琴进行演奏之后,看似冗长、乏味的曲子之间却满是主人公情感的纠结、故事情节的变化。

整场讲座，向先生的小提琴演奏颇见功力，深入浅出的讲析却更吸引人。于是，讲座结尾之时，现场互动积极踊跃。讲座结束之后，人们还趋之若鹜地上台找向先生请教、合影，他也欣然接受、配合。应该说，这样的场景在受人欢迎的讲座中才会见到。原以为对向先生及其讲座的印象也就止步于此了，不想一日翻阅小提琴资料，却偶然发现之前其实误解了向泽沛先生——他并非是为小提琴培训寻求、扩大市场，对音乐的诠释其实融入了生命的色彩。

他在贵阳、青海、昆明等地都开了音乐会、讲座，目的在于对马思聪教学方法的推广以及对有资质琴童的挖掘。之所以要推广马思聪教学方法，是因为其身份是中国第一代小提琴音乐作曲家、演奏家马思聪先生的第一代弟子。及至 1966 年“文化大革命”马思聪被关进牛棚前，他已经向先生学了 14 年的小提琴。学琴最久，只专不红，又是右派家庭出身，因此他在“文化大革命”期间受到牵连，下放农村。虽然 10 年之间一直无法触碰到小提琴，但扎实的基础让他获得平反后即当上首席。有感于现在音乐培训市场的鱼龙混杂，以及马思聪当年的传业、授艺、培育人格，向先生开始了晚年的音乐之旅。尽管人们无法得知当年的马先生是如何传业、授艺、培育弟子，然而从向泽沛在讲座中的生动教学和平易近人却可以看到其老师的影响。

马思聪教学方法在向先生这里被归纳为“注重实践，注重对学生全方位的培养”①，这也被认为是马先生能够教出众多诸如知名演奏家、音乐学家等杰出学生的重要原因。“注重实践”很重要的一个环节，就是在教学过程中用琴示范、用琴说话。当学生演奏中出现什么问题的时候，马思聪就会拿起小提琴来做示范，还常常和学生一起拉。实际上这就是个训练听觉思维的过程。小提琴演奏是实践性很强的一门表演艺术。只有促使学生对音乐敏感起来，在辨别声音的过程中去体验、分析，找出音色差异中那些细微的不同点，才能够指导和纠正自己发音的不足。而用琴示范、用琴说话，就是培养学生善于用耳朵去分辨老师的演奏与自己的演奏差异所在。语言的表达是有限度的，当词不达意或者只可意会之时，小提琴的演奏可以让想要表达

① http://blog.sina.com.cn/u/1965967210，2017 年 4 月 15 日访问。

的形象鲜明地展现出来。而在乐句中一些细微的力度变化、节奏的松紧控制、微妙的色彩转换，也只有用琴来示范、用琴来说话才能表达清楚。波兰美学家罗曼·因格尔顿把人与音乐的关系看成共同的构造关系，认为音乐必须依人的主观意识活动为其构成的要素，并把这种构成作为存在的一个主要依据。也就是说，音乐只有依靠人的主观意识活动参与才能称其为音乐，否则只是一些没有生命的符号而已。马思聪把这一美学规律运用到小提琴教学上，强调在教学中用琴的语言使音乐作品具象化，让学生感知并掌握这种具象化的技术要领。而在有的教师那里，由于只教给学生拉音符，造成了演奏的枯燥无味、毫无乐感，严重的甚至影响了学生学习小提琴的兴趣。

这让人不由得想起了现在的教育。无论是哪个学科、专业的学习，受教育者的共同感受是：当遇到一个好的老师时，这门学科、专业的学习便会有了兴趣、有了意思。这里“好”的定义，有时是指老师的水平，有时是指老师的态度。而态度上的亲近往往可以拉近学科与个人之间的距离。当教师把感情投入到教学中、学生身上之时，态度上的亲近便又上了一个台阶，进而影响到学生对于学科、专业在态度上的投入、学习。学生会由简单兴趣转变为投身其中，浸淫的结果可能是为之献身。这点在向泽沛先生身上便不难看到。在他被下放农村期间，对于农村生活、人物的接触虽也让他有所收获，但小提琴更加让他魂牵梦萦。漫长的学琴生涯，马思聪的倾心指导，使得小提琴已经成为向先生生命中不可缺少的部分。所以即便十年时间无法接触小提琴，但他对音乐的喜爱有增无减，为音乐的投入更加繁多。

一旦人对自己所从事的工作投入了感情，完成工作就不再只是为了生存，这件事也不再普通、平常，而是转变成为事业。当事业成为喜爱、喜爱成为事业之后，事业能够让人投入的，就不再只是感情，甚至可能是生命。国人熟知的司马迁悲愤写就《史记》便可引以为例。当然，换个角度而言，阅历的增长、生活的磨炼有利于音乐甚至更多事业的成就。但在这些后话没有展开之前，应该说，能够达到让受教育者对自己所从事的工作投入感情、挖掘潜力的程度，就足以称之为成功的教育。这才是教育真正的目的之一。至于教育方式，上面两位先生深厚的师生之谊已经昭示给人们何种教育方式堪称最佳。也许，由这样的过程激发、挖掘出来的热爱最终成就了他们彼此的事业？也许，野心实现不了的，热爱可以？

§7　坚韧:褚橙与中国法学

小学时候,每天上学都要经过一家卷烟制造厂,此时的我们浑身上下为浓重的烟叶味道所缠绕,难以摆脱。后来到亲戚所在的昆明卷烟厂里去玩,才知道车间里烟叶味道的浓厚程度远远超过了人们在厂区外面的感受。再后来参观玉溪卷烟厂的时候,这种厚重的味儿却并不那么明显。不知是否因为所处的位置不是生产车间?整个厂区给人留下了窗明几净、地广人稀的印象。20世纪90年代末期发生的事情人尽皆知,连不谙世事的孩子们都听说玉溪卷烟厂老总被判刑了。这个人是谁?孩子们不知道,只知道事情不小,判得不轻。年长以后,带着小孩去玉溪游玩,顺路下车看了红塔。听说它因"红塔山"香烟而起,成为当地有名的景点。当时只觉得耸立的红塔恰似歌曲《花儿为什么这样红》中所唱的那样"红得好像燃烧的火",想来是浸淫了创业者们的理想与激情之故吧。

直到翻阅了湖南文艺出版社获得独家授权出版的《褚时健:影响企业家的企业家》,才得以理清之前种种的时间线索,也才在一定程度上认识了这位当年人们口中的"玉溪卷烟厂老总"。当时处于巅峰时期的红塔集团,已经具备了走向国际市场的能力:他们种出的烤烟已经达到世界水平;玉溪卷烟厂已经成为亚洲排名第一、世界排名第五的大型企业集团;此时的褚时健也被誉为"亚洲烟王"①。正当他们厉兵秣马,准备冲击国际市场之际,烟王的

① 先燕云、张赋宇:《褚时健:影响企业家的企业家》,湖南文艺出版社2014年版,第183页。

滇南折翼不啻是重重一击。即便这一切逐渐为历史所尘封之后，仍然有人追忆："近代以来，中国有什么产品成功抵抗了外国的进攻，只有'红塔山'。"①

令人叹为观止的事情还在后面：褚橙横空出世。"横空出世"略显夸张了些，不过是褚橙确实夺人眼球。实际上在褚橙大行其道之前，尚在狱中的褚时健已经开始考虑其规划和布局。如果说，烟草事业蕴含着他实业报国人生理想和抱负的话，褚橙的缘起是为了活下去而往前走，也是为了人的尊严而往前走。在与玉溪本土一些企业家接触时，他们说道：褚时健以76岁高龄开始新的创业尚且成功，我们还很年轻，有什么理由不好好做下去？国内的一些知名企业家也公开表示为老人这种谷底反弹的精神所震撼。无论这种精神被称之为"中国企业家精神"，还是褚时健被称之为"不朽的励志英雄"②，他的坚忍不拔足以为不同年龄、性别、行业和国别的人在奋斗中抖擞精神。所以褚橙庄园在2014年建成之时，人们纷纷驱车前往，尽管沿途山陡弯多。庄园景色尽收眼底，褚橙甘甜徘徊舌尖，然而这些都比不上人们对庄园主人慕名而来的尊崇。

这不禁让人想到了中国的法学，经历同样曲折，却也同样的坚忍不拔。在20世纪的后半叶，中国法学与历史机遇有过两次因缘际会：第一次发展机遇是1954年宪法的制定到1956年中共"八大"召开。在这段时期，1954年制定的宪法是革命法制的核心，1954—1957年主要政治领导人和法律界权威人士对革命法制的系列论述则是这一模式的理论基石。这些论述引人注目之处有两个方面，一个方面是对社会主义法制原则和革命法制重要性的阐释。董必武认为："事实证明，革命法制对于维护革命秩序，巩固人民民主专政、保护人民的民主权利和合法利益、保障国家经济建设是有决定意义的。"另一个方面是对革命法制的权威的关怀。谢觉哉认为："法律是神圣的，没有什么特殊的人可以违反法律而不受到惩罚。"③周恩来、刘少奇、董必武、谢觉哉等领导人都主张教育全体人民，提高法制观念，自觉遵守宪法和法律。这些观点和主张应该说指明了革命法制的方向，塑造了革命法制的基本格局。

---

① 先燕云、张赋宇：《褚时健：影响企业家的企业家》，湖南文艺出版社2014年版，第227页。

② 同上，封底。

③ 程燎原：《从法制到法治》，法律出版社1999年版，第5—6页。

中国法学在20世纪的后半叶经历的第二次发展机遇是自1978年始，在各个层面逐步开展的民主法制建设。党对社会主义民主法制重要性的重新认识及其模式的重新设计，法学家们和法律界人士对“民主与法制”的热烈讨论，国家最高权力机关对宪法的修改和各种级别法律的制定全面启动，它们无不传达着这样的信息：民主法制已经成为领导集团、各政党、国家机关和社会各界关注的时代主题①。1980年11月20日至1981年1月25日对“四人帮”所进行的“超级审判”预示着“法治”帷幕的正式拉开。这场历时77天的审判在中国法律史上前所未有。它的意义不仅在于批判和否定那段令人痛心的历史，而且在于宣告新时代的民主法制的开始。正如纽伦堡国际军事法庭起诉人罗伯特·H.杰克逊所认为的那样：“对全世界来说，纽伦堡法庭判决的重要性并不在于它怎样忠实地解释过去，它的价值在于怎样认真地儆戒未来。”②因为，“对于这类主要战犯或甲级战犯由正式组织的国际法庭依照法律手续加以审讯和制裁，是第二次世界大战后国际生活中的一件大事，也是人类历史上的一个创举。在这以前，一个战败国的领导人物，即使他们是发动侵略战争的元凶巨魁，一般都是逍遥法外的，从来没有受到过法庭的审判和法律的制裁。”③二十世纪八十年代初的中国人民也希望凭借对犯罪集团的“超级审判”，使得手握国家大权者肆意践踏法律却逍遥法外的时代一去不复返。

“殷忧启圣，多难兴邦”。无论是20世纪70年代末80年代初“人治”与“法治”的讨论，还是1985年起开展的在全体人民中基本普及法律知识的活动，1981—1990年对中国法治堪称具有特殊意义的10年。一部奠定法制改革基础的宪法，法典编纂和其他立法大规模展开，依法治理全面推进。自1991年始，一系列关于中国人权状况的“白皮书”陆续发表，到1996年—1997年展开“法制国家”或“法治国家”问题的大讨论，再到1997年中国共产党第十五次全国代表大会确立“依法治国，建设社会主义法治国家”的治国方略；这一切既是对近20年民主法制建设历史经验的总结，也是党对“依法治国，建设社会主义法治国家”的基本设计，更是21世纪中国法律和法学理

① 程燎原：《从法制到法治》，法律出版社1999年版，第17页。

② 利旋：《纽伦堡大审判》，四川人民出版社1994年版，第4页。

③ 梅汝璈：《远东国际军事法庭》，法律出版社1988年版，第1—2页。

论的行进方向。

中国法学在曲折的历史中以自己的方式演绎着坚忍不拔的精神。由于牵涉的不仅有个体的兴衰、荣辱，还有整个国家和民族的命运，它的前行之路不得不让人筹谋良久。王石在褚时健传记的序言中将中国企业家的精神概括为“一种在前进中遇到困难并从困难中重新站起来的精神”，这何尝不是中国法学的精神。只要有此坚忍不拔之志，中国法学的未来令人满怀憧憬和期待。

§8　难与易:箭镇的中国人

新西兰的箭镇(Arrow Town)是个依山傍水的小镇。镇上房屋古朴典雅,糖果店里琳琅满目,一时间让人仿佛回到了久远的过去。穿过沿河而居的小镇再往深处寻觅,便看到了当年华工生活过的地方,现在遗址尚存。在20世纪80年代新西兰放宽对中国移民政策之前,新西兰的绝大部分华人祖先都可以追溯到前来淘金的广东农民和农村手工艺者。虽然有一小部分移民娶了欧洲女子为妻,其家庭也成功地融入新西兰社会,但是大部分的华人受到来自欧洲淘金者的排挤和主流社会的另眼相待。直至淘金后期,欧洲淘金矿工离开当地,华人才不再被视为竞争对手;但在官方意义上,他们仍然是不受欢迎的移民,年老的华人只能依靠相互接济生活。新西兰1898年老龄退休金法号称是世界上第一个不需要个人纳税的国家养老金制度,并且只要年龄满65岁、在新西兰居住满10年就有资格申请养老金,但在当时,华人是被明确排除在这部法律范围之外的。受到排挤、挨着白眼的华人在这样的环境中顽强生存下来。他们不仅要抵御与家乡迥然相异的自然环境,而且还要与人为制造的环境因素进行抗争。

在一些人的记忆里,华人是"老实、苦干、和善的人"。他们把中华民族的智慧带到了国外,在生活中运用、体现出来。他们往往依凭奥塔哥(Otago)地区的片岩露层、利用有限的资源建造各种棚屋:小的棚屋建起来当作仓库来用,稍大一些的则当作栖身之所——烟囱通常设在门边,家具仅有一个用来睡觉的平台和几个储物箱。唯一的装饰品是写在红纸上、贴在大门外面和棚屋里面的祝福对联。在棚屋后面的山坡上有一片片平整过的田园。华人淘金者运用自己的传统农耕技能,刨松土壤、进行施肥、生产蔬菜。这些小小的地块用栅栏、树篱和石墙围起来,收成无论是卖钱还是自己食用,都颇有价值。到了淘金后期,许多华人开始依靠田园里的作物谋生。他们或者用扁担挑着菜篮或者驾着马车,定期到箭镇市区挨家挨户售卖新鲜蔬菜。

事隔多年之后,做谋生计的田园已然消失,在鲜花大树、红砖绿瓦映衬下的棚屋何其简陋。然而,当时的华人就在这样简陋的棚屋内或者冻死或者生存。从 1880 年到 1900 年,华人居住区内有 16—20 名永久居民。实际人数经常在变,特别是在无法淘金的冬季。最初的棚屋只剩下高低不平的地面,游人今日所见的棚屋是自 1983 年开展考古挖掘之后的结果。当时挖掘了 25 个遗址,发现了许多器物,人们根据详尽的信息重建了数间棚屋,加固了其他遗址。其中,以苏星(Su Sing)的商店最为有名。原因不仅在于苏星对处于危难中的白人伸出援手,还在于这座狭长木板房的多种功能:用作苏星的家、商店、食堂、寄宿店和社交中心。无论如何,对这些华人先驱事迹的承认、遗址的加固,也就意味着当地政府终于认可了华人在新西兰历史中的地位和他们对新西兰多元文化社区所做出的贡献。

背井离乡、居住苦寒,回归故土便成为新西兰华人的重要心愿。然而令人遗憾的是 1902 年,最后一艘装载着近 500 具遗骨驶往中国的轮船在荷基案加港(Hokianga)沉没。恶劣的自然环境之中,华人因势利导、沿山而居;发挥传统技能,顽强生存;百般忍耐之后,站稳脚跟。恶劣的社会环境之中,华人勤奋踏实、获得接受,厚德载物、终获认同。这一切的开初,无不以“难”字当头。被逼无奈也好,老实肯干也罢,华人在当地立足下来、繁衍后代,生活由此走向坦途。一路艰辛无不需要勇气,才能够在种种情况之下化难为易。否则,在艰辛如彼的状况下,怯懦所导致的只能是逃离和退却。这是一种较为沉重的难与易、勇与怯,因为经历了漫长的岁月冲刷、时间洗礼。在气氛没有那么沉重的蹦极之中,对参与者而言,同样是难与易、勇与怯的挣扎。在皇后镇的卡瓦劳大桥(Kawarau Bridge)上,即将蹦极者的特写会出现在售票厅的巨大屏幕上,其面部的喜怒哀乐毫发可见。勇敢体验也好,虚荣刺激也罢,能够向下纵身一跃的终是英雄。因为站在蹦极的最高处,能够纵身一跃最终需要的还是勇气。众多吃瓜群众围观的实际也是每个蹦极者身上不同的勇气，而非姿势的优美与否。在这个世界蹦极的发源地，蹦极之所以会成为当地土著居民的成年礼，其实更多考量的应该还是勇气。在这个意义上，箭镇的华人先驱和卡瓦劳大桥蹦极者最需要的都是勇气，这是二者的共通之处。无论是筚路蓝缕还是挑战自我，与其说是事物客观上难与易的考验，不如说是人类情感上勇与怯的较量。

不由地想起儿时听到的一句话，大意是如果一个人做一件事失败了，他失掉的只是一半；但若是一个人连做一件事的勇气都没有，他就失掉了全部。中国古书中所言“狭路相逢勇者胜”，强调的是生死或者危难关头的勇气可以迎难而上、取得胜利；“勇者无惧”则在《论语》和《孟子》中都出现过，可见其受儒家之推崇。那么“勇”究竟在何时出现才会是有所助益而非鲁莽行事呢？事物开始之初需要勇气，否则便“失掉全部”；事物进展谋划需要勇气，否则便“有勇无谋”。但是，倘若缺乏了对与勇气结伴而行、如影相随之客观事物的适当了解，那么此种勇气决非善事，还有可能起到适得其反的作用。因此，在鼓足、推动勇气之前，首先需要的还是知己知彼。勇气倘若以适当了解客观事物为前提，它才会有益无害，才不至于剃头挑子一头热，让自己沾染上孤芳自赏、自娱自乐的气质。

大洋彼岸，美国联邦法院 2017 年 7 月初刚刚对涉嫌绑架中国留学生章莹颖的嫌犯进行了第二次聆讯。到了同年 9 月份，章莹颖依旧下落不明，法院也只能以对社区有危险性为由拒绝保释嫌犯。假设嫌犯一直拒绝开口，那么根据美国的法律，定罪将成为不可能的事情。与昔日的留学相比，显然现在的中国人留学有了更高层次的追求，但人们也听到关于留学的种种负面新闻：校园欺凌、过度炫富、花天酒地、沾染毒品、跳海自杀、抗压能力弱，等等。除了在此之前也有中国留学生在美国遇害，枪击事件连连发生、欧洲恐怖袭击等社会问题也让人们对留学心生疑窦。可是，这些负面消息阻挡不了人们的热情：2016 年，我国出国留学人数高达 54.45 万，较 2012 年增长 14.49 万人，增幅达 36.26%，中国已成为世界最大留学生输出国。2016 年，赴美留学的本科生数量首度超越了研究生数量。[①]这在一定程度上说明，不

① http://item.btime.com/02ind1rfvfamavh679aor9t1j7o，2017 年 7 月 7 日访问。

对留学过度吹捧或者过度贬低，客观了解情况才是自我保护的上策。以美国为例，居民可以通过网络、媒体，了解案发时段、地段以及案件类型和发生方式，有时还能知道刑犯所在的具体位置，从而做出相应的预防。政府部门、警察局、商业公司会推出各种各样的犯罪率地图，传播防控知识，减少被害恐惧。留学生们会经常收到学校发送的犯罪警报邮件。加州大学伯克利分校夜间回家有夜班车，此外还提供由校警护送学生回家。留学生倘若能够将这些安全预警举措运用到位，无疑将降低个人所受到的伤害。所以，如果只有勇气，无疑精神可嘉、谋略欠佳；了解当地社会，至少为未雨绸缪、有的放矢做好了准备。

有了对事实材料的收集、客观情况的了解，勇气的登场才会水到渠成。人类思维的特点，一般情况下是先易后难。这个时候考量勇气的是在后半场，但有的时候考量却无分先后。在没有出国旅游之前，想象一下国外的生活都感觉步履维艰：语言关、方位关、饮食关、住宿关、文化关……不可胜数。但是真的充分准备、踏上异国土地之后，发现有些事情的完成并不如想象中那么难，尤其是在有备而去一个管理规范的社会当中。当自驾结束、返回国内之时，才发现已经在一个陌生的国度顺利游历了半个多月，之前担心的种种关卡似乎都不成其为关卡。于是，便颇能理解别人面对“国外自驾游”的诧异表情。此时内心平添的自信和勇气来自对客观情况的渐次深入了解和熟练掌握。然而如果不亲身经历、无从体验，这样的自信和勇气也断然不会产生。人们的见识、眼界有时确实能够决定思想、精神的高度。

在人们堆积手头工作，以这样那样的理由推诿处理时间的时候，实则是“勇”败在“懒”的手下。当人们在短时间内集中精力处理完这些沉积之事、瞬间神清气爽之时，实则是“勇”占据了“懒”的上风。不由得想起苏轼流放一地之后，长时间不理公务。公务堆积如山之后，属下着急告知，他才集中精力、挥笔而就。对于苏轼这等大智之人，一蹴而就是可行之道，但对于一般人等，还是集腋成裘方为踏实之道。否则培养起来的恐怕多是懒惰之身，而非勇气之躯。

在后半场考量勇气的情况，往往是对该事物已经有所经历、力求提升之时，所以民谚有云“上坡路，是最难”。这个时候的勇气是对自我的挑战和超越。之所以需要勇气，是因为所欲超越的已然是巅峰之作。柳传志二次创业之后产生的柳桃便是勇气的杰作。他原本无需如此，守着既有业绩已经足够让人们追忆良久，而二次创业之艰难的原因之一就在于有可能会颠覆既有业绩。

儿时读古文："天下事有难易乎？为之，则难者亦易矣。不为，则易者亦难矣。"个中道理似乎今日才真正明了。所以，正如古希腊哲学家伊壁鸠鲁所言，干扰人们的是人们对于事物的意识，而不是事物本身。在这个意义上，对"无知者无畏"才有了积极的解释。与惯常所言无知无识之人不知道天高地厚的含义不同，此种诠释的积极之处在于有了初生牛犊不怕虎的含义。数学王子高斯在1796年的一天完成导师例行布置的数学题时，被困难激发了斗志终获解答。此时的他并没有意识到自己解开了有2 000多年历史的数学悬案，这个悬案曾经让大师级人物阿基米德和牛顿都束手无策。青年高斯总结道：如果有人告诉他，这是一道有2 000多年历史的数学难题，他决不可能在一个晚上解决它。而在一代名将霍去病身上，初生牛犊不怕虎的精神更是感人至深。他17岁便驰骋疆场，抗击匈奴，十九岁控制河西地区，奠定打通西域基础。匈奴为此悲歌："失我祁连山，使我六畜不蕃息；失我焉支山，使我嫁妇无颜色。"当人们倾倒在这位少年将军"匈奴未灭，何以为家"的壮志豪情之下时，其实更多折服的是其精神和勇气。

也许，难与易、勇与怯的变换，都不过是在转瞬之间。

第四章
制度辨析

§1　传统与现代:对立或是融合

春节期间带着小孩去香港,正好赶上迪士尼乐园十周年“Happy Ever After”贺新春的活动。白天,游人如织,队排长龙。因为排队等待来之不易,每每有一个项目的游玩能够开始,都令孩子欢欣雀跃。观察整个乐园,人物、布局、场景都取材于迪士尼的故事,加以现代技术的辅佐,让人感觉栩栩如生、平添感官愉悦。第一类项目纯粹是观赏性质——譬如城堡花园、小熊维尼,把一个个迪士尼故事在现实中用微缩景观进行还原。第二类项目则不仅有观赏的成分,还需要游客参与其中。较为轻松地参与是把故事情节用3D技术呈现出来,游客所需要提供的只有视觉和嗅觉;较为紧张的是游客要从始至终、身临其境地参与整个过程,譬如丛林冒险项目——除了导游,整个游船的人们都会同惊叫、共艰险。第三类项目纯粹是游玩性质,像飞越太空山之类,无非是把一些公园的游戏节目用迪士尼的各种卡通形象进行了包装,然后在乐园里重新出售。而由于运用迪士尼的特有形象进行包装,这点却是一般的公园难以复制、具有优势之处。

园内白日的各种活动结束之后,人们在暮色之中开始观赏夜间的剧目与游行。熟悉的是剧情与人物,陌生的却是展现这些剧情、人物的方式。灯、光、电、影,得到充分运用,呈现出一场光怪陆离的视觉盛宴,人们报之以唏嘘赞叹,恨不能有长颈鹿那么高、有千只眼那么爽。若是夜不能归,乐园里面还提供以迪士尼故事为主题打造的客房,小朋友们甚是喜爱。除了客房,为小朋友们津津乐道的还有接送游人往返迪士尼乐园的交通工具——

地铁内部皆以孩子们的喜爱作为陈设标准。香港迪士尼是世界范围内较有名气的迪士尼乐园之一。在这一盛名的召唤下，人群纷至沓来。若只有盛名而其实难相符，人们就不会在乐园里见到肤色各异的人种，也不会听到不同国家的语言。迪士尼的故事就那么一些，假使只是为了重现故事的场景，大可不必不远千里奔赴港岛，完全可以舒服地待在家里通过电视、网络或者书籍重温。那么，香港迪士尼乐园的魅力究竟何在？

若以故事而论，内地的诸多城市，哪个不是承载了历史千百年的传承，或多或少都有那么一些？有的故事或许只在本乡本土小有名气，有的却是传遍古今南北，妇孺皆知。所以，香港迪士尼乐园吸引人们前往的原因中，故事只是其中之一。很重要的一个原因来自小朋友们。作为动画片而不是京剧、皮影等传统、地方剧目的忠实粉丝，小朋友们会对迪士尼的动画片留下清晰、深刻的印象。而围绕小朋友喜好的打造，便成为迪士尼乐园一个重要的方面，这些景观必须是能够打动和吸引得住小朋友的。另外一个重要的原因来自使用现代的技术对既有内容的包装。在上面分析香港迪士尼乐园里的三类游玩项目中，哪一项没有现代技术的支撑？无非是，在这些项目当中技术含量多或者少的问题而已。人们在技术所营造的环境和氛围中乐此不疲、乐不思蜀。假设把这些技术引入到内地（现在也的确有不少地方是在这样做），对历史、故事、城市、人物重新进行包装、打造，那么也许，昆明这样的城市会因为西南联大、讲武堂、蔡锷等人的事迹而提升在近代历史中的知名度、重要性，人们会以全新眼光发现各自城市久远而浓厚的魅力，而传统文化中三国、水浒等诸多故事会走出国门，走向世界……

可是，美国好莱坞打造的动画片《花木兰》带给国人为世界知晓的短暂喜悦之后，却让人颇有变成香蕉的陌生感觉——外在的黄皮肤依旧，中国文化的内核已变。也许这是不太成功的包装和打造？也许，传统和现代之间就应该各安其分才能各尽其责？在都市寻不到田园，都市中的田园气息只是道靓丽的风景；在乡村亦寻不到城市，乡村中的城市气息尽显奢靡之风。然而，人们生活的这个世界没有那么纯粹，在今日之中国没有进入后现代的社会之前，传统、现代之间不可能老死不相往来。往来是否就一定意味着冲突？是否能够两不相扰呢？港人的生活倒是为这个问题提供了很好的答案。传统与现代，东方与西方，虽有此消彼长，却也相处和谐。也许本无冲突，只是各取所需。

在社会的转型还处于进行状态中的时候，对于某种单一模式的选择都未免操之过急。现代也好，后现代也罢，无非是社会整体发展到一定程度和阶段之后顺理成章、水到渠成的选择，任何人为的拔高都会适得其反。对于内地而言，传统文化的底蕴深厚、资源甚多，倘若能够适当借助现代的技术、方式和包装，反而更加容易推陈出新，让传统开出现代之花。除了可以充分挖掘运用像花木兰这样的传统故事，中国的二十四节气申请非物质文化遗产成功亦是个不错的注脚。2016 年的 12 月份，联合国教科文组织正式将中国申请的二十四节气列入了人类非物质文化遗产代表作名录。二十四节气作为中国人特有的时间知识体系，千百年来深刻影响着中华民族的思维方式和行为准则。现在，中国人通过观察太阳周年运动而形成的时间知识体系及其实践不仅得到了世界的认同，而且已经能够分享给其他民族。再来看在虚拟现实技术（VR）的帮助下，人们已经能够身临其境、居高临下地欣赏故宫美景。在故宫文化资产数字化应用研究所的开发下，《紫禁城・天子的宫殿》系列数字作品让人感受到强大的视觉冲击。在 VR 剧场中央，矗立着巨大的弧形屏幕。伴随着背景音乐和柔和解说，屏幕上故宫内外的种种图案扑面而来、栩栩如生，观众于视角转换中移步换景，在 VR 技术强烈的代入感中忘却了身下纹丝不动的座椅。VR 技术运用之后，不仅可以通过数字化技术留存、复原、保护、展示故宫丰富的文化遗产，而且游客数量特别是年轻人和青少年的比例更是有所增多。

传统文化在现代土壤之中经过浇灌，能够并且已然开出了今日的花朵；待到花开满园之时，那春色应该何等盎然。

§2　著作权制度:中国古代有与无

技术的面世与运用往往是法律制度产生的前提,印刷术的使用和著作权制度的产生之间便无可避免地有着密不可分的联系。中国采用雕版印刷术最早的时间是在隋朝,但印刷技术在社会生活中迅速推广并推动出版业的形成却是直到活字印刷术出现之后的事情,那时已经是宋代。活字印刷术的发明使得印刷技术迅速推广,在社会上广泛形成了出版业。

在此之前,人们是怎样保护自己作品的呢?唐代文学家柳宗元曾经在《辩文子》中描绘过春秋战国时代的情况:"其浑而类者少,窃取他书以合之者多,凡孟管辈数家,皆见剽窃。"在百家争鸣的氛围中,剽窃之风盛行的情形跃然纸上。剽窃他人作品的行为已然出现,但剽窃者往往只受到道义谴责而无法律制裁。公元830年,唐代官员冯宿上奏朝廷"请禁印时宪书疏",要求禁止民间刻印日历。这是关于出版法令在古代的最早记载。到了五代十国,在后唐宰相冯道、李愚等的建议之下,朝廷下令,由田敏在国子监主持校正《九经》,其后"天下书籍遂广"。后来为了保护《九经》的蓝本,朝廷下令"禁擅镌",也即禁止随便刻印该书。如果想要刻印,必须报请国子监批准。当然,历史的车轮在那时已经驶入了北宋时期(公元1068年)。

面对在考场中公然剽窃前人文章的行为,宋代有人作诗云:"孰云已出不剽窃,句断欲学盘庚书。"随着翻版和盗印的大批出现,统治阶级的利益逐渐受到影响,对著作权加以保护便成为一件"千呼万唤始出来"的事情。南宋年间,四川眉州人王称写了一本北宋的历史书籍《东都事略》。在该书的目录页上附有碑记："眉山程舍人宅刊行，已申上司不许覆版。"在有些学者眼中，这被视为世界上最早的关于版权的申明，属于中国早期的著作权保护。[①]但是，也有人认为这不是著作权保护，而是中华帝国控制观念传播的一部分。[②]这个争议的是与非姑且不论，在此后的时间里，民间商人为了防止被他人"翻版"，开始积极寻求官府的庇护。一般的程序是：印刷商把即将付梓的抄本或者手稿送给皇帝或地方官员审查，通过批复或皇帝以及地方官员发布榜文，获得独家印刷销售的资格。

宋朝人士段昌武著有《丛桂毛诗集解》，过世后其侄子和学生商议将该讲稿整理出书。在正式刻印之前，他们向官府递交了申请，之后获得了专印此书的版权。在《丛桂毛诗集解》上载有国子监禁止翻版的"公据"，其中提到申请保护的理由在于：该书出版者的叔父（指段昌武）当年在讲解毛诗的时候，投入了自己大量的精神创作成果，"平生精力，毕于此书"。[③]此后，元代的《古今韵会举要》、明代的《道元一气》、清代的《镜花缘》等书前都有不许翻刻的声明。

南宋年间（1266 年），祝穆的《方舆胜览》《四六宝苑》《事文类聚》等四部书获得了福建、浙江、江苏地方政府（转运司）发布的榜文，以示对该书编著、刻印的保护。榜文要求"禁戢翻刊"，如果发现"嗜利之徒"翻印销售，允许祝家"陈告、追人、毁版"。这份榜文被有些学者视为世界上保护著作权的第一份法律文件。二十八年后，《方舆胜览》再版之时，福建当局重新颁布文告，禁止翻版刻印，称"据祝太傅宅干人吴吉状：本宅见雕诸郡志，名曰《方舆胜览》及《四六宝苑》两书，系并本宅贡士私自编辑，或以《节略舆地纪胜》等书为名，翻开搀掠，致本宅徒劳心力，枉费钱本，委实切害。照得雕书，合经使台申，乞行约束，庶绝翻版之患。乞给榜下衢、婺州雕书去处张挂晓示。如有此色，容本宅陈告，乞追人毁版，断治施行。……右令出榜衢、婺州雕书去处张挂晓示，各令知悉。如所有似此之人，仰经所属，陈告追究，毁版施行，

---

① 郑成思：《版权法》，中国人民大学出版社 1997 年版，第 20—25 页。

② [美]安守廉：《知识产权还是思想控制》，载梁治平编：《法律的文化解释》，北京三联书店 1994 年版，第 256 页。

③ 郑成思：《知识产权论》，法律出版社 2003 年版，第 14 页。

故榜"①。

宋朝的官府开始对于个别案例采用一定的法律举措。对坊间以营利为目的而进行的擅自翻版行为,给予当事人"追板劈毁、断罪施刑"的处罚。虽然专门保护著作权的第一部法律《大清著作权律》直到1910年才在中华大地上出现,但这部法律并未实行,在现实生活中对于著作权落到实处的保护仍然应该自宋代为起点。

随着造纸术、印刷术的传播和发展,西方世界也产生了保护著作权的法律需要。如同中国古代法律中的令状制度一样,欧洲早期的著作权制度在实质上也仅仅是保护印刷出版的专有权。15世纪末,威尼斯共和国授予印刷商冯·施贝叶为期5年的印刷出版专有权。这项授予被视为西方第一个保护翻印之权的特许令。在随后的岁月中,1709年英国议会通过了世界首部著作权法《为鼓励知识创作而授予作者及购买者就其已印刷成册的图书在一定时期内之权利的法》(也即《安娜女王法》),1777年法国路易十六颁布了6项关于印刷出版方面的法律,1783年美国制定了美洲第一部著作权法,1899年日本制定了该国第一部著作权法……应该说,这些法律之所以能够在世界的著作权法之中崭露头脚,或者称之为与今天的著作权法律之间有许多契合,是因为经过近代启蒙思想家们的鼓吹之后,崭新的思想已经可以见诸各国法律的字里行间,那就是不仅保护出版者的利益,还要保护作者的权益。也就是说,著作权不再仅仅是一种财产权利、物质权利,更是一种人身权利、精神权利。这一点的确是中国古代的著作权保护所缺少的。

然而,西方在出现了现代意义上的著作权法律之前,其所使用的令状制度和其他保护著作权的法律措施与中国古代的著作权保护并无实质上的差别。今日各国的著作权法律制度,仍然要面临新的问题,诸如著作权保护范围的扩大,新的著作权类型陆续出现,国际著作权保护体系逐渐形成……当这些新的问题完全解决之时,人们并不会因为旧有的法律没有对这些问题加以规定就把旧有法律称之为不是法律的东西,而是会将其视为事物发展的必经阶段。客观而言,这才是理性的思路和认知。所以,上文中关于四川眉州人王称的书籍《东都事略》之目录页上附有的碑记"眉山程舍人宅刊行,

① 周林、李明山:《中国版权史研究文献》,中国方正出版社1999年版,第4—13页。

已申上司不许覆版”,究竟是否著作权保护的争论已无意义。即便时间再上溯到唐代,这种争论仍然没有意义,原因和刚才西方的著作权法律发展、完善如出一辙。在任何国家的早期阶段,仅有萌芽的制度、零散的法律本是社会发展的常态,但这种萌芽、零散绝对不能够成为否认法律制度已经出现的借口。

中国封建社会的法律绵延不绝千年,现今的研究者已经非常习惯于将其称之为中华法系。中华法系并非现代甚至近代意义上的法律,可是,在延续千年的封建社会中,难道就没有发挥过法律定纷止争、安邦定国等诸多作用?答案显然是否定的,不然中国古代的盛世也就不会出现在封建社会时期。既然如此,中华法系的法律虽非现代意义上的法律,却仍然不失之为法律之名,甚至可以这样说,没有中华法系的法律制度作为铺垫,无以形成今日中国之法律制度。法律制度倘若走向世界大同,需要首先具备民族融合的前提。既然民族融合的实现尚待时日,那么法律制度之中民族特性的保留便无可避免。此外,人类学对人类社会早期习惯、禁忌的研究发现,这些习惯、禁忌虽无法律之名,却在当时的社会中发挥着法律的功能和作用。由此可见,法律也不过是种标签,标签的出现时间并不能够决定或者代表事物的出现时间。既然如此,就不必苛责于著作权法律在中国古代的发展,更不必言之凿凿、一锤定音地认为中国古代根本不存在著作权的相关制度。

南宋历史书籍《东都事略》目录页上的碑记为何会有是否著作权保护的争论?这倒是值得探寻的一个问题。仅仅出自西方中心的视角和意识吗?还是人们的眼光不够开放,视野不够开阔?

§3　法之理在法外:从赵娥到施剑翘

西晋文学家傅玄在其《秦女休行》中有这样一首诗:“父母家有重怨,仇人暴且强,潜备刀兵,常年车以候仇家,十余年不能得。”这首诗大概的意思是:为了报杀父之仇,不畏强暴、不退缩,身上暗藏着管制的刀具,坐着安了纱窗的驴车,去侦查仇家的虚实,找准机会下手。这首诗所描述和赞美的就是东汉灵帝光和二年,在甘肃酒泉城的福禄县里曾经发生过的一起孝女复仇案件——“赵娥案”。

孝女名为赵娥,其父赵君安被当地的恶霸李寿打死,官府却对此事不闻不问。本来赵娥的三个兄弟都立志报仇,不幸在一场瘟疫中先后亡故。李寿听到赵家的男丁已经全部死光,高兴地大宴宾客,称赵家只有弱女、不足以复仇。嫁到邻县的赵娥虽然侥幸躲过了疫病之灾,但听闻恶霸之言,不由得悲愤交加。她买了把刀,夜间研磨,发誓报仇。家人邻里听闻,纷纷前来劝阻,或让她就此罢了,或让她雇凶杀李。赵娥不改复仇之心,亦不顾讥笑之声,放弃家事,时刻准备履行自己的复仇计划。在一个月黑风高的夜晚,她携刀潜回了酒泉;在苦苦守候了一夜之后,终于在次日清晨(公元179年农历二月上旬的一天)等到李寿单枪匹马地出现了。赵娥奋不顾身上前抓住李寿的马,厉声呵斥,挥刀狂砍。李寿回马就跑,赵娥上去一刀砍到了马屁股上,马匹受惊狂奔,将李寿掀翻在道旁的水沟之中。赵娥上去奋力又是一刀,砍到了树干之上,刀断成两截。这时李寿拔刀反击,在此千钧一发之际,赵娥徒手扑将上去,左手抵住他的额头,右手卡住他的喉咙,直至李寿断气。

赵娥遂拔出李寿佩刀，割下他的首级，步行到县衙投案自首。

然而，县令辞官授印，让赵娥逃走；主管治安的县尉不知如何处置是好，将此案件上报酒泉太守和凉州刺史。两人在递交朝廷的报告中，对赵娥赞赏有加，于是汉灵帝最后下诏，赦免赵娥，通报表扬。这个结局圆满得出乎人们的意料，而这件事在《后汉书・卷八十四・列女传第七十四》中是确有记载的。

但这个案件出乎人意料的地方不少，第一个却是赵娥的复仇。复仇本是原始社会中人们用私力来进行自我救济的方式，所谓“以眼还眼、以牙还牙”。这样的救济方式在东西方的古代社会中都曾经存在过。但当这种权利被收归成为公权力之后，国家便对私力救济施加了种种限制。在赵娥生活的那个时代，复仇的方法、对象、原则都是有所限定的；更为重要的是，复仇本是家中男子应该承担的责任，所以恶霸李寿在听说赵家的男丁已经全部死光之后，高兴地大宴宾客，称赵家只有弱女、不足以复仇。这一扬言反而激发了赵娥的斗志，她隐忍十余载，即便是在李寿加强了戒备之后，仍然动手，终报大仇。隐忍十余载，以女子之身复仇，这是大家悲喜、慷慨、嗟叹甚至佩服的主要原因。

汉代法律对于杀人的制裁，复仇并不在免除惩罚之列。赵娥之所以能够得到赦免并为人赞赏，是因为当时的汉代有着以孝治理天下的儒家思想。在这种统治思想的主导之下，依据儒家经典《春秋》来断案便不足为奇了。按照“春秋决狱”这种将情理和法律统一的方式来处理，亲属复仇案件大致有判决无罪、减轻刑罚、免除处罚几种模式或结局。在由汉代到清代的两千年间，这些处理方式基本形成，一以贯之。

无独有偶，历史的车轮缓缓驶入民国，另一个奇女子出现了——刺杀时任五省连帅孙传芳的施剑翘。以她的故事作为原型，产生过20世纪80年代的影片《女刺客》和王家卫的作品《一代宗师》。事情还得从头说起。施剑翘原名施谷兰，是辛亥革命滦州起义首领施从滨的女儿。1925年秋天，奉系军阀张宗昌与北洋军阀孙传芳为争夺安徽、江苏的地盘展开大战。时任山东军务帮办兼奉系第二军军长的施从滨作为张宗昌的部下对抗孙传芳，终因寡不敌众被俘。尽管有不少人替施从滨求情，孙传芳仍然将其割头杀害，悬首暴尸三天三夜，且不准施家收尸。这样的处置在民国之时代背景下不可谓不重，大概孙氏要彰显杀一儆百之意。时年仅20岁的施谷兰悲痛万分，立志要为父报仇。

在民国时期，女子不再像在传统社会中那般所受束缚甚多。但作为裹足女子、弟妹尚且年幼，施谷兰只得先后把报仇希望寄托在堂兄和丈夫身上。两人在得到升迁之后，对复仇之事置若罔闻，心愿落空的施谷兰遂与两人断绝关系。有感于十年空付心血而父仇未报，她将自己的名字改为施剑翘，意思是“翘首望明月，拔剑问青天”，以提醒自己不忘父仇。1935年，施剑翘的弟弟从日本军校毕业回国，他带着军刀要去手刃孙传芳，被施剑翘制止。同时，施剑翘通过手术放开了自幼缠裹的双足，并顶着烈日练习骑马射击。

1935年11月，施剑翘终于在天津佛教居士林等候到孙传芳前去进香，遂设法近身，用勃朗宁手枪连发三枪将其击毙。枪声一响，佛堂大乱，施剑翘大声宣布自己行刺原因，随后投案。消息传出，震动全国。在法庭上，施剑翘详细陈述了自己艰难的复仇历程，令听者动容。经过长达10个月的审理，她被判处有期徒刑7年。为报父仇、矢志不渝、舍生忘死，这样的壮举感动了有良知的人们；加之，孙传芳又是一个臭名昭著的军阀，于是社会各界强烈呼吁国民政府释放施剑翘，国民党元老冯玉祥、李烈钧、于右任等也出面求情。1936年，民国最高法院下达特赦令，将施剑翘特赦释放。度过了几个月囚牢生活后的施剑翘获得了自由。

如果说赵娥是“知其不可而为之”的话，施剑翘就是“知其可不为而为之”。在汉代法律的背景之下，身为女子的赵娥并没有法律所赋予的复仇权利，仅仅出自道德上的义务，她毅然抛开万难、将这份责任承担了下来，堪称“铁肩担道义”。民国时代则法律既没有赋予施剑翘复仇的权利，也没有“以孝治天下”的道德背景，不受任何法律和道德束缚的施剑翘完全可以不替父报仇，但她历经艰苦，终遂大愿。所以可称其志可嘉、其义可炳。两人没有优劣、高下之分，“十年磨一剑”，都是大勇之人。

另外，汉代法律虽将复仇的权利收归国家，但法律仍然为复仇打开着方便之门。也就是说，即便汉代法律对复仇的方法、对象、原则有所限定，复仇还是得到国家法律的认可，依旧在法律的领域中有着生存的空间。所以赵娥不仅得到特赦，而且受到表扬。经历了西法东渐之后的民国却与之不同，此时私人不可复仇，复仇在法律中已经全部转化为一种国家公权力。若是有人一定要用私力来进行救济，那么就得像施剑翘投案自首之初那样接受法律裁决、承担法律责任。这就隐含了孝道这一伦理在两个时代国家制度中的不同地位。

在赵娥所处的东汉那个时期，孝道由于得到官方的支持，不仅在民间社会中具有广泛的认同程度，而且在国家法律中亦占有一席之地。到了施剑翘所处的民国时期，孝道虽也有民间的认同，但国家法律已不再对其网开一面。这样就造成了法律与伦理之间的冲突。就中国人所生存的文化背景而言，这种伦理就是民众认可的情理，所以这种冲突也即法律与情理之间的冲突。这类冲突在西法东渐之后屡屡发生，所谓"革故鼎新"革去的正是在传统社会中生生不息的故旧习俗。社会制度改变可以大刀阔斧地完成，民众观念和心理的转变却远非一蹴而就。梁启超提到近代中国对西方的学习经历了从器物层面、制度层面到文化层面的转变也正含此意。由制度与观念、心理的落差，渐次拉开了国家法律与民众生活之间的距离。

就陈规陋俗而言，不祛除便难以推动社会的进步。正如当年北魏孝文帝拓跋宏的改革，去除旧弊之后焕然一新，于民族、国家和社会都是得益之事。近代的西法东渐虽有被迫成分，却也可以"忙趁东风放纸鸢"。但是，倘若这种习俗是流淌于民众血液中的东西，那么与其革除，不如因势利导。将其与制度的变革勾连起来，循着进步的方向，既是构建新的国家法律制度，又可以渐次对习俗中不良成分进行改变。这种循序渐进的步伐无论是从心理接受层面，还是从制度良性建构方面都是有百益而无一害的。兴许有人反对，认为近代中国身处疾风骤雨的现实环境，不可能产生"青箬笠，绿蓑衣，斜风细雨不须归"那般悠闲的缓慢变革。但即使是在突如其来的变革中，仍然是可以并且应该考虑国家法律与民众伦理之间的其乐融融。

在近代资本主义社会建立的过程中，尼德兰资产阶级革命、英国资产阶级革命堪称缓慢变革的代表，前后历经数十年，最终建立新式国家。美国资产阶级革命、法国资产阶级革命虽是在历史的瞬间完成了天翻地覆，国家法律却也并没有和民众伦理之间拉开偌大鸿沟，反而在后续的社会发展中不断得到了修补、完善。究其竟，民众的心理、观念在变革之前就得到了熏陶、塑造，最为重要之处在于，革命前后的历史、文化背景一脉相承。这些因素的融洽造就了国家法律与民众伦理的融洽。

国家法律与民众伦理之间是否需要融洽，取决于国家如何看待民众在社会生活中的地位。国家若是将民众视为洪水猛兽，或是愚不可及，必然会采用压制的方式。长此下去，社会进步困难。压制过分的，必会有反抗。国家若是将民众视为主人和服务的对象，必然会完善制度、改进监督，以期实现民众和社会福祉。长此以往，受益者不止个人，“一荣而俱荣”，国家、社会的发展进入良性循环轨道。如此看来，最佳答案已经了然于心。民众伦理并非尽然糟粕，国家法律亦并非铁板一块。伦理固然可以根据社会发展去粗取精，法律定然也可依据国家发展去伪存真。只要是裨益于国家、社会福祉之事，去伪存真的标准也是不难拟定和调适的。

有人担心国人为西方的价值观念同化之后，会变得不伦不类。可是，如此厚重的中华文化，想要“全盘西化”却也并不是一件那么容易的事情。毕竟，思想意识的转变并不像一件衣服的脱与穿那么简单。况且，在西方文化由于解决不了自身问题转而向东方文化寻求智慧的今天，“全盘西化”一词恐怕也只能在口号层面吸引下人们的眼球。革故鼎新也好，推陈出新也罢，没有历史作为基础或者铺垫，任何“新”都是不可想象的，也是不可实现的。历经风风雨雨的中华文化至今依然存在并且力图自我超越，这说明了它具备强大的生存能力和适应能力。面对历史的机遇，拉着沉重货物的老牛固然不如轻装上阵的小牛那样可以转身自如，可它也开始了转身。

§4　中华崛起:甘肃三关成边不再

一行人驱车驶入阳关,已近日暮。没有了烈日的炙烤,于是一路的观赏就多了几分清凉与惬意。阳关位于河西走廊的敦煌市西南 70 公里处,和玉门关一南一北相望。两者既是通往西域的门户,又都是丝绸之路的重要关隘。自西汉以来,许多王朝都把这里作为军事重地,派兵把守,多少将士曾在此戍守征战,多少商贾、僧侣、使臣、游客曾在这里验证出关,又有多少文人骚客感慨万千,写下不朽诗篇。

昔日的阳关城早已被流沙掩埋而荡然无存,仅存一座被称为阳关耳目的汉代烽燧遗址。它耸立在阳关的制高点上,在后人的凭吊中,成为阳关历史唯一的实物见证。站在烽燧高耸的山上,百里之内绿洲、沙漠、雪峰的自然风光一览无余;据导游介绍,不远处的地下还沉睡着一座尚未开掘的古城。在山南面,是一片一望无际的沙滩,沙丘纵横、沙梁道道。沙梁之间的砾石平地被当地人称为"古董滩",据说曾经散布着许多古代的钱币、兵器、装饰品、陶片等古遗物,随手可捡。可惜一路走来都没有见到游人们拾得什么古代遗物,大概景区早就管理规范了吧。也许阳关给人留下更多的是寂寞荒凉的印象,但静候日落、余暮赏月的体验却让人耳目一新。太阳裹着薄暮的余晖,在起伏的山丘之上缓缓谢幕。山丘变成黑色,仿佛是烘托太阳退场的剪影。由于光线不再刺眼,人们由欢呼转而静静注视着这给万物带来生机的庞然大物,在有几分庄严的气氛中目送着它短暂离开。在另外一方天空上,月亮悄然出现了,静谧地俯视着人间。由于天色尚白,月亮的皎洁似乎并不显著,反而略显几分羞涩。在人们的头顶上,太阳、月亮同时出现,一个准备退场、一个已然登场,好似戏文中的"你方唱罢我登场"。人的一生中能够无忧无虑地在古代边关看到这样场景的次数应该不会太多吧。这种体验无形中加深了人们对于阳关的喜爱之情。

下得山来,阳关诗词石刻群吸引了人们的注意力。原来有阳关身影的古代诗词,远远不止王维的"西出阳关无故人"。更有唐代白居易《醉题沈子明壁》中的"我有阳关君未闻,若闻亦应愁杀君"、岑参《过酒》中的"阳关万里梦,知处杜陵田"、崔湜《横吹曲辞·折杨柳》的"那堪音信断,流涕望阳关",宋代李清照《凤凰台上忆吹箫》中的"千万遍阳关,也则难留"、姜夔《琵琶仙》中的"想见西出阳关,故人初别"、辛弃疾《鹧鸪天·送人》中的"唱彻阳关泪未干,功名余事且加餐",元代白朴《满江红·庚戌春别燕城》中的"荐枕恰疑巫峡梦,举杯忽听阳关曲"、马钰《卜算子·洒扫阳关路》中的"此个阳关无点尘",近代王国维的《蝶恋花·满地霜华浓似雪》中的"一曲阳关浑未彻"……阳关不仅留给文人骚客们离愁别绪、家国万里,更为《阳关三叠》这样美好的古曲带来了无穷灵感。如今的阳关一带是西北最大鲜食葡萄基地和野生罗布麻生产基地,早已和荒凉、离愁挥手作别。花红柳绿,泉水潺潺,果实累累的葡萄架,车水马龙的游人,无不展现出这个地区充满阳光的生机和活力。

阳关古塞何以建在这片荒漠之中?考古学家研究发现,阳关占有"一夫当关,万夫莫开"之险要地势。在古代,这一片地区水源充足,不仅有最大的独立水源,而且在三四千年前就已经形成绿洲盆地。汉唐时期,阳关军士即依靠此水而生息。天长日久,山洪暴发;大量泥沙顺流而下,遂在下游沉积。泥沙在西北风的吹扬搬运下,形成条条沙垄,阳关古城遂逐渐被水毁沙埋。一行人出得阳关,已是黄昏。在售卖纪念品的商店里,制作夜光杯的石材得以一见。这种古代的稀罕石材如今已然能够制作成为各种精美物件,标注着亲民的价格,走入了寻常百姓家。以夜光杯结束阳关之行,印象颇为深刻,似乎冥冥之中更加印证了阳关这个充满朝气的名字。

吟诵着"羌笛何须怨杨柳,春风不度玉门关",一行人次日向玉门关进发。玉门关因从西域输入玉石时取道于此而得名。尽管这个充满空灵气质的名字让人平添诸多想象,但实际上玉门关与阳关一样,曾是汉代时期重要的军事关隘和丝路交通要道,中原与西域的交通无不取道两关。大概也是受益于地势之故，在 2014 年的联合国教科文组织第 38 届世界遗产委员会会议上，玉门关遗址作为中国、哈萨克斯坦和吉尔吉斯斯坦三国联合申遗的“丝绸之路：长安—天山廊道的路网”中的一处遗址点成功列入了《世界遗产名录》之列。今日玉门关尚可得见小方盘城遗址，它在西汉曾为玉门都尉府治所、东汉则为玉门侯官治所。在土木夯实的小方盘城内抬眼四望，天蓝土黄，一片明媚。但不知当年的军士戍边于此，却需要如何的艰苦。登上古关，举目远眺，沼泽遍布，沟壑纵横，烽燧兀立，胡杨挺拔，泉水碧绿，芦苇摇曳。这一切与古关雄姿交相辉映，令人心驰神往，油然而生怀古之情。出得玉门关，意犹未尽的人们又奔向近旁的长城烽燧遗址。在大漠风沙的侵蚀下，烽燧虽然雄风犹存，但昔日长城已然断开。这是因为此处长城不似别处是由砖石建筑，而是由砂砾石夹芦苇（或红柳）间层叠压地建筑而成，这应是就地取材之故吧。保存最好的一段长城遗址长约 400 米，残高尚有 3 米多，依稀可见西汉边境当年的防御风采。

最后一站是嘉峪关。入得关来，格局井然，旌旗招展，繁华程度远胜前面二者，不愧为中国规模最大关隘、长城三大奇观之一。这大概和嘉峪关关城布局合理、建筑得法颇有关联。关城共有三重城郭，多道防线；城内有城，城外有壕，形成重城并守之势。整个嘉峪关由内城、外城、瓮城、罗城、城壕及南北两翼长城组成。入口处高耸入云的城墙令人咋舌、驻足观望，殊不知这样的城墙在堪称关城主体和中心的内城比比皆是。内城墙高 9 米，加垛墙 1.7 米，总高 10.7 米。城墙的 6 米以下为黄土夯筑，6 米以上用土坯加筑。历经 600 多年，墙体虽有剥落，但大部分仍然完整牢固。当年修筑城墙用的黄土，都经过了工匠们的认真筛选和加工制作。黄土不但要放在青石板上让烈日烤晒，还要将里面的草籽晒死。在嘉峪关长城博物馆内陈列的“长城工牌”，详细记载了当时修长城的分工情况，包括各工程队队长的名字。修筑工程结束后，要进行严格的验收：在间隔城墙的一定距离内，用箭射墙。如果箭头射不进去，证明城墙坚固合格；若是箭头射入墙体，则证明工程不合格，要进行返工重建。如此严格的工程管理制度，保证了长城的工程质量，也让今时的人们还能一睹嘉峪关风采。

嘉峪关建关时间比山海关还早 9 年，是由明代将军冯胜始建。之所以选址于此，是因为这里优越的自然条件和险要的地理位置。于是自从建成，嘉峪关就成为西部的国防重地。它不仅是昔日明代万里长城的西端起点，也是今日长城沿线保存最为完好、规模最为壮观的古代军事城堡。得益于保存的完好，关城内的游击将军府、官井、关帝庙、戏台和文昌阁依然开放，只不过在和平年代用作商业销售或者游览之所。人们在袅袅的香火中向关帝祈福，在练武场与古人一比高下，骑着骆驼走向塞外、戈壁，这人声鼎沸的一切不知能否和当年通商通贡的热闹场景媲美。在一处关门，有人在售卖出关文牒。卖主身着古装，买主根据所需交钱，拿到样式不等的古代出关文牒；更多的人是在一旁拍照、观望。不知当年的出关是否如此轻松，只知出关文牒确实产生了新的词汇。在古代，“关”的本意为门闩，引申为关塞，“照”的本意是公文、证件，“关照”就是出入关的通行证，相当于现在的签证、护照。这种通行证的名称夏商、西周时期称为牙璋、圭璋，春秋战国时期称为封传、符节，唐代称为通关文牒、过所，宋代称为关引、符牌，元代称为公验、堪合，明代首次称为关照，清代称为护照并且沿用至今。通行证的材质由石、铜、竹、木演变成为纸张，形式则由刻、铸、手书演变成为印本。由于嘉峪关地处咽喉要塞，出入手续极为严格，必须持有关照才可通行，因此据传此地便是关照的最初使用地点。今日的关照早已不再具有通行证之含义，但这一词汇却流传下来，衍生出了新的内涵。

在历史长河发展中衍生出新内涵的事物又何止于此？2017 年 11 月美国总统特朗普访华，向习近平总书记展示了其外孙女唱中文歌，背《三字经》、古诗的视频。当听闻金发碧眼的异国小孩口中说出国人熟悉的语言、文字之时，人们莫名产生了一种亲切感。这段视频一时间刷屏网络，被媒体称为特朗普访华的点睛之笔。据说一些国家的王室、政要、人物也在积极、热情地学习中文。像扎克·伯格这样有中国妻子作为学习中文条件的不算多数，像吉姆·罗杰斯那样为了获得中文语言环境而举家搬到新加坡的为数就更少了。同样在 11 月份，这位华尔街巨鳄在亚洲金融科技发展会上播放了女儿秀中文的视频。罗杰斯小姐正上小学，字正腔圆的中文让不少中国网友汗颜。如果说特朗普外孙女之学中文是为了外交游刃有余的话，那么金融大亨罗杰斯不惜举家搬迁，让女儿学中文又是所为何来？也许如他所言仅是因为孩子儿时梦想要成为一个中文老师，但不要忽略了他在会议上的发言：“无论我在什么地方做演讲，特别是在西方，我会告诉人们，当你有了孩子以后，你应当让他们学中文。因为中文将是他们余生最重要的语言。19世纪是属于英国的，20世纪是属于美国的，但是21世纪将是属于中国的，无论我们愿意与否。”①当其他国家的王室、政要、人物开始或者正在行进于学习中文路上之时，这些信息所透露出来应该不仅仅是中国经济引人刮目相看。无论他们捕捉到的是什么信息，换个视角来看，中共十八大以来所提出的道路自信、理论自信、制度自信、文化自信并非空穴来风，而是有着对自身和周边时事、环境的客观判断。

在外国媒体眼中，崛起的中国发出历史性权力转移的信号。美国《保守主义》杂志认为，2017年11月的两国首脑习特会晤不仅有美国力图劝说中方加大对朝鲜经济压力的因素，更是因为不断改变的中美力量平衡。在过去的数年之间，中国已经成为世界头号出口国、贸易国和制造业大国。2014年国际货币基金组织宣布，根据购买力平价计算，中国已经超过美国成为全球第一大经济体。尽管前有美国外交政策界贬低中国惊人的经济快速增长的重要性，称中国无法创新；后有美方知道“非市场经济国家”概念并不存在于世贸组织多边规则之中，仍然正式拒绝承认中国的市场经济地位——地缘政治板块正在移动却是不争的事实。这是历史的必然：当占据统治性地位的大国其地位受到一个崛起中大国的挑战时，权力转移便会发生。②于是，在2017年12月举办的有120多个国家近300个政党和政治组织领导人参加的中国共产党与世界政党高层对话会上，习近平总书记“不‘输入’外国模式，也不‘输出’中国模式”的主旨讲话透露出国家底气和自信。这种底气和自信不但产生了中共举办如此规模政党大会的首次、各国政党如此规模对话会的首次，同时也在一定程度上意味着新时代的到来。对于中国人而言，这个新时代无论是在起点、目标方面，还是在国家状态和社会主要矛盾等方面，与20世纪改革开放之初中国的情况已经有了极大差异。当这些差异在经济、军事、治国等诸多方面都有所体现时，中国在世界舞台的位置、对于世界的影响力也就随之发生了变化。如何处理好历史进程中的新问题，便成为考验国人智慧的时机。

① http://finance.jrj.com.cn/2017/11/18161923408679.shtml，2017年4月25日访问。

② [美]克里斯托弗·莱恩：“美媒：崛起中的中国发出历史性权力转移的信号”，《环球时报》2017年12月2日第6版。

当然，并非每个人都适应或者喜欢这样的新时代。2017 年 10 月 15 日，法国第二大报《世界报》在头版印出超大汉字“中国，强国崛起”；11 月，先是德国《明镜周刊》用汉语拼音“xing lai!”(醒来)作为封面标题，然后美国《时代》杂志封面以中英文写着“中国赢了”。①当中国崛起成为人们不得不面对的现实之时，有些西方人士却感到不适：澳大利亚指责中国“渗透”；美国智库称呼中国的名词由“软实力”变成“锐实力”；德国呼吁警惕中资收购，中国经济“独善其身”……这些相关文章不仅偏见依旧，而且认为崛起的中国正对世界构成威胁。“中国威胁论”已经存在 20 多年，不是新鲜事，但某些人士、媒体旧饭新炒，就不仅是担心我国的经济实力，还担心军事实力、思想和价值观念的影响。

同样是 20 世纪 40 年代建立的崭新国家，印度与中华人民共和国的发展一直是许多西方人士、媒体比较的对象。甚至在相当长的一段时间之内，他们认为由于有来自前殖民者英国的铺垫和影响，印度在基础设施、民主模式、发展理念等各个方面理应走在中国前面，是中国学习、赶超的对象。时至今日，半个世纪之后，“回首向来萧瑟处”，抛开情绪、偏见等主观因素而言，事实证明中国的发展在印度之上。在一篇题为《印度和中国：巨大的差距》文章中提到，印度经济规模到 2018 年 3 月底将达到 2.6 万亿美元，中国则是 12.4 万亿美元。这意味着，即使中国经济增长率仍旧以 2017 年 6.9% 的速度增长，中国经济按绝对价值计算每年增加值仍然会比印度要多。此外，作者引用了世界知识产权组织、中央统计局、《中情局世界概况》等提供的数据，比较了两个国家在其他指标之间也存在着的不小差距。2016 年中国生产了 6.14 万亿单位的电力，印度只生产了 1.15 万亿单位的电力；2016 年中国申请了大约 134 万件(国际)专利，而印度只申请了 45 057 件专利；2017 年中国向世界出口的商品价值 2.16 万亿美元，印度只有 2 993 亿美元；2017 年中国的研发投入占 GDP 的 2.1%，而印度不到1%。②中国的确走上了一条新的道路，这条路具体是何场景，之前没有任何人可以预料。然而它今天的影响，却不止限于中国国内，还辐射到了国家以外，让人难以坐视不

① 胡锦洋：“新‘中国威胁论’背后中外自信心‘此消彼长’”，《环球时报》2018 年 2 月 28 日第 7 版。

② [印]德巴布莱塔・莱斯等：“印媒：和中国的差距犹如鸿沟”，《环球时报》2018 年 3 月 5 日第 6 版。

理、置若罔闻。于是，无论前辈如何预料，还是他人喜欢与否，这样的新时代已经成为毋庸置疑的客观现实。

阳关、玉门关、嘉峪关，如今不再是边防要塞，不再有军士驻守护卫，却多了游客穿梭其中和商业的喧嚣热闹。自然环境没有改变，人们对自然环境的运用和享受程度却改善了许多。改变过程中存在或者出现的种种问题在一定程度上难免影响前进步伐，但是从大的环境而言，已然有了诸多进步。这些进步显然与近代时期的积弱积贫、受人欺凌不可同日而语。否则对中共十九大报告和精神的学习，就不会走出国门、引起诸多外媒关注。当然也有人发出批评的声音：为何拥有世界一流的基础设施，中国却仍然是发展中国家？除了用国内生产总值、人均国民收入、人均寿命、识字率、工业化水平等因素可以衡量是否发达国家之外，还有一些人在走出国门观察后，归纳出了三种方法：是否为弱者付出，也就是社会强者是否为弱者买单；是否为细节付出，这意味着社会发展是否有耐心，重视生活品质的软实力；是否为未来付出，也即国家是否为未来做长远规划和投资。只有答案都是肯定的，才能最终从跟随发展的发展中国家成为引领发展的发达国家。这三种衡量方法的科学性尚需求证，但它们的确无需太多数据，就可以目测国家的发达与否。兴许发达的建筑、铁路、技术都只是实现幸福的工具，而非目标本身；兴许考虑弱者、细节、未来的发展才是长远的强盛之道。或许当这些问题圆满解决之时，也就是一个民族完全复兴之日。

外国人争相开设孔子学院，争相留学中国，踊跃应考中文的 TOFEL、GRE，踊跃定居中国——这样的景象不知还有多远？

§5 人类精神:莫高窟与数字化保护

在青海德令哈市,碰到在广场集结、前往柴达木盆地无人区探险的山猫纵队。物质生活改善之后,热衷探险的国人日益增多。然而即便是结队前往,前往无人区也需要莫大的勇气。回想起在雅丹地貌所看到的大自然鬼斧神工,让人不禁心生敬畏之情。这些雅丹地貌几十万年前湿润茂密,经历了岁月磨砺之后变成现在的模样:不见一草一木,到处是黑色的砺石沙海,黄色的黏土雕像,在蔚蓝的天空下各种造型惟妙惟肖。这些雕像的个体和整体规模之大、形态之奇异举世罕见。其高度从四五米到二三十米不等,长宽由十几米到几百米不等,形态则更加不可胜述:大漠雄狮、孔雀开屏、丝路骆驼队、舰队远航、群鱼出海、中流砥柱……这片雅丹地貌群落远远超出了辞书中所定义的规模和形态,置身其中宛如进入了世界建筑艺术博物馆,让人目不暇接、惊叹不已。这些大自然的杰作奇妙无比,让人佩服得五体投地。可是,当大风刮过时,沙石撞击会产生各种怪叫之声,因而也被民间称之为“魔鬼城”。过去由于戈壁浩渺、道路艰险,很少有人涉足此地,称其为无人区实不为过。在科技力量发达的今日,跋涉于如此环境之中虽非难事,却也是对勇气和毅力的考验。更何况,穿越柴达木盆地无人区的艰苦程度定然远胜于此。

也许,人类正是在各种探索中不断前行。中国明代的万户大概是世界上第一个想利用火箭飞行的人。尽管他的努力失败了,为此付出生命的代价,但世界公认他为“真正的航天始祖”,并将月球上的一座环形火山命名为

“万户山”。无论是上九天揽月，还是下五洋捉鳖，各个时空领域的探索纵然存在差异，却汇集成为人类在历史长河中前进和传承的力量，生生不息。就个体而言，科研、旅游无不是探索之举。也正是在这些探索未知的过程中，让人开眼界、长见识、迸灵感、聚智慧。无怪乎古人有“夜来一笑寒灯下，始是金丹换骨时”的惬意。这样的探索何尝不是探险？

张骞西行让敦煌登上了历史舞台，后世开辟丝绸之路同样需要勇气。人们在荒漠之中，借助佛法消除恐惧，于是开窟造像。这样的盛景延续了一千年，直到丝绸之路衰落。俗称千佛洞的莫高窟，始建于前秦时期，经过历代兴建，形成巨大规模。现今有洞窟 735 个，壁画 4.5 万平方米、泥质彩塑 2 415尊，是世界上现存规模最大、内容最丰富的佛教艺术地。莫高窟的艺术特点主要表现在建筑、塑像和壁画三者的有机结合上。窟形建制分为禅窟、殿堂窟、塔庙窟、穹隆顶窟、影窟等多种形制；彩塑分圆塑、浮塑、影塑、善业塑等；壁画类别有尊像画、经变画、故事画、佛教史迹画、建筑画、山水画、供养画、动物画、装饰画等不同内容，系统反映了十六国、北魏、西魏、北周、隋、唐、五代、宋、西夏、元等十多个朝代及东西方文化交流的各个方面，成为人类稀有的文化宝藏。有人说莫高窟是中国的卢浮宫，但其距今 1 600 余年的历史却远比卢浮宫悠久得多。它为时隔千年的人们提供了同台竞技画艺的舞台。只是相较卢浮宫藏品的石头材质与后期保护而言，莫高窟艺术作品所依托的泥塑材质相对容易受到毁损，对其保护力度、措施也是后期才逐渐加大。这两个因素的影响不能算小，今日游人只要购票进入，卢浮宫多数藏品可以尽兴观赏，直至疲惫，而莫高窟则对游人开放的洞窟受到一定限制。

莫高窟由僧人乐尊因修行之故而开凿。据说乐尊路经此山，忽见金光闪耀，如万佛现身，于是便在岩壁上开凿了第一个洞窟进行修行，后人又继续在此建洞修禅。无论“莫高窟”的含义是“沙漠的高处”，还是如佛家所言“没有比修建佛窟更高的修为”，后世修建石窟、发展经济相得益彰，直至晚清时期莫高窟惨遭劫掠。今天对游人们开放的洞窟，内部大多已经完成修缮。每个石窟外面除了编上号码便于管理、安装上门加以保护，石窟之间修缮了栈道以便行走、观赏。这样的处理不仅能够一定程度防止风沙入侵、闲人肆意进出，也让观赏者免去了攀爬之苦。游人在排队等待进入之前，便以十多人为单位编成小组。这样的安排除了能够让每人领到耳麦，以免听不清楚解说的烦恼之外，也能够通过控制人数来减少二氧化碳等因素对洞窟内部壁画、雕塑的影响或破坏。进入每个洞窟之前，讲解员都需要先行开门，待小组参观完毕之后再行上锁。虽然等待讲解员完成开关门的一系列程序需要时间，但若此能够善佑这些饱经岁月磨难的洞窟，等待也就有了温度和价值。这种温度和价值还体现在讲解员是由敦煌研究院的研究者们兼任，于是他们的讲解便少了几分浮躁与功利，多了几分专业与耐心。为了保护洞窟内部文物不受到强烈光线的伤害，他们手持特制的冷光灯，适时开关，并用温润的语言提醒着游人需要留心或者保护的地方。于是，管理的规范、到位便与某些景点游览时的喧嚣、嘈杂拉开了距离，不仅参观莫高窟洞窟内部在一派静谧而又敬业的气氛中完成，而且洞窟外部景区的干净、整洁也给人留下颇深印象。

未抵敦煌之前，就听闻唐朝洞窟是莫高窟中水平最高的。然而在第334洞窟，游人们面对唐代画作时所啧啧称赞的，不仅是通过雕塑呈现出布料丝绸质感等高超技艺，更是国人早在唐朝就使用的透视装、灯笼裤以及单肩挂包等今日时尚。其中的清代雕塑颜色鲜艳却不协调，与唐代雕塑存在着明显差别。身处在此洞窟之内，壁画上立体金箔的含义也终于解惑：表示的是供奉了功德，较多出现在供养人画像上。由于隋唐是莫高窟的全盛时期，第292洞窟展现的就是隋朝三世佛。燃灯、释迦、弥勒和波斯花纹显示出与惯常理解、塑造不一致的佛像，大佛塑像倒也显得气势非凡。

到了宋朝，统治这一地区的曹氏家族笃信佛教，在莫高窟开凿了不少规模较大的洞窟。由于第55窟将当时的开窟盛况留传到了现在，所以又被称为曹氏洞窟。于是在这个石窟中，曹氏家族供养人画像便出现得较多。在女性供养人画像中，眉间贴花妆、梅花妆的时髦妆扮随处可见。窟顶四角浅龛画四大天王是曹氏洞窟的一个特点。他们是守护东南西北四个方位的神，时刻镇守着这个巨大的石窟。在这个洞窟中，不仅舞者身上直逼今日时尚的喇叭裤让人称奇，而且壁画中亦出现了反弹琵琶的舞姿造型。反弹琵琶被誉为敦煌艺术中最为优美的舞姿。这个又奏乐又跳舞的形象从生活角度而言，迷人地集中了高超的弹奏技艺和绝妙的舞蹈本领；从绘画角度而言则实现此造型难度颇大，展示出画工的离奇想象和杰出创造，堪称敦煌艺术中的代表作。有意思的是，在这座石窟中，出现了元朝便绘制出的十二星座图，而这些图在其他洞窟也曾经出现。看来今日在青年人中流行的星座早有渊源，而向上追溯，应该与西方文化传入印度、佛教又传入中国攀上关系。第96洞窟内的大佛号称莫高窟第一大佛，两膝间宽度为12米，是佛国三世中的“未来佛”弥勒佛。此窟开凿于初唐时期，大佛也因多次重修，早非原貌，但仍不失雄伟壮观的气势。不论石窟是否为皇家而建，大佛塑像高35.5米的非凡气势已经让人仰视不已、叹为观止。这座洞窟外附岩而建的“九层楼”是莫高窟的标志性建筑。这个九层的遮檐处在崖窟中段，与崖顶等高，巍峨壮观。其木质结构为土红色，檐牙高啄，外观轮廓错落有致，檐角系铃随风作响。

尤其难得的，是亲眼看见了莫高窟艺术的名片——飞天。飞天这个奇特的造型一度沉睡在童年的火花收集中。孩童的心灵不仅诧异于其域外风情，还为其飘逸神采所莫名吸引。待到一睹真容，它的确无愧于敦煌莫高窟艺术的标志。大量的飞天形象出现在敦煌将近500个石窟中。它们是佛教艺术八部侍从中的两部：乐神、歌神，前者主要在佛国演奏、跳舞，后者主要献花、供宝。这对夫妻形影不离、十分和谐，敦煌壁画中的飞天就是他们性别、职能的复合体。敦煌飞天也是印度文化、西域文化、中原文化长期交流、融合的产物；它们借助彩云、凭借飘曳的衣裙、飞舞的彩带而凌空翱翔，从而将印度佛教天人和中国道教羽人、西域飞天和中原飞天融为一体。从十六国开始到元末，飞天的形象也历经变化，在隋唐达至顶峰，最有代表性的当属盛唐第320洞窟中的四飞天。四飞天画在南壁《西方净土变》中阿弥陀佛头顶华盖的上方。每侧两身，以对称的形式，围绕华盖，互相追逐：一个在前，扬手散花，反身回顾，举臂紧追。前呼后应，表现出一种既奋发进取的精神力量，又表现出自由轻松的飞行之美。飞天的四周，彩云飘浮，香花纷落，既表现飞天向佛陀作供养，又表现佛国天堂的自由欢乐。飞天的肉体虽已变黑，面容不清，但整体形象清晰，身材修长，姿态轻盈，人体比例准确，线描流畅有力，色彩艳丽丰富，堪称唐代飞天代表作之一。唐代后期的飞天，在动势和姿态上已没有前期时那种进取精神和欢乐情绪了。

由于是事先预定的门票，我们一行人能够进入观赏的洞窟更多，听到的讲解也更为细致。相比那些临时购买门票、泛泛观看的游客而言，一行人的莫高窟乃至敦煌之行就更加实至名归了。在壁画上，不时可见一些黑色面庞的人物画像，不似其他人物面容姣好、白里透红。经过导游讲解，才知不是非洲的人物形象，而是涂在人物脸上的颜料中加入了铅，在长期强光、高温、湿润的环境下颜色就由最初的明艳变成了黑色。无怪乎含铅的护肤品被严格禁止流入市场，它们的确可以让美人变黑、荼毒身体。而莫高窟壁画中的色彩在经过了自然风化之后，黑色的呈现倒也给壁画增添了更强烈的装饰趣味。莫高窟中使用过含铅颜料的壁画和彩塑部位都存在程度不同的变色现象。倘若撇开这些环境影响、人为破坏的因素，复原之后的壁画恐怕只能用惊艳二字来形容。不论是明快典雅的色彩、丰腴饱满的造型，还是灵动流畅的线描、比例准确的人体，无不让人赏心悦目、惊羡不已。

除了环境影响，莫高窟还曾经受到人为的破坏。到清朝末年被发现的时候，莫高窟已是一派荒芜凄凉的景象。不但窟前的木质栈道大都毁坏，崖面坍塌，洞窟残破，而且堆积如山的流沙因长期无人清理，把最下层的许多洞窟都掩埋了。藏经洞经历浩劫是莫高窟首先受到的人为破坏。莫高窟第17号洞窟被称为“藏经洞”，在西夏王朝时期为了躲避战乱保护文献资料，僧侣们将上万经卷掩藏在此，直到1900年被王道士发现。此后英国探险者斯坦因来到莫高窟，巧言令色仅用4锭马蹄银作为诱饵，就换走了大部分经书，至今仍然保存在大英博物馆内。第二次人为破坏是雕像和壁画被残忍切割剥离。当英国人斯坦因、法国人伯希和将文献资料几乎搬空之后，美国人华尔纳的到来让莫高窟遭受到了毁灭性的打击。他残忍地将大量雕像和壁画切割下来偷运回国。如今在莫高窟看到的雕像基本都是清朝和民国时期修复的，但是近代工艺和古代壁画的风格早已格格不入，看起来有些许牵强附会的感觉。第三次人为破坏则是由于安置沙俄匪军所造成。20世纪20年代，苏联十月革命后，在国内战争中失败的数百名沙俄白匪逃窜出国，从新疆入境后被拘留，被安置在莫高窟长达半年之久。绝望潦倒中的匪军把洞窟壁画当作恣意发泄的对象。他们不仅在壁画上乱涂乱抹，还在角落生火做饭，令不少壁画遭到油烟熏染污损。

经历了这些天灾人祸，莫高窟的饱经沧桑让人欲哭无泪。好在还有一群守护者，愿意用生命来保护这样的历史瑰宝。留学法国的常书鸿因看到伯希和编著的《敦煌图录》而回国，由此开启了几代人对敦煌的守护。在去巴黎的吉美博物馆之前，他全心全意地崇拜西方艺术，不像徐悲鸿当初是带着一点东方人的自傲和审视去法国学习西方艺术。吉美博物馆里展览着伯希和1907年左右从敦煌盗来的大量唐代大幅绢画。其中最精彩的，是7世纪敦煌佛教信徒们捐献给敦煌寺院的《父母恩重经》，早于文艺复兴时期意大利佛罗伦萨画派祖先乔托700年，早于油画创始者、文艺复兴时期佛拉蒙学派的大师梵爱克800年，早于法国学院派祖师波森1 000年。常书鸿第一次意识到，拿远古的西洋文艺发展早期历史与敦煌石窟艺术相比，无论在时代上或在艺术表现技术上，敦煌艺术更显出先进水平。但是，从塞纳河畔到西北大漠，从小有成就到从头开始，物质条件急剧改变带来的反差更为强烈。妻子离去、条件艰苦没有能够消磨他的意志和信念，毕生坚守让其赢得"敦煌守护神"的美誉。

那些流淌自壁画、泥塑的美丽，触动了一代代学者的灵魂，激发起他们源自血液的热情。而他们对莫高窟、敦煌的感情，又岂止是"热爱"两字能够诠释的。如果缺乏民族责任感和自豪感，又怎么能够用尽生命厮守一旁？这样的信念和坚韧，不也是敦煌艺术的一部分么？想象一下古人描绘壁画时的虔诚、后人重新发现时的惊叹，满怀炙热的修复者和保护者内心所涌动的绝不会只有艺术与生命，必然还有历史和情怀。这一切无不激荡起观者发自内心深处的震撼。唯有信仰和精神的传承，人们才能让莫高窟的宝物不再流失，后人也才能有幸目睹祖先们高超的艺术成就。

在莫高窟的藏经洞中曾经出土了经卷、文书、织绣、画像等5万多件艺术价值极高的文物，可惜由于当时社会动荡、政府腐败，加上疏于管理，这些宝藏几乎被悉数盗往国外。而今的莫高窟，又不得不面对千年彩绘的褪色、剥落，以及窟墙的腐蚀、风化等前所未有的威胁。莫高窟与云冈石窟、龙门石窟相比，后者所处的环境更为干燥，而且石头材质也使得风化等自然因素的影响相对降低。好在敦煌研究院承建了敦煌艺术陈列中心，对部分洞窟进行了仿制。这不仅使得游客在莫高窟的观赏内容更加丰富多彩，也让石窟内部得到更为有效的保护。樊锦诗这位在敦煌工作40余年被誉为"敦煌女儿"的女性，为21世纪敦煌的保护与利用构筑了新蓝图。她在充分调查研究的基础上，把文物保护与合理利用紧密结合起来，提出了"莫高窟治沙工程""数字敦煌馆工程"等十三项文物保护与利用工程。

在樊锦诗的带头、参与下，敦煌研究院与多个国外科研机构展开了合作，一批先进技术和保护理念得以运用到敦煌遗产保护当中。敦煌文物的保存环境得到改善，安全系数得到提高，敦煌石窟的保护研究也逐步与国际接轨。在她的倡导和推动下，《敦煌莫高窟保护条例》和《敦煌莫高窟保护总体规划》近年来先后公布实施。樊锦诗最早提出利用计算机技术实现敦煌壁画、彩塑艺术永久保存的构想，她组织敦煌研究院与浙江大学共同申请的国家自然科学基金课题以敦煌莫高窟为重点，首次将莫高窟用多媒体及智能技术展现在人们面前。

这种数字化保护模式对于解决非物质文化遗产保护与利用的矛盾不能不说切实可行、确有成效。有人说，莫高窟数字展示中心开放后，莫高窟的开放和旅游模式发生了“革命性”的变化。所有游客必须通过网络形式预约才能正常参观莫高窟；在实地参观莫高窟之前，必须首先在数字展示中心通过两部时长各 20 分钟的主题电影、球幕电影，提前了解莫高窟的背景知识，身临其境地观看洞窟建筑、彩塑和壁画，领略莫高窟博大精深的佛教艺术；然后乘坐摆渡车从数字展示中心抵达莫高窟，根据团队和散客分组后，由讲解员引导按照既定路线进洞窟参观；参观结束后再乘坐摆渡车返回数字展示中心购物或休息。整个莫高窟参观活动用时由原来的 120 分钟延长为 150—180 分钟，而游客在全部洞窟内的时间压缩到 75 分钟，但获取的信息量却会大大增加。这种参观模式既可缓解洞窟压力，减少游客参观给珍贵而又脆弱的壁画彩塑带来的潜在威胁，还可利用多媒体展示满足多种参观需求，提升服务质量和游客参观获得感。以国庆期间高峰出游的情况来看，通过压缩游客在洞窟内的滞留时间不但有效提升了游客接待量，而且切实缓解了文物保护与旅游开发之间的矛盾。据一行人观察，整个莫高窟景区没有人群拥堵现象，即便排队也是秩序井然。

原来设想如莫高窟这般著名的景区若不使用传统保护模式，新的数字化保护模式是否足以展现敦煌艺术之美或者对游客有足够的吸引力？但在数字展示中心观看了主题电影《千年莫高》、球幕电影《梦幻佛宫》之后，一行人改变了想法。《梦幻佛宫》对莫高窟最具艺术价值的 7 个代表洞窟用 180 度的超视角进行了全方位展示。生动逼真、美轮美奂的画面让人目不暇接，加上音响立体，令观众们仿佛置身于一个个异彩纷呈的石窟之中，在结束灯光亮起之时又恍若隔世。虚拟漫游，立体观看。一群最后入场的老外坐在第一排，看得如痴如醉。候车时与这群来自美国的游客简短交流，他们对影片所呈现的内容赞不绝口。想来这种数字化保护模式不仅有利于知识产权方面的保护，还有利于外国人对中国传统文化的了解。

莫高窟的开凿和兴盛凝聚着若干代人的探索精神、无畏勇气；而从常书鸿先生到樊锦诗女士，他们的坚守与担当更是把这种精神和勇气发挥得淋漓尽致。人们将其称为“莫高精神”。这种精神始于热爱，却需要依靠意志来维系。也许，当人们对像莫高窟这样承载着先人智慧的文化遗产进行保护和传承之时，同样需要坚守与探索并存的莫高精神。

§6　法律与孝道：古今辱母案

2016年注定是不平凡的一年，世人瞩目的聂树斌案终于在这年落下了帷幕。兴许是年末的聂案影响太大，吸引了大部分人视线，之前发生在山东的“刺死辱母案”进入公众视野，是在2017年《南方周末》进行报道之后。血案发生于2016年4月14日，因暴力催债而引发。女企业家苏银霞向地产公司老板吴学占借款135万元，月息10%。在支付本息184万元和一套价值70万元的房产后，仍有17万元欠款无法还清。辱骂、抽耳光、鞋子捂嘴，在11名催债人长达一小时的凌辱之后，催债人杜志浩脱下裤子，用极端手段污辱苏银霞——当着苏银霞儿子于欢的面。企业员工闻之报警。警察进入接待室后，说了一句“要账可以，但是不能动手打人”，随即离开。看到警察离开，情绪激动的于欢站起来往外冲，被几个催债人拦了下来。混乱中，于欢从接待室的桌子上摸出一把刀乱捅，致4人受伤。被刺中的杜志浩自行驾车就医，却因失血过多休克死亡。2017年2月17日，山东省聊城市中级人民法院一审以故意伤害罪判处于欢无期徒刑。①

山东聊城法院的一审判决在经过媒体发酵后瞬间受到社会舆论诟病。姑且不讨论10%的月息是否超过国家法律的规定，于欢是正当防卫还是激情杀人，民间指责的焦点集中在催债人辱母在前，伤人者被迫伤人。当着自己的面，羞辱生养自己的母亲——任何一个有血性的人面对这样的场景都

---

① 王瑞锋、李倩：“刺死辱母者”，《南方周末》2017年3月23日。

不会无动于衷、置身事外。于是，当伤人者被迫伤人受到了法律的惩罚之时，法律却对前续发生的催债人辱母情节置若罔闻——这就点燃了民间舆论的导火索。在有着悠久孝道传统的中国，虽然今天对孝道的倡导已经不再像《二十四孝》所推崇的种种行为，但孝道仍然是中华民族重视和珍惜的品质。否则，国家刑法也不会对遗弃罪、虐待罪等内容加以规定。然而，这些规定在今日的社会中足够了吗？今天对孝道的要求和古代的差别又在哪里？

东汉董黯为董仲舒六世孙，幼年丧父，家境贫寒，但却事母至孝。董黯母亲生病，想喝家乡的水，他竟然每次来回几十里山路到大隐溪挑水回来给母亲喝。据传在途中他绝不变换扁担的位置，为的是把担在肩前的那桶更干净的水供母饮用。于是，心情愉悦的董母常常向邻居王母夸赞孩儿的孝顺。王家虽然家道殷实，但是孩儿王寄却秉性顽劣、事亲不孝。王母与董母拉家常之后，董黯就成了王母回家拿自己孩儿进行比较的“别人家孩子”。比得越多，王母之子王寄心中的不满也日益增加。他不敢对董黯动手，趁董黯离家外出时，对董母进行了辱骂殴打。董母由此卧病不起，很快离世。悲愤至极的董黯守孝三年，日日以泪洗面。乡人不闻其语，只见寝苫枕干。三年守丧期满，意欲报仇的董黯考虑到王母年老，杀了王寄便无人侍奉她。又等了几年，王母因病过世，丧事办完之后，董黯这才斩下王寄首级，然后向官府自首。官府认为“大其复仇，义其锡类，而杀人者死，国有常宪，持两不能决”，于是上报朝廷。汉和帝刘肇为其孝心感动，宽宥他擅杀之罪，并诏为郎中。董黯辞而不就，隐居终老。三国时东吴的虞翻写过《孝子董公赞》，如今只余8句32个字：“尽心色养，丧致其哀。单身林野，鸟兽归怀。愤亲之辱，白日报仇。海内闻名，昭然光著。”[①]到了后世唐、宋、元时期，不同方志上对于董黯的事迹均有过记载。

由此可以看到，同样是尽孝伤人，由于国家伦理价值要求、社会制度设计的不同，历史把不同承担责任的方式放在了两个当事人身上。于欢一审因为故意伤害罪被判无期徒刑；董黯杀人虽然也为当时的国法不容，但终审受到宽宥甚至提拔。也许有人会提，董黯杀人是纯粹的为母报仇，于欢杀人

① 《会稽典录》。

却是有母亲欠债在先，所以两个案件的杀死辱母者不可同日而语。暂且把两个案件中杀死辱母者之前的不同情节搁置一旁，单就国家法律层面的规定而言。杀人者死，两个时代的法律规定并无出入。但董黯最后受到的宽宥、提拔实则是种褒奖，既是综合考虑案件情况的结果，更是法条背后的伦理价值导向发挥了作用。在汉代，孝成为“天之经、地之义、德之本、民之行”。①不仅最高统治者皇帝身体力行地侍亲尽孝，政府还以“举孝廉”的制度来选拔官吏。在用强有力的政治制度来倡行孝道的同时，又用孝的内容来解释忠的意义，从而给孝的观念引申出新的范畴。到了东汉，孝的内容进而扩大到师生之间。当时提出了弟子对师长要行孝道，也即后人常说的“一日为师，终身为父”。汉代的孝道不仅是学校教育的核心内容，也是社会教化的核心内容；《孝经》成为全社会通行的教科书。虽然在这样的国家制度之下孝道不乏负面效应，也有沽名钓誉之徒，但是孝道在几千年的历史长河中的确为维系家庭和谐、社会稳定、经济发展起到了积极的作用。它难道不能够被称为中华民族优秀的传统伦理?

汉代以孝治天下受到时代背景、思想渊源、经济基础等因素的影响和制约，这些都是今时今日的社会、国家无法复制，也没有必要复制的。礼治和法治在维持秩序时所用的力量、依据规范的性质等方面本来就有着天渊之别。不过，既然孝道的传统千百年流传，至今仍然有人交口称赞，就说明它具备民间基础、传统力量。山东聊城的“刺死辱母案”一审判决之所以引发了公众舆论和批评，就在于传统伦理在这场冲突中进行了反抗，占据了上风。古今中外，任何一个国家的法律要行之有效、流传久远，民间而非官方的认同、接纳极其重要。毕竟，国家制定法律不是为了作秀，而是为了适用民众，最终维护社会秩序。况且，执行法律的人群也是生活在与民众相同的社会环境之中；即便可以把他们训练成为铁板一块、不进油盐，可是他们生活的环境和民众不会变成铁板一块、油盐不进。换句话说，法律获得民众的认同、接纳才是发挥其价值和作用的不二法门。唯有如此，国家层面制定出来的法律才不会成为无水之源、无根之木。进而言之，两者的契合程度越高，法律实效越好、司法权威越高；这一切只会让法律运作、社会运行进入良

① 《汉书、艺文志》(卷30)。

性循环的局面。反之,利用国家权力强制推行的法律不是不可以推进,可是结局却不容乐观:束之高阁算是温和的局面,无形损害的是国家司法权威、削弱的是民众信任法律,最终受到戕害的是国家和社会。正是在这个意义上,传统伦理和国家法条完全可以在国家法律制定的过程中一改冲突、携手前行。或许这需要技术层面具体、细致的处理,但首先需要确定的是传统优秀伦理在国家法律中的一席之地。

费孝通先生在《乡土中国》中曾经谈到过这样的事例:有个人因为妻子偷汉子打伤了奸夫。这人在乡间这样做是理直气壮的;但是妻子和奸夫合奸却没有罪,加上他又没有证据证明,反被奸夫告了殴伤之罪。接受诉讼的治安官员觉得为难:如果是善良的乡下人,自己知道做了坏事决不会到衙门里来的。这些凭借一点法律知识的败类,却会在乡间为非作恶起来,法律还要去保护他。这说明当时法律与传统伦理已然背道而驰。于是,"现行的司法制度在乡间发生了很特殊的副作用,它破坏了原有的礼治秩序,但并不能有效地建立起法治秩序"。[①]虽然今天的社会不再是传统意义上的礼治社会,但法治社会的建立断然不是单独依靠制定法律条文、建立若干法庭就可以实现的,更需要人们在思想观念上的认同、接纳。这样的认同、接纳固然可以通过改革来完成,可是为何不倚靠、挖掘已有的优良社会资源来做搭建法治大厦的铺垫呢?要知道,改革需要几代人的努力,否则可能未得法治的好处,却已先发生了破坏社会的弊病。而在这些倚靠、挖掘出来的优良社会资源之中,极有可能蕴涵了让法治秩序省时省力地建立起来的良方。况且,在法律中包含着传统风俗、优秀伦理的制度并非首创,而是早已见之于世界各国的国家制度之中。

当然,在西法东渐的过程中,并非全部都充斥着传统伦理和国家制度的冲突,也有国人、社会对西法的逐渐接纳、认同。这也许和中华文化的包容特性是密不可分的。姑且不论是否应该对传统伦理中优秀部分在法律制度中加以尊重、保留,在法治社会之中,首先要尊重已经建立起来的秩序或者权威,也即服从法院判决是保证社会秩序的首选之策。那么,法院判决所遵循的法律实际才是焦点所在。所遵循的法律如果有违人伦、不近人情,那究

---

① 费孝通:《乡土中国　生育制度》,北京大学出版社 1998 年版,第 58 页。

竟是对法律尊严有所促进还是有所损害？最终对社会秩序有所保障还是有所破坏？也许，法院可以在民众、舆论有所反应之后再进行技术处理，将人伦、舆情等因素综合考虑之后再做出裁判。但是，这样几方讨巧的裁判是否真正符合了法律的规定，体现了法治的精神呢？恐怕又得另当别论了。时至今日，法律已经成为人们寻求解决社会纠纷的主要手段之一。与其让人数有限、精力有限的法官们在每个案件中都要左顾右盼、畏首畏尾，甚至皓首穷经地去定罪量刑，不如将诸如孝道之类的优良传统适当融入国家制度之中，以法律的形式固定下来、建章立制。这样既减少了法院因斟酌此类因素而不得不耗费的时间、精力，又可以彰显国家所推崇的价值观念。在法条中广而告之的效果定然超过个案中的宣扬与肯定。更重要的是，立足于传统而延伸于生活的观念更容易得到民众的认同，而观念上的认同必然转化为行动上的步调一致。民众观念与国家法律的步调一致才是对社会秩序的最好保障，对社会进步的推动力量。这时的法律，也才真正发挥了国家利器之功效。

聊城案件二审之后，国家会否考虑以孝入法？

§7 法律至上:好人老张与法治社会

最近看到一个视频:在国外某街头,一名中国年轻女子步行闯红灯过马路。被警察拦下后要处以罚款,女子不认罚,向警察撒泼,并从包里掏出一把水果刀拎着。她还在打电话找人,警察三次警告后,她仍然置之不理,继续打电话,结果被当场击毙。在国内,如果这名女子向警察撒泼"并从包里掏出一把水果刀拎着"以后,警察可能确实不敢把她咋样。她"打电话找人",估计也是像在国内碰到事情以后想找人来摆平;因为事发国外,和警察说了"我爸是李刚"之类的话也无甚作用。她的脑海中大概认为,民主、自由、人权……是西方的标榜,警察应该不会也不敢把她咋样。这则视频也让不少国人震惊:拒绝缴纳罚款、阻碍警察执法竟然会被当场击毙。遇事撒泼、耍赖是有些人处理事情的方式,国内执法人员因为身后的政策或者制度有时确实束手无策,所以才逐渐出现了诸如法院执行庭、执行局这样的机构。"打电话找人"则是增加自身力量来处理问题的另一种方式。这类方式或多或少总是可以解决相当一部分问题。应该说,遇事撒泼、打电话找人有时是在国内解决问题的有效手段。然而,当场景转移到了国外的时候,这些方式面对的似乎是难以穿越的厚厚墙壁。个中原因,文化差异因素固然是其一,更为重要的原因恐怕还在于法律地位上的差异。

在西方社会,国家大多实行的是严格法治。换句话说,法律至上的地位在任何时候不会受到动摇或者改变。两党或者多党相争,改变的是政府的地位,不变的是法律的地位;民间游行、示威,改变的是民主、自由、人权的限度，不变的仍然是法律至上。除非发生大的变故、颠覆格局，否则在三权分立框架已定的西方社会之中，党派互轧、舆情鼎沸所改变的内容，也必然是在既有框架范围之内的。法律至上在西人的历史上也并非自古皆然，这一传统的最终形成经历了法权与王权之间的斗争。

1215 年 6 月，几十个贵族佩剑来到英国的温莎堡，准备向专横粗暴的国王提交一份写在羊皮纸上的请愿书，要求他今后遵守法律、不再侵犯贵族们这样那样的权利。为达此目的，铁甲骑兵和众多士兵隐藏在周围茂密的树林里，以便在不时之需时冲锋陷阵、武装叛乱。放在哪个国家，这都是成者王败者寇的事情。出人意料的，面对羊皮纸的国王约翰逊只是皱皱眉头，便接受了这份“贵族权利纲领”。几天后，诞生了以该羊皮纸为蓝本、经大法官们修饰之后的《大宪章》。它既是英国人的自由契约，也是人类历史上第一部宪法雏形。它里面的基本内容，在后世逐渐发展成为英国关于民众自由、平等、人身安全、财产安全法律制度的基石，以及英国宪法和法治传统的基本支柱。于是，在这个大西洋的岛国上，产生了现代世界一项重要的法律制度。这是当年的约翰逊国王和参与请愿的贵族们所没有预料的。其实 13 世纪的英国贵族并不懂得也不关心民众的自由权利和议会民主，无意之间的歪打正着尽管是无心插柳之举，却有着他们所坚持也传之后世的原则，即法律高于国王之上，国王也不得违法。这一理性的精神让社会矛盾找寻到一条中间道路，在无需流血、保障稳定的情况下就可以得到解决。法律至上的状态也让不同主体（即便是统治者和民众）之间的诉求能够有所宣泄，而非有所压制。后一种方法其实是许多社会矛盾升级、激化、变质的重要原因。当这些诉求能够在法定的权利义务范围之内得以解决，除了燃眉之急、急剧变乱得以平息之外，更为社会的长治久安铺平道路。

英国的《大宪章》树立了法律至上的传统，这一传统的延续却倚靠了诸多努力与挣扎。有了《大宪章》之后，英国政治便形成了三角模式：法律高高在上，国王、议会分居两旁。议会服从国王，国王服从法律，法律又服从议会。于是法官们便有了法律、议会两个上司。如果两个上司相互倾轧，夹在他们之间的法官甚至会有性命之虞。无论是 1616 年“衡平法效力优于普通法”原则的确立，还是 1688 年的光荣革命，法官们一直挣扎在这两个上司之间。直至1689年的《权利法案》问世,司法开始脱离行政权、立法权的干预,能够真正进行不偏不倚地审判。正是有着此种“法律权威至高无上,连国王也不能违反”传统的树立及其在社会中的延续,在西人世界中出现“磨坊主告国王”的故事也就不足为奇了。

德国著名小镇波茨坦有座“无忧宫”,是王室的行宫。1866年10月的一天,普鲁士国王威廉一世站在无忧宫的顶楼眺望,却为视野中出现一座残旧的风车磨坊扫了兴。他派人与磨坊主几番商讨,甚至愿意出钱购买,然而固执的磨坊主死活不肯拆掉磨坊。刚刚在“七周战争”中战胜奥地利,将大片土地划归普鲁士版图的威廉一世怎么咽得下这口气,派兵把老磨坊夷为平地。有人认为老磨坊主不识时务,流落街头也是咎由自取;有人却主张国王违反宪法、应该受到控告。倔强的磨坊主递上了诉状,控告威廉一世利用职权擅拆民房,要求赔偿一切损失,保障个体私有财产神圣不可侵犯的权利。为之震动的不仅是普鲁士,还有德意志和欧洲,开庭之时旁听席上挤满了人群。尽管傲慢的威廉一世拒不出庭,也无律师,但也没能阻挡法院根据《帝国宪法》判决他在原址重建一座磨坊,并且赔偿原告损失、诉讼等费用。判决大快人心,然而关键还得国王威廉一世能够接受。权衡利弊的国王接受了这一判决,为案件画上一个圆满的句号,可又远远不是句号。官司打完几十年后,原被告的后人继续着各自的生活。新磨坊日益残旧,新磨坊主亦濒临破产。想起祖上的官司,他写信给威廉二世想要出售磨坊。威廉二世没有接受这笔交易,反而回信赠送给新磨坊主一笔不小的费用,并嘱咐他守好这座磨坊,作为德国法治传统、国王理性精神的象征。

磨坊今日依然矗立在无忧宫外,令人回味的却是“磨坊主告国王”过程中所有人对法律的遵从,无论他是贵为国王还是一般民众。反观国内情况,有人批评中国人太讲究“关系”。有些情况下,国人遇事首先想到的是找关系,然后才是步入正常解决问题的程序。即便已经进入解决问题的程序之中,能找关系还是会找。个中原因恐怕不能简单地归结为人们不信任法律。中国人对关系的重视起源于传统的熟人社会。中国的传统社会“是好像把一块石头丢在水面上所发生的一圈圈推出去的波纹。每个人都是他社会影响所推出去的圈子的中心。被圈子的波纹所推及的就发生联系。每个人在某一时间某一地点所动用的圈子是不一定相同的”①。亲属关系、地缘关系均是如此。所以中国人会有意无意将这个圈子扩大，同乡、同学、同门等关系都有此蕴涵。这种像水波纹般一圈圈推出去的社会关系以自己为中心，和别人联系而形成，由此便显现了中国社会结构的基本特性。当然中国已经今非昔比，社会性质由身份社会变成了契约社会，血缘关系已经日益退居地缘关系之下。在这样的社会变迁之中，对关系的重视在一定程度上可以视为传统习惯的延续。毕竟国人不可能将传统伦理、文化等人文因素统统抛弃，而关系便也成为这套事物当中不可缺少的一个部分。

但是，西方意义的法治体系之中，对关系的重视不仅会影响法律在民众心目中的地位，还会有碍法治精神体现、法治社会实现。以文章开头中国女子在国外过马路被罚的事情为例。之所以最后被击毙，是因为执法权掌握在警察手中。而警察之所以忍耐撒泼、三次警告后可以开枪，是因为法律已经在民众、社会中树立了威信，法律的至上让警察能够如此决断。试想在这样的过程中，如果有人可以通过撒泼、找熟人而逃脱应该受到的任何惩罚（即便此一惩罚可能微不足道），那么受到戕害的一定是执法者以及执法者所代表的法治体系。不信任的情绪进而会蔓延，影响到施行法律的部门、国家，最终出现公信力危机，陷入塔西佗陷阱。当然有人会认为这是耸人听闻、杞人忧天，可是在一个纯粹的法治社会中，倘若没有对这些产生的情况采取适当措施，那么一切的发生便只是时间问题。也许中国社会的历史悠久、情况复杂，对于中国问题的处理不应该完全采用西方视角、等同西方标准。就如同今日对于人类社会现代化道路的认知，已经不再限于西方的既有道路，并且各个国家的实践也证明了并非“自古华山一条路”，而是“条条大路通罗马”。那么，有中国特色的社会法治现象未来当何去何从？

最为常见的是协警现象。穿上了协警制服之后的人们便可以站到平时是警察使用的岗位上对交通等进行管理，有时在疏通堵塞、缓解矛盾方面确实有不俗的表现和成效。然而，较为夸张的一次却是见到一个单独执勤的协警可以无视红绿灯变换，以自我为中心地对交通要道进行管理，而此时的交通并不是拥堵状态。倘若是在警察、红绿灯都缺席的情况之下，协警此时

① 费孝通：《乡土中国生育制度》，北京大学出版社1998年版，第26页。

的疏通管理便是令人欣赏的。但是他的表现似乎在暗示人们，管理交通的权力可以由人来创造。那么，他如此这般的权力来自何处呢？在交通民警没有在场、带领的情况下协警能够单独处理重大事件么？抑或疏导拥堵交通属于微小事件之列？当然，中国人口众多、地域辽阔，诸多复杂情况不可同日而语，可能有些场合之下协警身影的出现已经是让人期盼已久了。

另一件事是和昆明好人老张有关。老张因为姐姐遭遇车祸离世，从1991年至今，连续20多年每天都会在固定的路口守上十多个小时，义务疏导交通。他这样做没有工资、没有编制，也没有亲人守在身边。这位自愿在街头指挥交通的老人，用红黑两色的记号笔在包上写着自我介绍："昆明好人聋子老张为您服务，有事请用笔写，尽力尽责帮您。"他的腰间挂有手铐、警棍，肩背挎包，动作夸张又不失敏捷，一笑便是满脸褶子；虽然双耳失聪，也没有了牙齿，却能准确无误地拦住乱闯的车辆和行人。人流不断穿梭在十字路口，老张时而摆动手势指挥停车、放行，时而用沙哑的声音叫着快走。于是，老张成为春城一道亮丽的风景线，受到多方媒体的报道、关注和点赞。以至于老张生病住院之后，治疗费用得到医院的减免，更受到相关机构资助并且获得免费植牙的待遇。

在此之后的老张必然会更加卖力地疏导交通。乍看之下，他自己配备的制服、帽子和协警服装无分彼此，加上口哨、手铐、警棍等装备，不明就里的人可能真会以为是一位热心的协警。虽然有人会对其夸张的动作、"为人民服务"的挎包窃笑不已，但却无人敢上前质疑他为何站在警察的位置上疏导交通。其中有两个主要原因：一来是其身着酷似协警的服装、警用装备；二来是其站在那里疏导交通的镇定自若、自信满满。假设服装、装备可以模仿的话，那么敢这样长期站在交通拥挤的路口进行指挥，却也不是一般人能够做到的。由此，人们可能在心底深处便慢慢认同了身着非正式服装老张的这份正式工作——应该会有政府或者相关部门的首肯或者授意。笔者未曾向老张或者周围警务人员了解过他站在路口疏导交通有否政府或者相关部门的首肯或者授意。尤其在他已经有了"昆明好人"的光环，又受到媒体和民众关注的情况下，这样做可能更多地会触犯众怒。老张失去亲人的悲痛可以理解，为民服务的热心值得称道，特别是一个人数十年坚持疏导交通而自己却过着需要接济的生活——行事初衷、执着精神都令人肃然起敬。

不过，如果一个人是否具备执法资格的情况并不明朗，那么是否意味着更多的人可以通过做一些在道德上占领制高点的事情而获得执法权？当他们获得这个乃至更多执法权的时候，对于那些通过数十年苦读而想要却最终没有成为执法主体的人们又是否公平？进而言之，这样做对于法律的严肃性、法治的权威性、法治国家这一社会目标的实现是否会有所影响？当然，法律和道德相伴相随，中国人对高尚道德的认同有着历史渊源，这些都是毋庸置疑的。所以，人们才见到政府官员会因为生活作风问题而下台，而在国外，克林顿与莱温斯基举国皆知的丑闻也未曾影响其政治生涯的延续。但是，在现行的制度框架内，执法主体获得执法资格之时需要考察的是政治立场、专业知识、学历文凭等执法能力，而并非道德因素。故此，对于执法主体资格赋予的混乱，影响的不仅是民众认知的混乱，更会导致对法律认知的混乱、对法治认知的混乱。在此意义上而言，又怎么能够说民众缺乏法治意识呢？

故此，相关部门对于老张的执法资格，要么特事特办、公开赋予，要么裨益社会、有效管理。无论是哪一种，适当兼顾国情现实和法治目标才会协调好情、理、法之间的关系，给社会交出令人信服的答卷。只不过，在中国地域辽阔、人口众多、情况复杂的前提之下，一旦有特例出现，这个口子便易开难关，很多事情反而难以管理。在这个意义上，尽管无法做到人人、事事的绝对公平，但是法治社会所要求的一视同仁确实是为管理者节省了诸多的时间、精力去协调诸多不同的情况，为社会节省了公共资源——因此，至少相对公平是可能的。

在公共事件上进行相对公平的处理，在国家大事上进行有特色的处理，则在国情不一的情况下有时就产生了前无古人的创造，譬如邓小平的理论。邓小平对中国发展作出的最大贡献，是 1992 年初的“南方谈话”。他说：“计划多一点还是市场多一点，不是社会主义与资本主义的本质区别。计划经济不等于社会主义，资本主义也有计划；市场经济不等于资本主义，社会主义也有市场。计划和市场都是经济手段。”①这一论断回答了左倾思想当时对市场经济的责难，为中国改革确定了市场经济的新体制。这番谈话的背

① 《邓小平文选》(第三卷)，人民出版社 1993 年版，第 373 页。

景是20世纪90年代初，改革开放陷入低潮时期，保守势力抬头，发展成果有可能被断送。他在“南方谈话”中批评了凡事都要问一问姓社姓资的保守思想，提出社会主义也可以搞市场经济。市场经济体制的提出和确立是为了解决中国当时的问题，而这样的问题绝对不可能在西方经济发展的历史、理论中找到答案。诺贝尔经济学奖得主哈耶克就认为，社会主义就是计划经济，资本主义就是市场经济，两者泾渭分明。他代表了西方顶级经济学家的观点。然而，邓小平的经济思想突破了哈耶克。他不仅“破除了斯大林模式社会主义70多年的禁区，把社会主义和市场经济打通对接”，“也是世界经济思想史及世界经济史的一大突破”。

今天的中国人仍然生活在“南方谈话”精神的延长线上。2010年，中国GDP为5.8万亿美元，人均GDP为4 000美元；中国的经济规模超过日本，成为世界第二大经济体。[①]这是20世纪的国人难以想到的事情。

① 马立诚：《最近四十年中国社会思潮》，东方出版社2015年版，第6—7页。

§8 神兽:獬豸与谛听

与朋友聊起獬豸,说到长相,众口不一。有人说应该就是《西游记》中将真假美猴王辨别出来的那头神兽——它在辨别真伪的过程之中,左闻右嗅,最后把头上的独角指向了冒充孙悟空的六耳猕猴——这与獬豸断案的过程何其相似。

若是法学领域之中赫赫有名的独角神兽在明代小说《西游记》中亦闪现其身影,那证明的将不仅是神明裁判在古代的适用,还有民众对神明裁判的接受、认同与熟悉。果真如此吗?之后迅速查阅了《西游记》。在第五十八回"二心搅乱大乾坤,一体难修真寂灭"中,真行者与假悟空在观音菩萨、玉皇大帝那里遭遇了真假难辨之后,打到阴曹地府。无奈生死簿上的所有猴属已被孙悟空当年大闹阴司时用消死笔全部勾销,正当阴君也无计可施之时,地藏菩萨将一名叫作谛听的神兽唤出。据说此兽伏在地下,便可将天地之间的人鬼神虫"照鉴善恶,察听贤愚"。果然,谛听在森罗殿的庭院内将冒充孙悟空的六耳猕猴识破,惜乎"怪虽有名,但不可当面说破,又不能助力擒他",最后只有留待佛祖如来了断这桩公案。

那么,此处出现的谛听就是獬豸吗?谛听原是一条白犬,为地藏菩萨坐骑,是佛门传言和民间演绎而存在下来的一个图腾和圣物。传说地藏菩萨修行的若干年间,谛听始终伴随左右,处处使其逢凶化吉。故此,佛教将其尊为神犬,后人视其为吉祥的象征。之所以名为谛听,是因为佛教中的"谛听"有"用心聆听佛理"的含义,而谛听恰恰能够辨别世间万物的声音,从而

“照鉴善恶，察听贤愚”。谛听的形象随着时间的变迁，逐渐演化为虎头、独角、犬耳、龙身、狮尾、麒麟足的瑞兽形象。这样的形象显然蕴含了人们丰富的想象和特别的寄托，而其中的独角确实也是在描述獬豸形象时所具备的特点。那么，除了独角之外，谛听的其他特征虎头、犬耳、龙身、狮尾、麒麟足是否也是獬豸的特征呢？

今人对獬豸的理解，从全国各地不同的雕塑中可见一斑。有的气壮如牛，有的小巧纤细；有的身形似犬，有的四蹄如马；有的像麒麟下凡，有的如狮子端坐……当然，在这些千姿百态的雕塑中还是有着共同之处，那就是它们额上引人注目的独角。这一特征的保留和凸显与其“独角兽”的俗名是吻合的，也是后世铭记此兽的重要缘由。那么，獬豸究竟长何面目呢？根据古代的书籍如《后汉书》《论衡》和《异物志》等的记载以及考古的发现，这种古代传说中的神兽体形大者如牛、小者如羊，青毛独角，形似麒麟，善辨曲直。这一形象的勾画使得獬豸与谛听区别开来：谛听的体貌特征是比较细致入微的——虎头、犬耳、龙身、狮尾、麒麟足，而獬豸的体貌特征却是相对粗线条的——大者如牛、小者如羊，青毛独角，形似麒麟。应该说，两者都是神兽，也有近似之处，但本质上却是两种不同的动物——前者为坐骑，伴随主人修行；后者为神兽，可以辨别曲直。

人们之所以将两者混淆，是因为它们额上都有独角。那么，独角是否这两种动物所特有的标志呢？在中国古代的神话中，独角兽是一种吉祥之物，只有在履行重要使命时才出现。它们一旦出现，便被人们视为美好时代的象征。根据现有的记载，中国的独角兽至少有 6 种形态，包括了麒麟、獬豸、白泽、谛听、貔貅和辟邪。也就是说，獬豸和谛听作为神兽，只不过是中国独角兽家族中的两个支系而已。今人由于已经习惯将独角兽和獬豸画上等号，所以才有獬豸又被俗称为独角兽。至此，对獬豸与谛听的区分可以暂时落下帷幕了，可是新的问题也接踵而至：如果以獬豸对中国法律的影响作为前提和背景的话，为何古人会对其形象刻画得如此简单？

相传尧在位期间，山西省洪洞县周府村有一牧民的母羊生了一只独角羊，能识忠奸、辨邪正：它见斗则触不直者，闻论则咋不正者。村民以之为异，奏与尧帝。尧帝携皋陶赴周府村视察，经验证是实，视为祥瑞之兆，便命皋陶将神羊带回朝堂用于辨狱治罪。尧帝封其名为獬豸，并将周府村改为羊獬村。[1]此处成为尧、舜二帝治理国家、生活过的地方，今天山西省洪洞县的唐尧故园就是在此遗址基础上修建而成。在那里，獬豸的身影虽然早已了无踪迹，但却矗立着“生獬滩遗址”的石碑和獬豸雕像。獬豸因其能够区分是非曲直，被视为历朝执法者的图腾，其形象也被用青铜、铸铁、石头和布帛等材料作为载体保存了下来。在唐尧故园里的獬豸雕像周围配合的壁画，说明了“生獬滩遗址”的来缘：许由乐守其道、不愿接受尧的让位，于是在河中洗耳、表明心志。羊喝其洗耳之水，遂生獬豸。

万历《山西通志》是由明代李维桢、范弘嗣等纂，李景元、樊东谟等修，记事止于万历四十二年（1614 年）。万历志是成化本和嘉靖本的续志，在地理形势等方面较后二者有了更为详尽的记载，由此而具备了较强的纪实性。其中对“羊獬故墟”记载道：“洪洞县南二十五里。帝尧时羊生獬豸，故名。”[2]

在唐尧故园里的几个獬豸雕像，虽在细节的处理上各有不同，但总体而言，均是以现实生活中的山羊作为原形，适当加工后得到的山羊形态现实版或者抽象版。时间再往前追溯，在始建于唐代、山西曲沃县的大悲院中，有幅阳刻图像“回头望月”，其中的山羊就是独角形象。唐代寺庙的石刻图像既已有之，那么可以推知，獬豸为民间接受、认同与熟悉的时间应该更早。

《圣臣志》作为记载皋陶生平的大传，于明代天启二年（1622 年）重版，清道光二十年（1840 年）再版。在这本书中，有明代王世贞所写的《獬豸说》：“獬豸者一角之羊也。皋陶治狱其罪疑者令触之，无罪则不触，即獬豸也？一名神羊。今据皋陶里市一舍有羊獬村，乃所产地耳，周围多细沙草木不生，岁时风起飞沙压禾。古诗云：眉山生三苏，草木尽皆枯。此地生一神物而草木不生，该其验云。”

《平阳府志》编撰于清代康熙年间，因有戏剧家孔尚任的参与而身价百倍。在其中的洪洞县部分，有“羊獬故墟”的条目，记载道：“县南二十五里，相传尧时神羊产于此。”在《平阳府志卷之三十五》的“杂志”部分，有着相对详细的记载：“四、神羊一角，见庙邪人则触之。按羊疑即今之獬豸产于洪洞县羊獬里，有庙塑像。”

---

① 张青主编：《洪洞县志》，山西春秋电子音像出版社 2005 年版，第 1300 页。

② 山西省地方志办公室：《山西通志》，中华书局 2012 年版。

在民国版的《洪洞县志》中也有相关的记载："神羊生獬处在城南三十里羊獬村，相传尧时羊生獬豸于此。其地周围多细沙，草木不生，按述异记。獬豸者，一角羊也，性直，能知人善恶。皋陶治狱，罪疑者辄令触之。"①

从上文中古人对獬豸形象的刻画中，人们不仅可以看到獬豸相对清晰了的形象——独角神羊，也可以发现它与其他神兽最大的差异，在于其能够辨别曲直的神秘能力。这种能力更多是通过其额头上的独角体现出来的。《说文解字》中有过用獬豸判案的记载："古者决讼，令触不直者"；《异物志》中也有过类似的概括："见人斗，触不直者"；东汉时期的《论衡》在记载皋陶治狱的传说时也有提及：獬豸为"一角之羊也，性知有罪。皋陶治狱，其罪疑者，令羊触之，有罪则触，无罪则不触。"也就是说，獬豸的独角成为古代断案过程中帮助法官分辨曲直的重要工具，因为其独角所触碰的是不直者或者有罪者。獬豸由此而成为古代法律与公正的象征，仿照其形而设计的獬豸冠被称为法冠；并且，司法官员所着官服都绣有獬豸的图案。这是从古代的文献记载和生活中看出獬豸对社会的重要影响，人们还可以从文字的角度观察到獬豸的重要性所在。

在甲骨文中没有"灋"字，却有"廌"字；到了东汉许慎的《说文解字》中，有了"灋"字，归入的却是"廌"部。古体"灋"字中一个重要的组成部分是"廌"。若是"氵"部分和"去"部分的含义暂且不论的话，"廌"的身影显然让人们看到了古代神明裁判的场景。在无法认定是非的情况下，利用神兽断案的方法便成为一种必要手段。于是，无论在《春秋》《论衡》还是《说文解字》中，从有关"廌"的故事或者释义上来看，"廌"的功能基本没有太大差异。"廌"参与了人们的诉讼活动，承载着人们理念中的公平和正义。也正是因为作为公平和正义的化身，"廌"才能够出现在远古的诉讼场景之中。②而"廌"，也正是本文一直在言说的獬豸。由此可见，獬豸与法律之间的不解之缘。今天虽然"法"字中的"廌"已经略去，但它在中国传统法律文化中的象征性并未随之消失。

从上述两个方面的分析可以看出，獬豸对中国古代法律的影响非同一

① 孙奂仑修、韩坰纂：《洪洞县志》(卷7)，上海商务印书馆代印，中华民国六年，第6—7页。

② 张永和：《法义》，中国检察出版社2006年版，第15—19页。

般。那么，古人对其形象刻画简单的原因，究竟是因其太重要而不敢轻易去描摹还是现实生活中的确存在过此兽？通常情况之下，对于现实世界之中没有存在过的事物，因为可以平添想象的成分，人们的描摹往往会格外生动。无论如何，真实原因已经不得而知，唯一可以断定的是，獬豸这一神兽原型的存在断然不会是空穴来风。

无独有偶，西方传说中也曾经出现过一种唤作 unicorn 的独角神兽。它的通身大多数时候被描绘成马的形状，独角也长在额上，并且具有解毒的功能。这种神奇的功能是中国的獬豸所不具备的，而獬豸身上承载着的重要使命也是 unicorn 所无法企及的。

§9 神探:所罗门与包公

中国人对包公的熟悉程度远远超出了对所罗门的熟悉程度。但在世界的范围之内,显然所罗门的知名程度超越了包公,尤其是在断案方面。就断案而言,两人的名声不及福尔摩斯,可后者毕竟是个虚构出来的人物,所以古代社会中真实存在过的包公与所罗门就更加地难能可贵了。难得之处,并非仅仅在于其为官从政时政绩如何造福百姓,更在于其在断案方面展现出的过人智慧,使得他们的故事至今仍然口口相传、流传甚广。

包公单名一个"拯"字,公元999年出生在中国北宋时代的合肥县,近40岁才出来做官。包公为官20多年,以一身正气、铁面无私而闻名于世,成为中国历史上名气最甚的一个清官。这不仅从关于他审案、断案的法律故事从元代的20多个发展为民国的150多个可见一斑,而且"包公"在中国人的心目中早已经成为公平和正义的化身。于是,后世的人们在包公身上拓展出了许多故事,将现实生活中公平正义的实现、恃强凌弱的铲除、对于真善美的向往纷纷融入到了这些故事之中。其中,元代戏剧家李潜夫的作品《灰阑记》便是一个典型代表。

《灰阑记》写的是妓女张海棠渴望从良,嫁给马员外作妾后,生下一子。马员外之妻与奸夫赵令史合谋害死了马员外之后,反而诬指张海棠为凶手,并谎称海棠之子为己生;同时买通邻里街坊、衙门上下,妄图霸占马家的全部财产。郑州太守苏顺不听张海棠分辩,在严刑拷打之后,造成冤案。在她被押送到开封府定罪时,包拯查看案卷,发现了其中的冤屈。于是用石灰画一阑圈，将小孩置于其中，命马妻和海棠同时拖拉；并扬言若是亲生小孩，便能够拖拉得出来。海棠恐拉伤其子，不忍用力；马妻则悍然不顾，强行拉出。包公由此断定小孩为海棠亲生，昭雪其冤；审明马妻、赵令史罪行，严加惩办。

包公在《灰阑记》中的可圈可点之处，首先在于他审阅案卷之时，发现了疑点：恶妇杀夫本是寻常之事，可还要抢夺正妻之子，有悖常理；奸夫又无坐实，恐有冤屈。其次也是最为智慧、打动人心之处是，用巧妙的灰阑拉子之法辨明小孩是谁亲生的，令疑难案件“山重水复疑无路，柳暗花明又一村”。对整个案件关键之处进行的判断，不在于适用法律条文，而在于运用人之情理。这种放之四海而皆准的情理为《灰阑记》赢得了诞生之后的若干人气。自19世纪以来，《灰阑记》的故事在欧洲产生了法语、英语、德语等多种译本，1925年在德国首都柏林上演了德文版的《灰阑记》；影响最大的是德国著名戏剧家贝·布莱希特于1945年改编创作的《高加索灰阑记》，1948年在美国用英文演出。

这类审判二母夺一子的故事，在古代印度、希腊、罗马等国家也有流传，其中以《旧约全书》里所罗门王断案的故事名气为大。据《圣经》记载，所罗门王是耶路撒冷第一圣殿的建造者，并拥有超人智慧、大量财富和无上权利。在距今3 000年之时出现的所罗门王，是以色列人中一位十分著名的君主。“神赐给他极大的智慧聪明和广大的心，如同海沙不可测量。”①传说所罗门在继位之初，曾经向上帝祷告赐予他当好一个国王所必须具备的好品质。上帝拿出了“长寿”“财富”“复仇”“智慧”给他挑选，所罗门仅仅挑选了“智慧”。

关于所罗门断案妇孺皆知的一个故事是智断亲子案。两个妇女甲和乙同时在同一栋房子里生产，但甲的婴儿不幸夭折，她趁夜悄悄将两个婴儿调了包。次日清晨，发现怀中婴儿被调包了的乙发现事情不妙之后找甲理论，双方争执不下。来到所罗门面前，双方都辩称死去的婴儿是对方的孩子、活着的婴儿才是自己的孩子。于是所罗门准备让人用宝剑将婴儿一分为二，两人各取一半。妇女甲对此毫无异议，妇女乙则哭泣着表示宁愿完整地将

① 培根：《新大西岛》，商务印书馆2012年版，第20页。

婴儿送给对方。所罗门当即判断出了乙才是婴儿亲生的母亲。这个故事流传开来的原因,不在于所罗门手中具有“切开婴儿”而无需任何司法程序批准的权力,而在于他借助人之情理断案最终实现了法律的公正。这点和《灰阑记》有着异曲同工之妙。

所罗门智断亲子案的故事较包公《灰阑记》的故事流传更广、名气更大。前者距今约 3 000 年,后者距今 2 000 多年;一个在国外,一个在国内。虽然历史、地域不同,但两者皆借助人的情理充分彰显了法律的公正。这说明对人的情理的通达可以帮助法律断案。这种情理不是某种宗教、伦理,而是人之为人都会认同的常情、常理。在人类的实践理性之中,情理与法律两者完全能够和谐共处。在上述故事中,情理裨益于法律的结果,是法律价值和目标的实现、权威的树立。反之,法律裨益于情理的结果,是没有任何国家的法律可以不理不睬民众的情理而制定。现实生活中两者能够相得益彰的关键,在于如何将人之情理巧妙而又和谐地融入到国家法律的建构、运行、适用过程中去。毕竟,不是所有的人之情理都是需要在法律运作中加以考虑的。如此,法律为人类幸福的兑现铺垫通衢大道的意义或许方能显现出来;也唯有如此,法律的生命兴许才会更为长久。

§10　文化:东西合璧与楚河汉界

在香港过春节,电视媒体的节奏似乎与节日无关,满屏都是美食节目、电视连续剧等平日里按部就班的安排,教会布道的节目依旧时时可见;商场未见大张旗鼓地张灯结彩,社会的人流量似乎也并未减少。反而是离港时在机场,见到了春节期间才会出现的送红包、舞龙舞狮、财神拜年等活动。古典的服装,精湛的技艺,这些活动拉近了人们之间的距离,华人标签和认同意识似乎也才更为明显。后来看到香港旅游发展局刊印的相关资料,才发现香港每年庆祝春节的活动都很隆重:来自世界各地表演队伍的花车巡游汇演、在黄大仙祠等地的新春祈福、在维多利亚港两岸的灯光音乐汇演及其上空的烟花燃放、3D 光雕汇演等。这些活动并非四处开花,而是安排了专门的区域,也许这是一行人在港期间未曾注意、也就没有参与的缘故。反观当时满耳充斥异国语言,满目多为西式建筑、西洋男女、西方饮食……在这样的环境中春节活动安排得如此丰富、密集,只能让人惊叹东西文化的水乳交融。

东西文化的交融甚多之地自然并非只有香港,亚洲地区以多元文化见长的新加坡也在其列。不同之处在于,新加坡的多元化已经不只是华人与西人,还融入了更多的其他族群。在这些东西文化产生交集的地方,人们不仅可以对不同的文化及其产物进行比较,还可以相互取精去粗、取长补短。也正是在这样时间、空间有了一定限制的地方,不同文化之间的碰撞、冲突、融合乃至留存才更为突出、显得迫切。在香港的送红包、舞龙舞狮、迎财神拜年等活动反而比内地很多地方表现得更为热烈，大概起源也是华人在文化之间由冲突而至挣扎，最后顽强地保留下来。随着岁月的流逝，此种保留和坚持逐渐转化成为一种生活方式，迥异于其他族群并受到后者关注。近年，英国广播公司（BBC）派出专门拍摄团队，以纪录片的形式见证、记录了中国人欢度这个延续了四千多年节日的盛况。其中，他们通过体验全球最大的春运归乡大潮、观赏哈尔滨的冰灯、体验河北蔚县的打树花、到云南近距离接触滇金丝猴等活动给世界展示了中国的春节。这个在外国人眼中很酷的节日其实承载了中华民族的伦理、信仰和梦想。毋庸置疑，国家实力提升、华人数量众多等也是世界各国不得不关注华人春节的原因所在。不过，就文化角度而言，中华传统文明对其他族群的吸引、受到后者认可的事实在一定程度上说明了传统文化的魅力所在。

然而，东西文化既会在一定社会中合璧，也会在许多时候分道扬镳。分道之根源在于此两种文化在特质上的差异。由不同的社会结构，产生不同的社会理念，这些结构、理念上的差异体现在不同族群认知、教育等生活的方方面面，的确又不可同日而语。在新西兰隧道海滩（Tunnel Beach）的经历更加让人印证了这种看法。

之所以称其为隧道海滩，是因为这片幽静的沙滩要经过一个人工开凿、穿过岩石的隧道之后才能够到达。独具匠心的隧道让沙滩显得静谧而别具一格，与那些喧嚣、热闹的海滩截然不同。在高大岩石的围绕下，沙滩分外地干净，只有海带等海浪冲到岸上的海洋生物。有个两三岁的外国小孩跑到水中嬉戏，被海浪打湿了衣服。父母索性将其衣物扒光，任其在海浪的进退中戏水、跌倒、蹒跚学步。反观东方游人，不仅小孩穿着至少一两件衣服，而且在海浪冲上岸边之时父母甚少会让孩子脱光衣物去戏水。其时虽是新西兰的夏季，但远山上的冰雪尚未消融，扑面而来的海风中裹挟着丝丝寒意。不同的生长环境造就了东西方人体质、生活方式上的差异。就让孩子们嬉戏海滩的方式而言，孰优孰劣确实不可简单定论，只是可以在这样的过程中看到诸多差异。就父母对子女之爱而言，应该说东西方人是半斤八两、大致可以等量齐观，否则就不会有隧道海滩如何产生的传说——被海浪卷走女儿的父亲用双手凿出了一条隧道作为送给孩子在世界上最后的礼物。但就教育理念而言，差别就陡然凸显了：似乎西方人放手较多，而东方人管教更多;就连管教子女的方式也是大相径庭。西方人的管教方式未曾近距离接触、观察,东方人的方式则南方北方大同小异。一日在西人超市,目睹一东方模样父亲教训儿子,话音未落便一巴掌打在孩子头上,被打的孩子委屈万分却只有忍着眼泪。这样的场景东方人并不陌生。甚至东方人去到西方社会发展后,对混血下一代仍然沿用传统教育的方式,所以才会出现了发生在美国的“虎妈”现象——蔡美儿用传统方式严格管教女儿,并且得到孩子认同,大获成功。教育理念、方式的差异归根结底还是文化认知的差异所导致。

上面所言及的例子显然并非西方人或者东方人社会中的个体情况,而是具有一定普遍性。西方文化中对独立、自由精神的强调体现在家庭、社会生活各个方面。除了在新西兰南岛的第二大城市达尼丁,见到法院——那是因为其建筑风格独特引起了人们的注意,在皇后镇见到交警躲在隐蔽处执勤,在基督城见到 civil council——其建筑普通到丝毫未曾引人侧目、游人车子可以直接停靠在其窗外,远远比不上教堂、博物馆的外观夺人眼球,还有入关检查时与海关人员打交道,一行人基本没有见到政府部门的出现或者与之有过交往。于政府部门而言,独立、自由精神体现在其管理社会的超然物外:法律界限划定之后,更多事物交由社会、民众自行处理。也许,好的管理者应该集权少、放手多,对于社会则是管制少、引导多。但不知道草原防风墙的设置、许多 isite(旅游咨询点)的设置、若干 lookout(观景点)的开发又是否与政府有关?假若答案肯定,那么政府管理权限范围与民众自主活动范围的划定也确是考量人们治理社会的智慧之处。

独立、自由精神亦体现在民众生活的点滴之中。在水果成熟的季节,购买品种繁多的水果完全无需到超市、进果园,马路边上就有一些无人看管的水果摊位。顾客要做的,首先是安全停泊车辆,然后就只需选好果品、投币入筒,买卖即宣告结束。当然,挑选果品、投入钱币的过程会受到摄像头的监控。若是有人任性地损坏果品、少投乃至不投钱币,不知道摄像头的监控是否就意味着产生了关于诚信的社会记录?否则买者的独立、自由如何岂非无人管控?摊位上摄像头监控的是行为,源于内心的监控还得靠人自己。卖者的独立、自由也是有限度的:在路边无人看管摊位上的果品一般不会是优质果品,数量也不会太多。

车辆在加油站自助加油的过程中，亦可见到西人之独立、自由精神。油箱周围没有一个工作人员，全部加油操作确实是真正的自助。在油站旁边有个便利店，店内的柜台有人同时收取油费。那么，如何保证人们加油后一定会去便利店交费？便利店的柜台确实与自助加油机联网，会对加油情况有相应记载并在收费时出具小票，但是否会有逃脱交费之人？毕竟油箱周围没人守护，也许存在的摄像头又哪能监控得如此细致入微？到了宾馆，更是感觉如入无人之境。清洁人员只是偶尔会见到，大堂柜台后的工作人员通常只有一个，下班时间则空无一人；退房时工作人员也不会到房间查看，旅客结清费用、交了房门钥匙便可离开。要知道，有些宾馆、酒店的房间里面，锅碗瓢盆一应俱全、家电设备配备到位。一行人一直在嘀咕：这些宾馆、酒店就这样“轻易”地让顾客离开么？文化认知的差异折射到法律等等方面，所以人们眼中看到的是制度、隐形原因却在文化乃至传统根源。

严复先生当年在翻译穆勒《论自由》时，将书名译为《群己权界论》。对于个人与群体、公共领域与私人领域界限、权利的明确划分在西人社会传统皆然。行文至此，似乎东西文化大相径庭，有天壤之别，中间的楚河汉界难以跨越。但是无独有偶，在隧道海滩碰到急救游人的事件让人在难以忘怀之余，也对东西之间“楚河汉界”的审视产生了新的视角。

从停车场走到隧道海滩大约有 20 分钟左右的路程。由于小道穿过私人的领地，故此两旁有围栏把守。又因为私人的领地是牧场，所以这条山路也有马和羊走过并留下粪便。停车处在山上，隧道海滩在山下，故山路有的地方陡得让人禁不住往下冲。去海滩的过程中，一行人有若干次不得不蹲下身来慢慢下行。于是，回程就变成了爬山，只能徐徐前行。路边还看到一位游客躺在地上动弹不得，周围的人在安慰着他，看样子似乎事出心脏。快到山顶停车场时，两个壮汉喘着粗气，一前一后急速向海滩方向奔跑过去。即便在拐弯处他们也丝毫没有减速或者停顿的意思，同行的人不由得靠边避让，否则就可能被他们随身带来的疾风挟裹倒地。一行人觉得他们会否控制不了速度而冲入大海，不由得猜测是否特警训练才如此玩命疾驰。接近停车场时，两个人抬着担架、拎着药箱也在向海滩方向跑，服装与前面两人相似。可能是未曾空手的缘故，这两人奔跑的速度远不及前面那两人。及至停车场，看到灯光闪烁的两辆火警车、1 辆救护车以及 3 个驾驶员，大家恍然大悟刚才目睹的是急救人员前去施救的一幕。受救者应该就是之前躺在地上、看似心脏出问题的游客。一时间有些诧异：西人断未受到“为人民服务”的思想教育，却奔跑得如此卖命，仅仅是职业道德使然还是救死扶伤的观念深入人心？在如此荒郊野外、无人监督情况下的施救，全凭救援者内心信念和精神。相信在国内，同样也有如此尽忠职守的救援者。

但是，任何不曾受到约束的事物终将走向泛滥。西人对独立、自由精神的崇尚有无一定界限？总体而言，西方社会诸多学说、流派纵然对此主张不一而同，但基本趋向仍然是放任多于约束。由放任而导致的西方社会问题已经不必一一赘述，有的已经触目惊心到令其有识之士不得不反思其文化的弊端。到大洋彼岸做访问学者的章莹颖自 2017 年 6 月份失踪之后至今下落不明，其父母在经过了几个月的煎熬之后，10 月底接受了美国媒体《伊利诺伊日报》的采访。根据其律师透露，此时尽管美国警方已经掌握了嫌犯陈述自己是如何杀害章的录音，但距离结案还会有很长一段时间。心力交瘁的章莹颖家人在即将回国之前，通过媒体请求嫌犯家人能够协助得知女儿下落。他们认为嫌犯父母应该为其儿子所做行为负责，希望其家人能够找到良知，帮助嫌犯承认犯罪、找到受害者尸体。让嫌犯父母为其儿子的行为负责、其家人能够通过良知帮助嫌犯承认犯罪，这种想法在美国的社会环境中估计不易施行。姑且不论家庭、教育等文化背景、理念的差异，仅就司法环境而言，嫌犯的自由、司法的独立是其他人不能够干涉的。即便美国警方、检方已经有足够证据指控嫌犯“绑架致死”，但还不能立马处理嫌犯，案件的司法程序还得走完，也不能将案件的相关细节完全透露出来，以阻止嫌犯律师要求延期的申请。同时，嫌犯及其家人也享有法律赋予的无需自证其罪之自由。那么受害人及其家属呢？让嫌犯父母为其儿子的行为负责，希望其父母能够通过良知帮助嫌犯承认犯罪，这样的想法难道不是受害人家属发自内心、无助的呐喊？这些赋予嫌犯及其家人、美国司法的独立和自由是否在一定程度上纵容、放任了犯罪？对于受到冤屈的嫌犯，这些独立和自由确实能够保障其人之为人的基本权利；然而对于那些双手沾满鲜血的嫌犯而言，所谓的独立和自由却似乎只能成为其试图逃脱法律惩处的种种借口。

既然职业道德、救死扶伤精神异曲同工，人类携手前行应该还是有着共同的基础，楚河汉界也并非永远不可逾越的鸿沟。在世界大同尚不可及的情况下，东方、西方至少能够扬长避短、和而不同吧。也许，全然一致并不现实、多元并存才是和谐之道？也许，不同文化之间的求同存异才能够让人类携手走得更为久远？

§ 11　环境保护:入关、牛奶蓝等

去新西兰旅游之前,听闻海关检疫严格,动植物甚至口香糖也不能带入国境,目的在于保护整个国家的自然环境。这个消息除了给人带来新鲜感之外,更让人堂而皇之有了不必过多携带零食的理由。不过即便有所准备,入关检查还是给人留下了深刻印象。这印象之深不在于海关人员对家人逐一使用英语、配合手势所进行的生动询问,也不在于相关仪器对随身行李所展开的仔细扫描,却在于稽查警犬的穷追不舍。最初,这条其貌不扬、双耳耷拉的警犬并未引起人们太多关注,只是瞥见它在行李堆放处闻嗅着什么物件。当它开始围着行李反复打转之后,海关人员的注意力也随之转移了过来。在简单询问并未发现可疑情况之后,他们打开了警犬重点闻嗅的一个中等大小的黑色旅行包。里面只有随身衣物、洗漱用品,不知警犬为何会对此情有独钟。一行人疑惑不解,小有担心——会否被恐怖组织把什么恐怖物件塞进包里。眼见得兴奋的警犬一头埋将进去,找出一个装有湿毛巾的洗漱袋。海关人员翻看一番,把湿毛巾单独取出来,放在狗儿鼻子下面闻嗅之后,它对其他物品顿时兴趣索然了。原来是在十多个小时的长途飞行中,湿润的洗脸毛巾一直装在洗漱袋中未能透气,从而产生了让警犬有所关注的气味。

一场小小虚惊之后,新西兰之旅在一片碧水蓝天中正式开启,此后的所见所闻让人明白了为何动植物甚至口香糖也不能带入其国境的原因。新西兰自然风景之中,首先映入眼帘、吸引眼球的是诸多湖泊。这和它的地理位置密切相关,因为整个国家的国土面积是由北岛、南岛、斯图尔特岛及其附近的一些小岛所组成。在四面临水、为海洋所包裹的情况下,其海岸线长达6 900公里。诸多湖泊当中,以特卡波湖(Lake Tekapo)和普卡基湖(Lake Pukaki)最为著名。特卡波湖位于新西兰南岛南阿尔卑斯山东麓,是大洋洲最大的淡水湖。湖的四面为雪山环绕,既是滑雪胜地,也是世界有名的观星胜地。抵达新西兰之前,曾经查阅过其著名的星空图片——深邃的背景之下繁星如织、密布天空,令人心旷神怡、美不胜收。古人所言的银河之美大概不过如此吧。所幸到达特卡波湖湖畔之时,那个有名的好牧人教堂(Church of the good shepherd)尚在开放。于是,一行人进入面积不大的教堂小坐了片刻。当人们从教堂的窗户向外眺望时,近处特卡波湖的静静湖水和远处南阿尔卑斯山的壮美景色会从不同角度重新组合、跃入眼帘,让人在对全景一览无余的同时,又好似在欣赏一幅幅挂在墙上的精致画作。据说这是好牧人教堂的真正看点。意外的收获在于与牧师的聊天之中——他不仅到过中国不少城市、听说过云南是个多山之地,还知道当时是华人的春节期间,他还祝福我们一行人新年快乐——瞬间让人有了"他乡遇故知"的感觉。后面在新西兰不同的地方又陆续碰到不少来过中国旅游的人。其实世人的愿意了解与纷纷前往,不仅在于中国的历史悠久、山川秀美,更多原因在于祖国在经济、科技和军事等方面的逐渐发展壮大。这也是中国人能够畅游国外、愉快旅行的重要原因。

好牧人教堂是为了纪念早期在这里生活的先驱者们,其设计的内部哥特式木结构和外部石结构建筑在新西兰独一无二。教堂内部的空间不过20多平方米,所以也被称为新西兰最小的教堂。教堂虽小,名气却大。由于所处位置地广人稀,灯光污染又得到控制,教堂遂成为新西兰非常著名的观星胜地。在天气晴好的夜晚,漫天繁星仿佛触手可及,银河仿佛随时会坠落人间;在此处甚至能够观测到很多北半球难以发现的星光。修建教堂的所有岩石是在湖边方圆几公里范围内手工挑选的,全部保持原样,不做任何加工。保留石头上面苔藓的目的就是为了让教堂一眼看上去就有几十年的历史。于是,在碧水蓝天、星空之下的教堂分外夺目,成为特卡波湖湖畔的标志性建筑。除了游人纷至沓来,当地人也喜欢来这座精巧的小教堂前拍摄婚纱照片,将爱情进行永恒而美丽的定格。旷野之风将婚纱吹得飘扬起来,倒也省却了人工摆拍的麻烦。选择此处拍摄婚纱照片的另外一个原因，据说是教堂之“石砌”，寄托了他们对爱情坚如磐石、天长地久的期望。一行人走出教堂之时，恰逢一对新人在周围拍摄照片。湛蓝的天空下，山陵在远处起伏，湖水如翡翠一般，湖畔花草烂漫，教堂古典端庄——新娘置身其中，长长的白色婚纱在风中摇曳、轻舞飞扬，一时间竟让人分不清究竟是人入画中还是画中有人。天与地，动与静，物与人，永恒与短暂，浩瀚与渺小，深邃与空灵，世界好似在瞬间驻足，宇宙好似在瞬间静默。

由于湖水的蓝色迥异于其他地方，特卡波湖和普卡基湖成为游人驻足最多的湖泊。湖面呈现出碧绿、澄蓝色，让人片刻都不忍移开视线，尤其是在阳光的照耀下。当阴云密布、万里无云抑或满天云彩之时，湖水的蓝色又跟随着天空的变化而变化，呈现蓝色的不同篇章。这种夺人眼球、让人惊喜的蓝色仿佛是把牛奶注入蓝色之后呈现出来的那种色泽，醇厚而不失清澈，浓郁而不失轻灵，清幽而不失纯净，温润如玉、静谧安详，尽情流淌在天地之间。如果说，特卡波湖的美丽是因为湖底特有的青绿色岩石，那么另外一个原因便是因为含有冰川岩粉的白色河水流入湖中，与湖中清水混合之后所致。沉重的岩粉沉到湖底，只有非常细微的颗粒悬浮流动于湖水之中。当光线照射进湖水，除了蓝色之外，其他所有光谱的颜色均被吸收，因此湖水呈现出来的颜色格外炫目。于是，这种独特的蓝色被称为牛奶蓝或者土耳其蓝。听说新西兰的土著毛利人至今仍然把这湖水当作圣水，会在湖边举行祭祀活动。蓝色湖水在近处绵延的砂石滩、远处山顶积雪的南阿尔卑斯群山映衬之下，仿佛青春、婀娜、灵动的美少女，让人久久不愿离去。

高速公路沿湖而建。为了方便游人观景、休息，每隔一定的距离会有伸入湖面或靠近湖水的道路。随处可以看到当地人在湖边野营、垂钓、湖中泛舟、游泳、冲浪或者滑水。无论在哪个湖边逗留，总是能够找到卫生间和安置在里面的纸巾；这在一定程度上说明了社会保障的到位。但让人奇怪的是，在这些地方垃圾桶并不多见。一行人只好在车上自备垃圾袋，到了合适的地方再行丢弃。对于这个问题相对合理的解释是新西兰人口不多，当 400 多万人平均分布在 268 680 平方公里土地上时，过多的垃圾桶似乎并不必要。虽然游客众多，但在海滩、湖畔等自然风景之处，甚少见到地面上有随处乱扔的垃圾。看来，入乡随俗也是大部分人能够做到的事情。旅途中唯一碰到的一次例外，是在公路上有人超车。由于公路狭窄，只够两辆车子并排行驶。那么这个时候的超车，就必须在确保自身和被超车辆安全的前提下方才可行。一辆小轿车超过了一辆大客车之后，在后面行驶的过程中被大客车逼停、拦下，受到追将过来的司机和乘客的激烈批评。原因是小轿车超车之时刚好是大客车转弯之时，此时超车的危险指数本就不低，又由于乘客人数众多而加大。受到批评的司机面对来自新西兰司机和中国乘客英文、中文两种语言的批评，倒也态度诚恳。无论在他内心是否认识到自己的错误，这场尚未酿成悲剧的事故应该令其有所警醒。

沿着海岸线或者湖水行驶的过程中，甚少看到依水而建的宾馆、餐馆抑或其他建筑。这在一定程度上控制了人为排污，人们也才能够看到水清如许。由于自然环境保护良好，生活在其中的动物也颇为惬意。通往塔斯曼海的米尔福德峡湾(Mildford Sound)风景秀美，其中令人百看不厌的动物就是海豹。它们栖息在岸边的岩石上，懒洋洋地晒着太阳。即便载满乘客的游船逐渐靠近，它们也熟视无睹。兴奋的游客对其指手画脚、按着快门拍照，它们却一动不动、置若罔闻。野生动物的肆意栖息在一定程度上证明了这个地方自然环境状况的良好。尽管海豹们的热情与游人的成反比，海豚却对游客颇有兴趣。它们时而在轮船前面领航，时而在轮船周围翻腾。人们的欢呼声不仅没有吓跑这些精灵，反而激发它们展示出更为高难度的翻腾动作。面对相机、手机咔嚓咔嚓的拍摄，它们的表现愈加惹人喜爱、受人欢迎。以至于航行快要结束之时，不少游人还在向水中张望，寻找它们的身影。也许知道自己受到保护，有的野生动物胆子可真不小。Kiwi 鸟被新西兰人视为民族象征，定为国鸟。可就是这种特有的珍禽居然出现在通往米尔福德峡湾的步道旁边，一时间引得行进中的游客纷纷停步、围将过去。一只 Kiwi 鸟先是躲藏到草丛里，然后又跳出来，又躲起来、跳出来，仿佛在和游人玩捉迷藏。当兴致大发的人们拿出拍摄装备，打算大加拍摄一番的时候，它却哧溜一下，跑到远处，再也不肯露面。这种鸟儿看似调皮，实则因为不会飞行，所以只能通过跑、跳来前进。据说新西兰人对 Kiwi 鸟喜爱有加，除了常常自称 Kiwi 之外，还把它的形象印制在钞票上面。

和野生动物近距离接触了几次，受到鹦鹉热情追逐的那次印象最为深刻。从米尔福德峡湾返回的途中，碰到一个叫 The Chasm 的景点。因为只有瀑布和水流经过岩石上留下的痕迹，以及周围湿润、茂密的蕨类植物，葱茏树林，所以观景花了20多分钟时间就结束了。走出山林步道回到停车场，一行人准备补充饮食、稍事休息之后驱车离开。打开车门之时，看到不远处的车顶站着一只体格硕大的鹦鹉(足足比国内观赏的鹦鹉大一倍)。看着颇为眼熟，原来一行人在去往米尔福德峡湾的途中休息时曾经见过。休息点有个售卖咖啡的小货车，停在车顶的它为老板招徕了不少生意。这一次，它似乎闻见了食物的香味，飞到敞开车门旁边的地面上站住了，偏着脑袋盯住了正在吃喝的人们。小孩觉得不忍，掰下点面包抛到鹦鹉跟前。它似乎饿极了，不假思索地一口吃将下去。扔了几次面包之后，有人批评说这些野生鸟儿有其生存环境和自然规律，喂食的做法是在人为地破坏自然法则。这时的停车场内虽然人不算少，但打量其他人确实也没有给鹦鹉喂食。于是，孩子关上车门、摇下车窗，打算启程。正在这时，车顶传来窸窸窣窣的声音。当人们伸头往上面看的时候，那只鹦鹉正站在车顶边缘钩着头往车窗里张望，顿时和它大眼瞪小眼、面面相觑地呆住了。吓了一跳、跌回座位之后，家人连忙发动车子准备离开。不想，孩子却指着驾驶座位旁边的那个窗口大叫:“它在那儿!”原来，这个胆大的家伙又飞到了车子侧面的后视镜上站着，歪着脑袋、一动不动地看着车内的人们，仿佛对刚才的喂食意犹未尽。先生连忙取出相机，伸出镜头频按快门。那么近的距离，担心它会扑将过来的情形居然没有发生。这只鹦鹉颇有大将之风，不惊不乍地等拍照完成，还是乖乖地站在镜子上方，直到最后车子离开停车场。在国内，除了在有的景区中会近身乱翻游客口袋的猴子，冬季进入昆明避寒的红嘴鸥可以算是和人类接触距离最近的野生动物了。但是，除非是飞行过程中快速的低空啄食，它们靠近手持食物人类的时候也小心翼翼，绝对不敢距离小到只有一臂之遥——这也是它们自我保护的需要。后来得知，停车场碰到的这种鸟儿叫啄羊鹦鹉，好奇心重，以不怕人类和个性大胆而闻名。在新西兰的旅途中，又不断见到各种野生动物。它们尽管胆子有大有小，然而都与人类共同享受着阳光，徜徉在蓝天白云之下。

除了湖光山色、野生动物之外，田园风光在新西兰也是颇有代表性的。这是因为境内多山，山地和丘陵占到其国土总面积的75%以上。人们行进在自驾途中，但凡路过平整地带，必定能够看到成群的羊驼、牛儿、羊儿和梅花鹿。这些圈养的动物不似啄羊鹦鹉那般胆大，一俟有人靠得太近，顷刻之间便四处逃散。最为常见的当属牛羊，不仅品种繁多，而且花色各异。当各种花色的牛羊四散在绿色草原上时，恰似一块绿茸茸、点缀了花样的巨大地毯。和煦的阳光下，成群的牛羊悠然自得地吃着青草，不时抬头鸣叫几声，惬意和舒适不由得扑面而来。似乎喜爱这种铺天盖地的闲适，即使是在下雨的时候，仍然有牛羊不肯躲雨，仍在草地上闲逛。当一块草地被吃得差不多了的时候，人们会在另一块草地上放牧牛羊，让之前的草地自由生长。这种放养的方式大概能够让动物们身心愉快吧。身心愉快自然会长得腰圆膀壮、肉质鲜美，无怪乎新西兰的畜牧业在世界上小有名气。一路上甚少见到农场的主人或者牧人出现。为数不多的两次，一次是看到无人驾驶飞机在喷洒农药，另一次是大型机械在进行灌溉。既然无人驾驶飞机需要人的操控、大型机械自动浇灌也需人的设置，姑且就算作看见了人吧。无论是动物饲养方式还是草地浇灌方式，都让人看到了对草原环境的维护。

平原、青草、阳光、雨露，这一切让人好像明白了《小羊肖恩》中动物们的快乐从何而来。这部曾经赢得国际艾美奖的黏土动画片虽然不是新西兰人创作，但其中动物们的快乐却是殊途同归。毕淑敏在一篇游记性质的文章中曾经提到，导游告诉她世界上最好吃的巧克力在瑞士。很重要的原因在于瑞士牧草品质优良，吃了这种牧草的奶牛才能够挤出芬芳的牛奶。当巧克力和牛奶混合之后，瑞士就做出了世界上最好吃的巧克力。导游说的原理不难理解，不过既然巧克力之美味追溯到了源头的牧草，那么，在新西兰草原惬意、幸福生活着的牛羊们不也具备了这种前提么？只是没有比较过口味纯正的瑞士巧克力和新西兰巧克力之间是否的确有所差异。

一望无垠的草原除了成为牛羊们怡然自得的活动地之外，也为奇幻电影《指环王》三部曲提供了取景之地。曾经以为，《指环王》中的种种奇幻景色皆由电脑科技制作，遂不以为然：在人们视科学为至尊的今天，还有什么是科技不能达到的高度呢？没有人在新西兰的平原和山林走了一遍之后，不会对其平原的湖光山色与风景旖旎、山地的奇险峻峭与平缓柔和、树林的浓郁厚重与明快活泼、树枝的直冲云霄与瘦骨嶙峋留下深刻印象。如果说《指环王》三部曲的主要取景地皆在新西兰，那就让人刮目相看了。用电影来展现奇幻小说《指环王》的故事，这是作者托尔金认为不太可能的事情。但是相信出现在影片中那些浑然天成、巧夺天工的自然景色，已经让影片展现出了小说所难以施展的魅力。

至此，新西兰有代表性的湖光山色、野生动物和田园风光已经小有接触。无论映入眼帘的是何种景观、颜色，无论去到的是城镇还是野外，对环境的总体印象可用“清”和“秀”两字加以概括。究其原因，在于新西兰本质上是个农业国家，更需要注重对自然环境的保护。新西兰自从 1993 年通过了《生物安全法》以来，1997 年公布了《国家杂草策略》，2002 年制定了《生物安全计划》，2003 年公布了第一个《生物安全策略》等。这些法律制度不仅规定了外来物种入境的标准、申报程序、违法责任，还对杂草管理明确了政府、社区、土地所有者和土地使用者各自的责任、义务，建立了杂草风险评估系统；更是确定了生态安全的目标和行动方案，明确了生态安全决策的政治框架，建议在合适的水平上避免生态安全威胁，规定了地区行动的责任和优先事项。在这样的基础之上，新西兰建成了世界上最好的生物安全体系。而这仅仅限于国家管理外来物种方面的情况。在全球经济一体化日益增强的今天，对于外来物种的管理不仅符合一个国家生物多样性保护的要求，而且有利于国家、社会的环境保护，人与自然的和谐相处，以及经济、社会的和谐发展。

其实在自然环境的保护方面，无所谓是否农业国家。因为一旦管理出现问题，导致环境受到损害，那么最终受到危害的将是靠山吃山、靠水吃水的人类。1991 年美洲爆发的霍乱，造成 100 多万人感染，约 1 万人死亡。究其原因，很可能就是外来船只将受到污染的压舱水排放到秘鲁港所致。而禽流感和让人闻之色变的 SARS 病毒，就是人类有意或者无意地引入外来物种而导致的传染。三裂叶豚草 20 世纪 40 年代由美国传入中国东北，其花粉是人类变态反应症的主要病原之一。由其花粉导致人类的各种反应中，严重者可致死亡。[①]除了外来物种的管理，其他诸多方面的管理也是环境保护不可或缺的。只有这些管理、保护齐头并进，人与动物才能够和谐相处，地球才可以持续美丽，人类才可以幸福生活。

至清至纯的牛奶蓝，污染浑浊的“牛奶河”，人们更愿意让眼睛接受洗礼的，肯定是前者。碧海蓝天、花团锦簇、随处风景，黄沙扬尘、工业废料、农药污染，人们更加愿意选择生活的环境，也是前者。

---

① 何悦：《科技法学》，法律出版社 2009 年版，第 147—148 页。

§12　人权:民权运动与有色人种

如果说,人们对美国民权运动还不太熟悉的话,那么对马丁·路德·金及其"我有一个梦想"的演说肯定并不陌生。"我有一个梦:白人和黑人的孩子,能一起去上学!我有一个梦:白人和黑人能和平地,在同一所教堂里祈祷!……我有一个梦:这个国家总有一天会觉醒起来,真正实现她伟大而神圣的信条,即——所有人,生而平等!"这些语句无论是用英文还是中文朗读出来,都让人心潮澎湃、意气风发。记得还是读本科时期,几个志同道合好友玩命学习英语,虽是为了过四、六级,但在学习过程中碰到的好文章确实让人品味良久。这篇演讲稿成为大家练习英文发音、气势的范本。而在法学专业的学习过程之中,也不免时常会读到关于马丁·路德·金所开展的那些黑人民权运动的论述。

首先就是1955年底的蒙哥马利市巴士抵制运动。当时的马丁·路德·金刚取得神学博士学位,到一家教堂任职。他发动了亚拉巴马州首府蒙哥马利市的5万名黑人拒绝乘坐巴士。由于蒙哥马利市的非裔美国人是搭乘当地公交巴士的主要乘客,一年左右的巴士抵制运动不仅使得巴士公司迅速亏损、面临破产,还最终促使美国最高法院在1956年做出裁决,裁定蒙哥马利市的公交种族隔离法违宪,取消亚拉巴马州公共汽车上的种族隔离条例。蒙哥马利市巴士抵制运动展现了非裔美国人反抗种族隔离与社会不平等的决心与毅力,是美国黑人300多年来为自己的饱受压迫欺凌而赢得的第一次胜利,也是美国民权运动历史上的一座里程碑。马丁·路德·金则由此成为几千万黑人心目中的“民权之父”。这场声势浩大的民权运动的导火索源于罗莎·帕克的被捕。根据当时亚拉巴马州公交种族隔离条例规定，黑人在巴士上不能坐只能站，反抗者或遭到警察逮捕。于是，当 1955 年 12 月的某一天，黑人女裁缝罗莎·帕克在巴士座位上坐下后，受到了白人要求让座的羞辱，甚至还有黑人同胞的非议。外表文静的罗莎勇敢拒绝之后，遭到了白人的殴打，随后被警察以“违反本州座位隔离法令、扰乱治安”为由拘捕。对于罗莎来说，那是平常的一天——下班回家、疲惫不堪；然而那一天却因为她的勇气而变得不平常——点燃了蒙哥马利市巴士抵制运动的导火线。后来有人评价：她通过坐下而站了起来。因为这一坐而为之站起来的又何止她一人？更多的非裔美国人站了出来，加入到浩浩荡荡的拒绝乘坐巴士运动中，有的不得不忍受依靠双脚每天长途跋涉的艰辛，有的甚至冒着被解雇、受伤害的危险。于是有人自豪地说道：我的双脚疲惫，但我的心灵安宁。

实际上，在 1955 年 3 月就发生了非裔美国人克劳德特·科尔文在公交车上对种族隔离条例的首次抵制。当巴士司机要求她给白人乘客让座时，科尔文一次次地拒绝了司机的要求。她随后被驱逐下车并遭到警察逮捕。时间再往前追溯，19—20 世纪的美国，不论北部还是南部，学校、医院和餐厅等公用设施都有着形形色色的种族隔离现象。这些事实上的种族隔离普遍存在，有些还得到了法律的支持。1863 年林肯发布的《解放黑人奴隶宣言》使得黑人在法律上成为自由人。迫于压力的美国国会先后在 1865 年、1868 年和 1870 年通过宪法第 13、14 和 15 条修正案，将自由权、公民权和选举权赋予黑人。但是事实上，各州通过具体的选举附加条款对黑人参政加以限制，黑人依然处处受到歧视。1896 年，美国最高法院在普莱西诉弗格森案(Plessy v. Ferguson)中作出裁定，裁定只要遵循“隔离而平等”的原则，在公用设施中实行的种族隔离就是符合宪法规定的。于是，隔离之后的平等变得可望不可及，隔离之后的歧视却成为随处可见。这些种族隔离措施使得非裔美国人的生活陷入了恶性循环，除了高犯罪率和社区发展滞缓，他们主要生存在社会经济的最底层。从 1911 年到第二次世界大战结束后，由于美国经济有了长足的发展，黑人的经济地位也开始有所提高。在黑人中产阶级以及诸多黑人团体的推动下，黑人的政治权利在这一时期得到了很大改善。虽然第二次世界大战后产生了民权运动,有识之士在不懈努力,法律也有所改变,但事实上的种族隔离依然变相地存在。譬如学校不允许实施种族隔离措施,白人就纷纷离开,进入新建的私立学校就读,原来学校留下的全是黑人孩子。这一切一直延续到蒙哥马利市巴士抵制运动。

与蒙哥马利市同属亚拉巴马州的伯明翰市,尽管黑人数量占到一半以上,但种族歧视现象却更为严重。马丁·路德·金等人在1963年组织数万人上街进行了民权大游行,要求取消全城隔离制。示威群众受到残酷镇压,马丁·路德·金也被拘捕。同年,他又组织了一场全美国黑人要求职业自由、居住自由的游行。这场游行除了许多白种人士加入其中与黑人并肩前行之外,更产生了"我有一个梦想"的著名演说。随后,以美国1964年的《民权法》和1965年的《选举权法》为代表的一系列法令、法规颁布,这使得事实上的种族隔离制被废除,黑人的选举权得到进一步扩大。就在马丁·路德·金以非暴力的方式推进着抵抗歧视的运动之时,他最终却受困于暴力:在民权运动中几次被囚、房屋被炸、遇刺身亡。但是,种族歧视问题并未随之完全消失。2017年,美国总统奥巴马在塞尔玛发表演说纪念选举法案50周年时就曾经表示:"50年前的那一场民权大游行并没有结束,美国的种族歧视问题远没有消失。"①这些问题延续下来,继续缠绕着美国非主流群体的那些种族。

1990年,蒙哥马利市政府为马丁·路德·金建立了一座纪念碑——这是美国历史上第一个民权运动纪念碑。黑色的花岗岩上镌刻着他的名言"只有当公平与正义如水流般直下时,才能使我们感到满足",水面平铺在刻有文字的花岗石圆盘上,圆盘底部开有槽隙,水滴洒下时就如同眼泪一般。据说设计的灵感恰好来自马丁·路德·金的这句名言,而设计者林璎的经历又何尝不是一段鲜活的民权历程?

林璎曾经被美国《生活》杂志评为"20世纪最重要的100位美国人""50位美国未来的领袖"。但是35年前,21岁的她因为设计越战纪念碑而成为众矢之的。当时的林璎只是耶鲁大学建筑学院三年级学生,无意中发现越战阵亡将士纪念碑设计方案的征集海报之后,她决定参加征集活动,并将其

---

① http://news.sinovision.net/politics/201503/00332002,2017年11月5日访问。

作为自己的毕业设计。设计作品寄出去的时候她没有抱任何希望，而作品却震惊了评审团，收获了冠军的殊荣。由于获此荣誉的人是华裔，当时的退伍军人及其家属、建筑师批评道："我们美国人的纪念碑，绝对不能让一条东方狗来设计。"为了平息民众的愤怒，国家艺术委员会重新组织评审团。具有讽刺意味的是，结果仍然是林璎的设计为第一名。面对潮水般的批评，年轻的她淡定地为自己的作品辩护："这个设计是为了纪念逝者，不应该掺杂政治、战争和骂战。"把证明的事情交给时间后，她选择了默默退出。1982年，在纪念碑揭幕仪式上没有任何人提及这个华裔设计师的名字，她也回到耶鲁继续攻读硕士学位。当刻着近6万名美军越战阵亡者的纪念碑成为华盛顿最知名的建筑之一、每年有300万游客前去瞻仰之时，时间已经证明了一切；当一个设计作品能够得到那么多人共鸣之时，事实已经说明了一切。林璎当年"大众真正面对它时，他们会为之哭泣"的断言得到了证实，纪念碑成了美国的"哭墙"。凭此设计，她在两年后获得了"美国建筑学院设计奖""总统设计奖"。

现在，林璎的建筑作品遍布美国大地。有如耶鲁大学"纪念女性入学二十周年雕塑"的女生桌，为女性权利发出声音：在一个椭圆形石质的清水平面上，按照年份一环一环刻下耶鲁录取女性的人数。又如她用近15年时间为自然建造的、名为"什么在消失"的装置艺术，提醒人们关注与人类渐行渐远的自然：在黑暗的空屋里，参观者将一块有机玻璃对向投影设备，就能看到濒临灭绝的物种。再如密歇根大学波浪草坪、美国的中国博物馆、俄亥俄州克利夫兰公共图书馆雕塑"阅读一个花园"……因为在建筑和艺术上的成就，林璎当选了耶鲁大学校董、入选全美妇女名人堂，获得美国国家艺术奖章、总统自由勋章等。有人会由于林徽因侄女的身份而提起她，但她却用自己的才华赢得了世人瞩目。

20世纪50年代，马丁·路德·金接掌黑人民权运动领导权；20世纪80年代，林璎因为独特的建筑设计遭到恶语："东方狗"的辱骂。间隔30年左右的时间差距，也许不能要求一个国家的民众洗心革面，改变所有观念，也许有人会用黑人奥巴马担任美国总统的事实来例证其进步与变化，但是观念之物却远非瞬间可以铲除的。始于18世纪末终于20世纪初的美国西进运动中，大批印第安人遭到屠杀，诸多印第安文明被消灭。纵然后来有发奋图强的印第安人取得博士学位，希望通过法律途径来保护自己的种族，获得应有的权益，无奈碰到极具种族歧视观念的州级行政人物甚嚣尘上，他们成为弱势群体，诉讼以失败告终。至今，印第安人还被限制在一些保留地上，享受不到平等人权，其文化也面临着消失殆尽。在美国修建太平洋铁路时期，中国劳工在1867年内华达山有史以来最大的降雪中没有退缩，他们修建的近70公里的挡雪墙至今仍在使用，当地人充满敬意地称之为“内华达山脉的中国长城”。可是，他们的努力、付出被人无视，“排华”一度成为民主、共和两党争取选票的口号。印第安人与华人在美国的遭遇无不见证着历史的真实和沧桑。凭着毅力、教育和更大力量的推动，马丁·路德·金的梦想兴许在将来的某一天会变为现实。而人们之所以纪念并记住他，不仅仅因为他争取的是黑人权益，更是每一位生活在不公平待遇中的有色人种权益。当马丁·路德·金们所推崇的真诚友善不能通过法律得到之时，民权运动无疑有利于一个国家法治的完善、合格领袖的涌现、群众理性的成熟。也许，当有色人种不再因为肤色而受到种族歧视之时就是人类的公平、自由真正实现之时。

行文至此，不由心生疑窦：白色人种的优越感究竟从何而来？使得他们可以肆无忌惮地以其标准作为圭臬来衡量世界万物。他们又怎么知道这种标准、眼光是毫无瑕疵的呢？白色人种的优越感可能更多来源于近代。近代的启蒙与崛起赋予了这些国家、社会新的活力和力量，令其经济、文化等勃发出万丈光芒，耀眼得让有些人只能把自己视为世界的唯一。假若其他国家、社会的经济、文化等发出的光芒不止万丈、超越其上，那么白色人种国家、社会是否就没有优越感、能够正确面对现实呢？恐怕未必。如果面对他人超越，虽然痛苦但更加理性反思，结果可能尚佳；但如果放不下自我高大的心态，反而更加挣扎与抗拒，结果就不会那么理想了。

纵观人类历史，同一国家在不同时间的兴衰、不同国家在同一时间维度的强弱都是不同的。当自己强大之时，是否能够善待弱小；当自己弱小之时，是否能够发奋图强，不同的态度、作为导致结果、发展势必分道扬镳。但是，强大之时韬光养晦、弱小之时励精图治之所以不失为一种较好的选择，是因为无论是弱肉强食还是为虎作伥终究只是历史周期中的一段时间。犹如人的性格会影响个体命运，国家性格亦会影响国家命运，为未来的走向埋下种种伏笔。不是每个人都会接受佛家的因果轮回之说,可"to be or not to be"的选择人人会拥有。也许生存境况没有那么恶劣,也许人们还来不及做出选择,也许有人天生愿意逆来顺受,但是真正的自由与平等必将存在于所有种族之间,人类权利的真正实现也必然是所有种族权利得到实现之时。

跋

一个人究竟要经历什么、多大程度才能算作真正的成长？为时代和生活所裹挟的个体又如何得知自己已然获得了长进？在“无知之幕”中的摸索是否永无尽头？答案肯定林林总总。但毋庸置疑的是：今日的你超过昨日的你，这便是成长，也是长进。

这本书完成期间恰是笔者生活经历变化的一段时期。环境重新适应，方向重新找寻，朋友重新定位，甚至包括对国家、社会、家庭、家人也有了新的认识。曾国藩言道：“人才以培养而出，器识以磨砺而成。”祝愿磨砺之后的自己走向成熟与睿智。

本书是昆明理工大学学科团队项目“科技法学”的阶段性成果。感谢昆明理工大学知识产权发展研究院对本书的部分资助，感谢出版社编辑的耐心、细致和体贴，感谢那些支持、帮助和理解我的人们。

戊戌年

春城·书斋